普天之下・盡是好書
普天出版家族
Popular Press Family
淩雲 A Plus Creative Company 文創

全新白話編修版

白話

厚黑學

林語堂、南懷瑾、柏楊、李敖 四名大師
一致讚賞的驚世奇書

大全集

用厚黑圖謀一己私利，是極卑劣的行為；用厚黑圖謀眾人公利，是至高無上的道德。

現實的社會充滿陷阱，處處可以見到欺騙，詭詐，巧取豪奪；
複雜的人性捉摸不定，有時散發著善良的光輝，有時流露著醜陋的慾望。
人不能只有小聰明，卻沒有大智慧；厚黑學不是教你賣弄聰明、耍奸玩詐，
而是教你看穿人性、修練人生，認清誰正在對你使詐。

當我們熟讀厚黑學，就會知道所謂英的英雄、偉人都是厚黑高手，
世間既厚又黑的人到處都是，應付人情事故的時候，
就不會被厚黑之輩愚弄了……

Thick Black Theory is a philosophical treatise written by Li Zongwu, a disgruntled politician and scholar born at the end of Qing dynasty. It was published in China in 1911, the year of the Xinhai revolution, when the Qing dynasty was overthrown.

公孫龍策 編修

厚黑教主 李宗吾 著

林語堂序

只有厚黑學不會誤人

世間學說，每每誤人，惟有李宗吾「厚黑學」不會誤人。李之厚黑學，有益於世道人心，讀過中外古今書籍，而沒有讀過李宗吾「厚黑學」者，實人生憾事也！

●林語堂

近人有個李宗吾，四川富順自流井地方人，看穿世態，明察現實，先後發佈《厚黑學》《厚黑經》《厚黑傳習錄》……著書立說，其言最為詼詭，其意最為沉痛。千古大奸大詐之徒，為鬼為蜮者，在李宗吾筆下燭破其隱。

世間學說，每每誤人，惟有李宗吾鐵論「厚黑學」不會誤人。知己而又知彼，既知病情，又知藥方，西洋鏡一經拆穿，則牛渚燃犀，百怪畢現。受厚黑之犧牲者必少，實行厚黑者，無便宜可佔，大詐大奸，亦無施其技矣！於是乎，人與人之間，只得「赤誠相見」，英雄豪傑，攘奪爭霸，機詐巧騙，天下攘攘，亦可休矣！李宗吾之厚黑學，有益於世道人心，豈淺鮮哉！

讀過中外古今書籍，而沒有讀過李宗吾「厚黑學」者，實人生憾事也！此時此境，我論此「學」，作此文，豈徒然哉？

李氏著述厚黑學，限於篇幅，擇其最精警扼要處，介述於下：

上古時代，人民渾渾噩噩，無所謂厚黑，天眞爛漫，後來人民智識漸開，機變百出，黑如曹操，厚如劉備之流應運而生……

三國英雄，首推曹操心子黑，他殺呂伯奢、殺孔融、殺楊修，又殺皇后皇子，殺……「寧我負人，毋人負我」，心子之黑，空前未有，有黑如煤炭的心子，稱爲一世之雄！

劉備臉皮厚，他依曹操，依呂布，依劉表，依孫權、袁紹，東走西竄、寄人籬下，恬不知恥，且生平善哭，遇到不能解決之事，對人痛哭一場，俗說：「劉備的江山，是哭出來的。」他和曹操，一個心子最黑，一個臉皮最厚，你無奈他何，所以曹操說：「天下英雄，惟使君與操耳。」

此外，有個孫權，他和劉備同盟，且是郎舅之親，忽然襲取荊州，把關羽殺了，無奈心子黑不到底，跟著向蜀請和；他與曹操比肩稱雄，抗不相下，忽然又在曹丕駕下稱臣，皮厚又有如劉備，但厚不到底，隨著與魏絕交。

孫權黑不如操，厚不如備，但厚黑俱有，也是個英雄。他們三個人，把各個的本事施展出來，你不能征服我，我不能征服你，就把天下分而爲三。

後來，曹操、劉備、孫權相繼死去，司馬氏父子乘時崛起，他是受了曹劉諸人的陶鑄，集厚黑學之大成，欺寡婦孤兒，心子也黑，能受巾幗之辱，臉皮極厚，天下乃歸司馬氏矣。

再如漢之項羽，拔山蓋世之雄，嗚咽叱吒，而竟身死東城，韓信謂其「婦人之仁，匹夫之勇」。

「婦人之仁」心有所不忍，心子不黑。

「匹夫之勇」，最受不得氣，臉皮不厚。

鴻門之宴，項羽和劉邦坐一席，項莊已把劍取出來了，只要在劉邦的頸子上一割，「太高祖皇帝」的招牌馬上可以掛出，他偏偏徘徊不忍，竟讓劉邦逃走。垓下之敗，如果渡過烏江，捲土重來，尙不知鹿死誰手，他偏偏說：「藉以江東弟子八千人，渡江而西，今無一人還，縱江東父兄憐我念我，我有何面目見之，縱彼不言，籍獨不愧於德乎？」又說，「此天亡我，非戰之罪」。

又拿劉邦本事研究。史記項王問漢王曰：「天下洶洶數歲，徒以君兩人耳，願與漢王挑戰決雌雄。」漢王笑謝曰：「吾寧鬥智不鬥力。」還有自己的父親，身在俎下，他竟答曰：「吾與汝北面受命於懷王，相約爲兄弟，吾翁郎爾翁，必欲烹之，幸分吾一杯羹。」

親生兒女孝惠魯元，楚兵追至，他能推他下車，後來又殺韓信，殺彭越，「鳥盡弓藏，兔死狗烹」。劉邦的心子，豈是「匹夫之勇，婦人之仁」的項羽所能夢見！太史公著本紀，只說劉邦隆準龍顏，說項羽是重瞳子，獨於兩人面皮厚薄，心子的黑紅，未有提及。

劉邦天資高、學力深，君臣、父子、兄弟、夫婦、朋友，五倫打破；禮義廉恥，掃除淨盡，所以能夠平蕩群雄，統一海內，厚黑無比！

韓信臉皮最厚，人人知道的韓信胯下之辱，能夠忍受，惟「黑」字功夫欠差，終至「身首異處」。

統而言之，一部二十四史，「厚黑而已」。

李宗吾曰：「厚黑之人，能得千乘之國，苟不厚黑，簞食豆，不可得。」又曰：「君子務本，本立而道生，厚黑也者，其爲人之本歟？」

李宗吾尚述及厚黑傳習錄：「求官六字眞言」、「做官六字眞言」、「辦事二妙法」等，另著《心理與力學》一書，在此姑不多述。

李氏於一九四二年冬抗戰時期，死於成都。抗戰時期，李氏著作，風行西南，人手「一冊」，大家細妙閱讀，咸謂意味無窮，全日妙語快言云。

李氏死了。要知李氏發佈「厚黑學」是積極的，並非消極的。不只是嬉笑怒罵而已，對社會人心，實有「建設性」，旨在「觸破奸詐」，引人入正！

他在《厚黑學》自序裡有言：

「……最初民風淳樸，不厚不黑，忽有一人又厚又黑，衆人必爲所制，而獨佔優勢。衆人見了，爭相仿效，大家都是又厚又黑，你不能制我，我不能制你，獨有一人，不厚不黑，則此人心爲街人所信仰，而獨佔優勝……」

世亂政殷，「英雄豪傑」滿天下，出賣靈魂，認賊作父，表面糊上一層仁義道德，愛國救民，動人聽聞，一究其實，心之黑，臉之黑，較三國時曹操、劉備、孫權，尤有過之。正義淪亡，是非不辨，無法無天以槍桿武器作後盾；大行其厚黑之道。小焉者，只圖自己衣食，乃爲人工具，爲人傀儡，搖旗吶喊，人云亦云，厚顏事人，跟了人家亦步亦趨，幫凶與幫閒，不是黑便是厚，天下擾亂，國亂民困，厚黑猖獗。

李宗吾厚黑學之發佈，已有三十多年。厚黑學一名詞人多知之，試對人曰：「汝習厚黑學乎」，其人必然大怒，認爲……此即李宗吾發佈厚學之精髓處，收效如何？不言可知！

大哉孔子！三代上有聖人，三代下聖人絕了種，怪事也！然則近代之新聖人，其唯發佈黑學之李宗吾乎！

自序

以孔孟仁心，行曹劉霸術

李宗吾

必須以孔孟之心，行曹劉之術，方今孔孟復生，必歸失敗，因為他們無曹劉之術；曹劉復生，也終將失敗，因為他們無孔孟之心也。

厚黑學，是我發明的，共分三卷，上卷《厚黑學》，中卷《厚黑經》，下卷《厚黑傳習錄》，在成都公論日報逐日登載後，讀者譁然，中卷僅及其半，我受友人勸告，遂中止。

同一時期，我還做有一篇「我對於聖人之懷疑」，更不敢發表了。

我生平讀書，最喜歡懷疑。我心中既有種種疑點，繼續研究下去，經過三十年，得出一種同一的結果，後來著成一本書，名曰《心理與力學》，算是這種疑點的答案。

凡事有破壞才有建設，如果說《厚黑學》與《我對於聖人之懷疑》，是所謂的破壞；

那麼《心理與力學》便是所謂建設也。

世界是進化的，厚黑學可分三個時期。

上古時期人民渾渾噩噩，無所謂厚，無所謂黑，純粹是天眞爛漫的。孔孟學說，提倡道德，夢想唐虞，欲返民風於太古，是爲第一時期。

後來人民智識漸開，機變百出，心黑如曹操，臉厚如劉備之流，遂應運而生，此時就算孔子、孟子這樣的聖人復生，亦必失敗無疑，是爲第二時期。

現今則已入第三時期了，心黑如曹操，臉厚如劉備的人，滔滔皆是，他們厚黑技術之精，縱使是曹操劉備見到了，也不禁惶然大嚇。

但是，施行厚黑術的人，失敗者多，成功者少，僥倖而成功者，不旋踵而歸失敗，究竟是什麼緣故呢？

這是因爲現今爲第三時期，曹劉又成過去人物了，這個時期之人，必須參用孔孟的道德，似乎回復到第一時期了，實則似回復非回復，而成爲一種螺旋式的進化。

換言之，必須以孔孟之心，行曹劉之術，方能與第三時期相合。現今縱使孔孟復生，必歸失敗，因爲他們無曹劉之術；曹劉復生，也終將失敗，因爲他們無孔孟之心也。

我輩所處之世，是第二時期之末，第三時期之始，施行厚黑而僥倖成功的，是第二時期殘餘之物，雖然暫時獲得成功而仍難免歸於失敗，這是受第三時期自然淘汰的緣故。

堯舜是第一時期人物，孔孟的書，是第一時期的學說。曹劉是第二時期人物，鄙人所著的《厚黑學》，是第二時期的學說。我後來所著《心理與力學》，是第三時期的學說，希望有第三時期人物出現。

物以少見珍，最初民風渾樸，不厚不黑，忽然有一人又黑又厚，衆人必然爲他所制，他也因而獨佔優勢。衆人見了，爭相仿效，大家都變得又厚又黑，你不能制我，我不能制你，獨有一人既不厚也不黑，那麼此人必定爲衆人所信仰，而獨佔優勢。

譬如商場，最初的商人，盡都貨眞價實，忽然有一個賣假貨的人參雜其間，這個人必定大賺其錢。大家見了眼紅，爭相仿效，全市都是假貨，獨獨有一家貨眞價實，那麼購買者雲集，這個人自當大賺其錢。

因此，商場情形，也可以分三個時期：第一時期的貨物內容眞實，表面不好看；第二時期，表面好看，內容不眞實；第三時期，則表面好看，內容又眞實。我的厚黑學，是第二時期的產物，讀我厚黑學的人，如果照書行事，遭了失敗，我是不負責的；這只能怪他自己遲生若干年，商場情形業已改變了。

李宗吾於成都

奸詐厚黑學

人性厚黑學

心理厚黑學

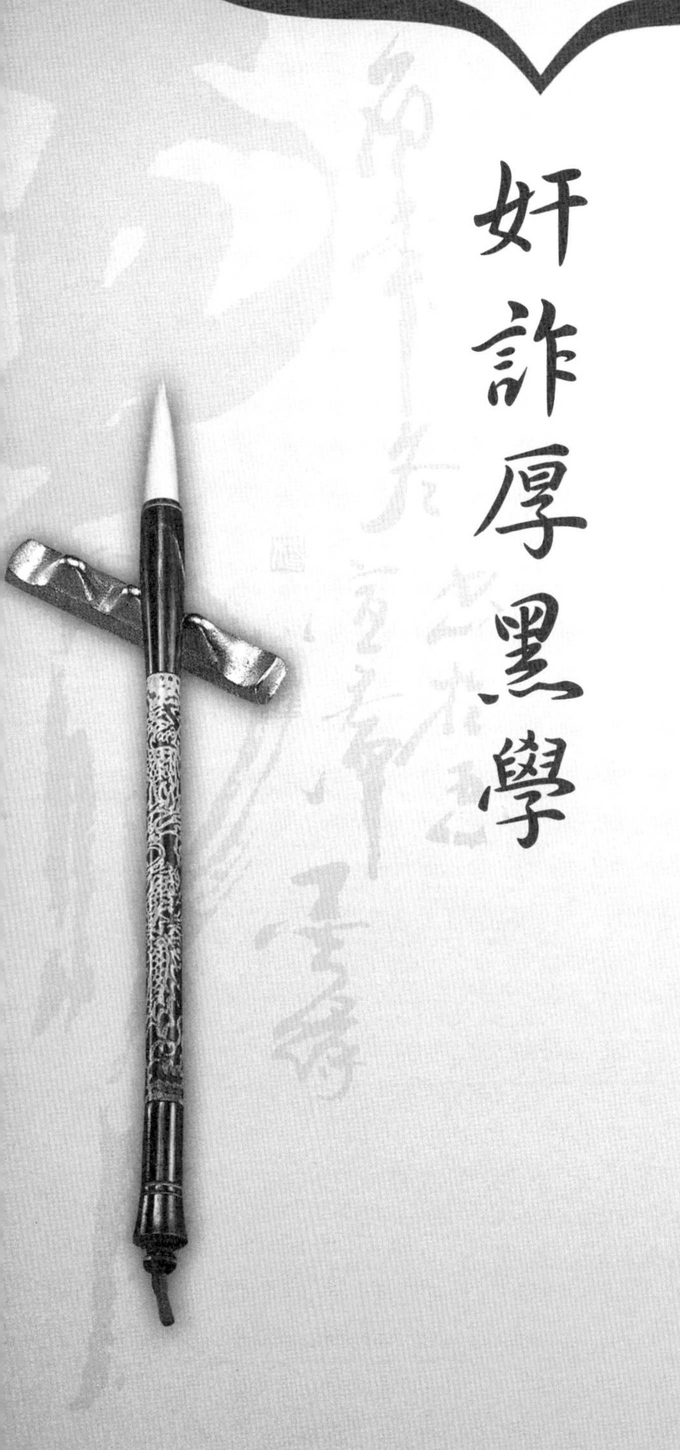

奸詐厚黑學

厚黑學

上天生人，給我們一張臉，而厚即在其中；
給我們一個心，而黑即在其中。
芸芸眾生身上懷有至寶，
卻棄而不用，可謂天下之大愚。

我自從讀書識字以來，就夢想著成爲英雄豪傑，但是卻遍尋不著方法，求之四書五經，茫茫然一無所得，求之諸子百家與廿四史，仍一無所得，因而以爲古代成爲英雄豪傑的人，必定有不傳之秘，只不過是我本身賦性愚魯，尋不出竅門罷了。

儘管如此，我仍舊窮索冥搜，忘寢廢食，如此過了一年，某天偶然想及三國時期的幾個人物，不覺恍然大悟——原來，古代所謂的英雄豪傑，只不過面厚心黑而已。

三國英雄，首推曹操，他的特長全在心黑。他殺呂伯奢，殺孔融，殺楊修，殺董承、伏完，又殺皇后皇子，悍然不顧情誼，不留餘地，並且明目張膽的說：「寧可我負天下人，毋讓天下人負我。」心地之黑，眞是到達了極點。有了這樣本事，當然能稱爲一世之雄。

其次要算劉備，他的特長全在臉皮厚。他依附曹操，依附呂布，依附劉表，依附孫權，依附袁紹，東竄西走，寄人籬下，恬不以爲恥，而且生平善哭，寫《三國演義》的羅貫中，更把他寫得維妙維肖，說他遇到不能解決的事情，對人痛哭一場，立即轉敗爲勝，所以俗語有云：「劉備的江山是哭出來的。」

劉備也是一個有本事的英雄。他和曹操，可稱得上三國雙絕；當他們煮酒論英雄的時候，一個心地最黑，一個臉皮最厚，兩人把酒相對，你無奈我何，我無奈你何，環顧袁紹、袁術諸人，豈能與他們相提並論，所以曹操敢誇下海口說：「天下英雄，惟使君與操耳。」

此外，還有一個孫權，他和劉備同盟，並且是郎舅之親，忽然襲取荊州，把關羽殺了，心地之黑彷彿曹操，無奈黑不到底，緊跟著又向蜀漢請和；心黑的程度，就要比曹操稍遜一籌。他與曹操比肩稱雄，彼此抗衡不相上下，曹操死後卻忽然在曹丕駕下稱臣，臉皮之厚彷彿劉備，無奈厚不到底，緊跟又著與曹魏絕交，臉厚的程度也比劉備稍遜一點。

孫權雖是黑不如曹操，厚不如劉備，卻是二者兼備，也不能不算是一個英雄。他們三個人，把各人的本事施展出來，你不能征服我，我不能征服你，那時候的天下，就不能不分而爲三。

後來曹操、劉備、孫權相繼死了，司馬懿父子遂乘勢崛起。司馬懿算是受了曹劉諸人的陶鑄，集厚黑學之大成，他能欺人寡婦孤兒，心地之黑與曹操一樣；能夠受巾幗之辱，連諸葛亮送女人衣服嘲笑他不敢出兵應戰，他都能神色自如地忍下，臉皮之厚還更甚於劉備。我讀三國歷史，見司馬懿受辱巾幗這段故事，不禁拍案大叫：「天下歸司馬氏矣！」所以，到了這個時候，天下就不得不統一，這都是「事有必至，理有固然」。

諸葛武侯（孔明）雖然是不世出的天下奇才，堪稱三代以下第一賢人，但是遇著司馬懿這樣臉厚、心黑的高手，還是沒有辦法可施，他下了「鞠躬盡瘁，死而後已」的決心，終究不能取得中原尺土寸地，竟至嘔血而死，可見王佐之才，也不是厚黑名家的敵手。

我把他們幾個人的事蹟反覆研究，就把這千古不傳的秘訣發現出來。一部二十四史，可以用一句話加以涵蓋：「厚黑而已」。

茲再舉楚漢爭霸的故事來證明一下。

西楚霸王項羽是拔山蓋世的大英雄，他率領江東勁旅叱吒風雲，橫掃千軍萬馬，裂土封侯，爲什麼最後落得身死東城，爲天下人嘲笑？

他失敗的原因，韓信所說的兩句話最爲透徹：「婦人之仁，匹夫之勇」。

「婦人之仁」，是心有所不忍，其病根在於心地不黑；「匹夫之勇」，是受不得氣，其病根在於臉皮不厚。

鴻門之宴，項羽和劉邦同坐一席，項莊已經把劍拔出來了，只要在劉邦的頸上一劃，那「太高祖皇帝」的招牌，立刻可以掛出，他偏偏盤桓猶豫不忍下手，最後竟被劉邦逃走。垓下之敗，如果渡過烏江，捲土重來，尚不知鹿死誰手，他偏偏說：「我與江東子弟八千人，渡江而西，如今無一人生還，縱使江東父兄憐我念我，我又有何面目見他們。縱然不數落我的過錯，我難道心中不感到慚愧嗎？」

這些話眞是大錯而特錯！他一會兒說「無面見人」，一會兒又說「有愧於心」，想當大人物還顧什麼臉皮、講什麼良心？究竟敵人的「面」是如何長起的，敵人的「心」

是如何生起的，也不略加考察，反而推卸說：「此天亡我，非戰之罪」，恐怕上天也不能苟同他的任意歸咎吧！

我們再拿劉邦的本事研究一下，《史記》記載，項羽問漢王：「天下洶洶數歲，徒以吾兩人耳，願與漢王挑戰決雌雄。」漢王笑謝：「吾寧鬥智不鬥力。」請問「笑謝」二字從何生出？

劉邦接見酈生（「高陽酒徒」酈食其）時，一邊使喚兩名女子替自己洗腳，酈生見狀，責備他態度倨傲地會見長者，他立即輟洗起謝。

請問「起謝」二字，又從何生出？

還有自己的父親被擒，身在俎下，項羽以此威脅他投降，否則要把他父親剁成肉羹，他卻神色自若地要項羽不要忘了分他一杯羹；至於親生兒女孝惠、魯元，當楚兵追至，他為了加速逃亡，居然狠心推他們下車；後來又殺韓信，殺彭越，「鳥盡弓藏，兔死狗烹」，請問劉邦的心子是何狀態？豈是那「婦人之仁，匹夫之勇」的項羽所能夢見？

太史公（司馬遷）著本紀時，只說劉邦隆準（鼻子高）龍顏，項羽是重瞳子（雙瞳仁），唯獨對二人的臉皮厚薄、心地黑白，沒有一字提及，未免有愧良史的尊號。

劉邦的臉皮、劉邦的心地，比起別人特別不同，可稱為天縱之聖。黑之一字，真是運用得「生和安行，從心所欲不踰矩」，至於厚字方面，還加了點學力；他的業師，就是漢初三傑中的張良，張良的業師是圯上老人，他們的衣鉢眞傳，是彰彰可考的。

張良圯上受書一事，圯上老人的種種作爲，無非教導張良學會臉皮厚罷了。這個道理，蘇東坡的「留侯論」說得很明白。張良是有「夙根」的人，一經高人指點，當下頓悟，因而圯上老人以「王者之師」期許他。

這種無上妙法，斷非生性愚鈍的人所能了解，所以《史記》上說：「良爲他人言，皆不省，獨沛公善之，良曰，沛公殆天授也。」

意思是說，張良爲別人出謀獻策，這些人都無法理解箇中精妙，唯獨劉邦能妥善運用，所以張良說：劉邦是天縱之聖。

可見這種學問，關鍵在於資質，明師固然難得，好徒弟也不容易尋找。韓信請求劉邦封他爲齊王的時候，劉邦暴怒之餘幾乎誤事，全靠他的「業師」張良在旁指點，彷彿現在學校中，教師改正學生習題一般。以劉邦的天資，有時還會犯錯，這種學問的博大精深，由此可以想見了。

劉邦天資既高，學力又深，把流俗所傳君臣、父子、兄弟、夫婦、朋友等五倫一一打破，又把禮義廉恥掃除淨盡，所以能夠平蕩群雄，統一海內，一直經過了四百幾十年，他那厚黑的殘餘之氣方才消滅，漢家的系統才斷絕了。

楚漢爭霸的時候，有一個人臉皮最厚，心地卻不黑，最後終歸失敗，此人是誰？

他就是人盡皆知的韓信。胯下之辱，他能夠忍受，面厚的程度不在劉邦之下，無奈對於「黑」字欠缺研究。

他當上齊王之時，如果能從聽蒯通的話，日後必然貴不可言，可是，他偏偏繫念著劉邦「解衣推食」的恩惠，冒冒昧昧的說：「衣人之衣者，懷人之憂；食人之食者，死人之事。」後來在長樂鐘室被斬首，身首異處，夷及三族，眞是咎由自取。

他曾譏誚項羽是「婦人之仁」，可見「心子不黑，做事還是要失敗的」這個大原則，他本來也是知道的，但是，他自己也在這裡失敗，這能怪得了誰呢？

同一時期，又有一個人心地最黑，臉皮卻不厚，最後也歸失敗，此人也是人人知道的，姓范名增。

劉邦破咸陽，囚繫子嬰，還軍灞上，秋毫不犯，范增千方百計總想把他置之死地，心地之黑，也同劉邦不相上下；無奈他臉皮不厚，受不得氣。

漢王劉邦用陳平計謀，間疏楚霸王和范增的關係，范增大怒求去，歸至彭城之時疽發背死。大凡做大事的人，哪有動輒生氣的道理？「范增不去，項羽不亡」，他若能隱忍一下，劉邦的破綻很多，隨便都可以攻進去。

他忿然求去，把自己的老命，把項羽的江山，一齊送掉；因小事不能忍而壞了大事，蘇東坡還稱他是「人傑」，未免過譽。

根據上面的研究，「厚黑學」這種學問，法子很簡單，運用起來卻很神妙，小用小效，大用大效。

劉邦、司馬懿把它學完了，就統一天下；曹操、劉備各得一偏，也能稱孤道寡，割據爭雄；韓信、范增，也是各得一偏，不幸生不逢辰，偏偏與厚黑俱全的劉邦並世而生，以致同歸失敗。

但是，他們在生的時候，憑著一偏之長，博取王侯將相，炫赫一時，身死之後，在史傳中也佔了一席之地，後人談到他們的事蹟，大家都津津樂道，可見厚黑學終究是不負人的。

上天生人，給我們一張臉，而厚即在其中；給我們一顆心，而黑即在其中。從表面上看去，廣不數寸，大不盈掬，好像了無奇異，但是，倘若有人精密的考察，就知道它的「厚」是無限的，它的「黑」是無比的，舉凡人世的功名富貴、宮室妻妾、衣服輿馬，無一不從這區區之地出來。

造物生人的奇妙，真是不可思議，夙根愚鈍的芸芸衆生，身上懷有至寶，卻棄而不用，可謂天下之大愚。

厚黑學共分三步功夫，第一步是「厚如城牆，黑如煤炭」。

起初的臉皮，好像一張紙，由分而寸，而尺而丈，到後來就「厚如城牆」了。最初，心的顏色作乳白狀，由乳色而炭色，而青藍色，再進一步就「黑如煤炭」了。

就算到了這個境界，只能算是初步功夫，因爲城牆雖厚，還是有被大砲轟破的可能；煤炭雖黑，但是顏色惹人討厭，衆人都不願挨近它。所以，這只算是初步的功夫。

厚黑學的第二步是「厚而硬，黑而亮」。

深於厚學的人，任你如何攻打，他一點也不爲所動，劉備就是這類人，連曹操都拿他沒有辦法。

深於黑學的人，如褪掉光漆的招牌，越是烏黑，買主越多，曹操就是這類人，他是著名的黑心子，然而中原名流卻紛紛傾心歸服，眞可謂「心子漆黑，招牌透亮」。

能夠到達第二步，固然同第一步有天淵之別，但還是露了跡象，有形有色，所以曹操的本事，我們一眼就看出來了。

厚黑學的第三步是「厚而無形，黑而無色」。

至厚至黑的人，不管天上後世，皆以爲不厚不黑；這個境界很不容易達到，只好在古代的大聖大賢中去尋求。

有人會問：「這種學問，哪有這樣精深？」

我必須說：「儒家的中庸，要講到『無聲無臭』方能終止；學佛的人，要到『菩提無樹，明鏡非台』，才算證果；何況厚黑學是千古不傳之秘，當然要做到『無形無色』，才算止境。」

總之，由三代以至於今，王侯將相、豪傑聖賢不可勝數，他們之所以成大功、立大業，無不出自於厚黑學；書冊俱在，事實難誣，讀者倘能本著我指示的途徑，自去搜尋，自然能夠左右逢源，頭頭是道。

厚黑經

世間有許多學說經常誤人，
只有厚黑學絕不會誤人。
就是走到了山窮水盡當乞丐的時候，
討口飯，也比別人多討點。

厚黑教主李宗吾說：不薄就是厚，不白就是黑。

所謂的厚，就是天下的厚臉皮，所謂的黑，就是天下的黑心肝。本篇是古人傳授的厚黑心法，我恐怕經歷的年代久了而發生誤差，所以把它寫成書，以便傳授給世人。

這本書開始是闡述厚黑，中間敷演爲天下萬事萬物，最後又歸結到厚黑。把這個學說推廣開去就能覆蓋整個世界，把它收攏回來就能孕涵在個人的臉面和心胸之中。它的意義無窮無盡，都是實實在在的學問。善於讀書的人，玩賞它，思索它，必定會有收穫心得，終身運用這一學說，也必定會受用不盡。

主宰人們命運的叫做厚黑，遵循服從厚黑的叫做得法，學習修煉厚黑的叫做教養。厚黑二字，是人們一時一刻也離不開的，能夠離開的就不是厚黑了。所以，有道德、有學問的人，最擔心自己的所作所爲臉皮不厚，最害怕自己的所作所爲心肝不黑；臉皮薄最危險，心肝白更可怕，所以自稱君子的人必定是臉厚而心黑的。

喜怒哀樂的表情都不表現出來就叫做厚，一旦發洩出來而無所顧忌就叫做黑！臉厚是天下的根本，心黑是天下的至理。到達厚黑頂點的人，不僅天下的人們害怕他，甚至連鬼神都要對他畏懼幾分。

在《厚黑經》這一章中，我把古人沒有公開的秘密敘述出來寫成書，首先闡述厚黑的本源出於天意而不能更改，它實際上人人具備而不可背離；其次闡述了培養厚黑的必

要；最後點明達到厚黑極至的功夫。大凡想學厚黑的人到了這一地步，會反過來向自身求索體會，除去所謂的仁義道德的誘惑，就是讓自身本來就具備的厚黑充實自己，這就是本篇《厚黑經》的要點。以下各章節引用我說的話，來透徹闡發本章的意義。

厚黑教主李宗吾說：厚黑這門學問，既容易又困難。說它容易，是因爲一般愚蠢的男女，也可以明白它的道理，但到了厚黑的極至時，即使曹操、劉備也有不了解的地方；說它容易，就是普通男女，也可以實行它，但到厚黑的極至時，即使曹操、劉備也有做不到的地方。厚黑的博大精深，縱使曹操、劉備實行起來尚且有遺憾之處，更何況普通百姓呢？

厚黑教主李宗吾說：人們都說你心黑，把你驅趕到煤炭之中，卻不能與黑煤同一顏色；人們都說你臉皮厚，遇到砲彈卻不能不被轟破。

厚黑教主李宗吾說：厚黑的原理，來源於本身，從普通人身上得到證實，用它考察帝王將相的所作所爲而不會發生偏差，用它鑑別萬事萬物而不會有錯誤，用它辨別鬼神而不會有疑問。運用這門學問，千百年來不斷有人裂土封侯；運用這門學問，聰明的人可以終身不迷惑。

厚黑教主李宗吾說：君子培養根本，根本樹立起來了，處世之道就隨之而產生，這厚黑不正是做人的根本嗎？

厚黑教主宗吾說：一塊行走的三人之中，必定有可以當我老師的人，選擇那厚黑的人去跟隨學習，對自己不厚不黑的地方就要改正它。

厚黑教主李宗吾說：臉厚心黑是天生的，世人又能對我怎麼樣？

厚黑教主李宗吾說：劉邦我見不到他的面了，但見到曹操那還是可以的；曹操我見不到他的面了，但見到劉備、孫權那還是可以的……

厚黑教主李宗吾說：有十戶人家的地方，其中必定有像我一樣知道厚黑的人，只是不像我那樣坦率罷了。

厚黑教主李宗吾說：你如果不能經常在厚黑方面有所長進，那麼你的魯莽就由此產生，你的挫折也會由此產生。

厚黑教主李宗吾說：如果具備項羽那樣高超的才能，再使他臉厚心黑，那麼劉邦算什麼呢？

厚黑教主李宗吾說：臉厚心黑的人，能夠得到一個大國的統治權，如果不厚不黑，那就連一碗飯、一匙湯都得不到。

厚黑教主李宗吾說：播種那美好的五穀，如果不能成熟，那還不如野草稗子，那厚黑也在於老練成熟罷了。

厚黑教主李宗吾說：道學先生是厚黑的敵人，他們平素講究忠誠老實，行為好像廉

潔，人們都喜歡他們，他們也自以爲是，但不能進入曹劉的層次，所以說，道學家之流是厚黑的敵人。

厚黑教主李宗吾說：不要對有些人不厚黑感到不可理解！即使天下有最容易生長的生物，曝曬它一天，再冷凍它十天，那麼這個生物就不可能生長出來。我看現在人們之中講厚黑的人的確不太多，但我一旦退讓，那麼道學先生就來到，趁虛而入了！

我拿道學先生相比究竟是爲什麼呢？今天，厚黑作爲一門學問，是大道理！如果不專心致志地學，那是不可能學到手的。

我是發明厚黑學的人，假若讓我教二人學習厚黑學，其中一人學起來專心致志，只聽我所教誨的話，而另一人儘管也聽我所說的，但卻又一心以爲將有道學先生會到來，想追求所謂聖賢的美名，那麼，後者儘管與前者同樣在我面前學厚黑，但後者定然不如前者！這是因爲後者天資素質不如前者嗎？我說：並不是如此。

厚黑教主李宗吾說：假如有件失敗了的事作爲借鏡，君子就必定會通過自我反省而達到成功。學習厚黑也是如此，面對不厚的情況，也能通過自我反省而達到厚的境地；而對不黑的情況，通過自我反省也能達到黑的境地。

君子說：那些反對我的人，正是不知自我反省的狂人罷了！這種人與禽獸又有什麼不同呢？如此看來，用厚黑去殺禽獸，又有什麼難處呢？

厚黑教主李宗吾說：厚黑之道，眞是既高深又完美，要掌握它看上去好像登天一樣，但實際上也並不是不可企及的。就如同行遠路必定要從近處出發，攀登高山必定要從低處開始一樣，掌握和實行厚黑也要從對待自己的妻子和子女開始，換句話說，也就是如果不厚黑，連自己的妻兒子女也不能對付。

厚黑教主李宗吾說：厚，越磨越厚；黑，越洗越黑。

有人問我：「世界上哪有這種東西？」我說：「手和腳上的繭疤就是越磨越厚，沾了泥土塵埃的煤炭就是越洗越黑。」人的臉皮本來很薄，慢慢的磨練，就漸漸的加厚；人的心生來是黑的，遇著講因果的人、講理學的人，拿些仁義道德蒙在上面，才不會黑，假如把這些洗去了，黑的本性自然會出現。

厚黑教主李宗吾說：厚黑並不是受到外界事物的影響，而是人本身固有的。人們天生就具有厚黑，本性最喜愛的也是厚黑。

這可以用試驗證明：隨便找一個當母親的，讓她抱著親生兒子吃飯，小孩見了母親手中的碗就伸手去抓，如果不提防，就會被他打爛；母親手中拿著糕餅放在自己的口中，他就會伸手從母親口中把糕餅取出，放在他自己的口中。又如小孩坐在母親的懷抱中吃奶，或者吃餅的時候，哥哥走到面前，他就要伸手去推他打他。

這些事都是不學而會，不慮而知的，也就是良知良能。把這種良知良能擴充出去，

就可以建立驚天動地的事業。

唐太宗殺他哥哥李建成，殺他的弟弟李元吉，又把建成與元吉的兒子全部殺死，把元吉的妻子納入後宮，又逼著父親把天下讓給他。他這種舉動，是把當小孩時搶母親口中糕餅，和推哥哥、打哥哥的那種良知良能擴充出來的。普通人都有著這種良知良能，卻不知道擴充，只有唐太宗把它擴充了，所以他就成為千古的英雄。

所以，厚黑教主李宗吾說：「人的口對於美味，都有共同的嗜好，耳朵對於聲音，都有共同的感覺，眼睛對於美色，都有共同的美感，至於臉和心，難道就沒有共同的感覺嗎？其實，臉和心所共同感覺的就叫厚，就叫黑。所謂英雄，僅僅只是擴充了人們臉與心的共同感覺罷了。」

厚黑這個道理，很明白地擺在世人面前，不論什麼人都可見到，只不過剛剛一見到，就被那佛教講因果感應、勸人積陰德的文章，或是道學先生的學說，壓伏下去了。

所以，厚黑教主李宗吾說：「牛山上的樹木本來是美好的，遭到刀斧的砍伐後，就失去生長繁殖的能力，接著又在上面放牧牛羊，因此牛山就像現在這樣的光禿禿的了。同樣的道理，既然有人類存在，難道會沒有厚與黑嗎？但厚黑之所以遭到摧殘，也就好比樹木遭到刀斧的砍伐，天天受到砍伐，那麼厚黑就不能夠存在，所以想成為英雄也就很困難了！人們見到不能成為英雄，便以為不曾有厚黑，這難道不是人之常情嗎？所以，如果有了良好的滋養，那麼厚黑就會一天天生長起來，如果失去了營養，那麼厚黑就會一天天消失光了。」

厚黑教主李宗吾說：「小孩見母親口中有糕餅，都知道搶奪它，人們這種搶母親口中糕餅的心，如果在運用的基礎上再去擴充它，那就足以成為英雄，成為豪傑，這種情況可以稱它為：所謂的大人物，就是沒有失去赤子之心的人。如果不去擴充它來保養身體，就可稱他是自暴自棄。」

有一種天資很高的人，他自己明白這個道理，就實實在在地身體力行，隱密而不告訴別人。又有一種資質魯鈍的人，已經走入這個途徑，自己還不知道。所以，厚黑教主李宗吾說：「實行它而不明白，習慣它而不察覺，終身在使用厚黑，然而不了解厚黑的人多得很。」

世間有許多學說經常誤人，只有厚黑學絕不會誤人。就是走到了山窮水盡當乞丐的時候，討口飯，也比別人多討點。所以，厚黑教主李宗吾說：「大自皇帝小到討飯的花子，都是以厚黑為根本。」

厚黑學博大精深，有志於這種學問的人，必須專心致志，學過一年，才能應用，學過三年，才能大有成就。所以，厚黑教主李宗吾說：「如果有學厚黑的人，一個月滿了就會有收獲，三年後就會有成就。」

厚黑傳習錄

凡行使厚黑之時，
表面上，一定要糊一層仁義道德，
不能把它赤裸裸的表現出來，
王莽之所以失敗，
就是由於露出了的原故。

曾經有人問我說：「你發明厚黑學，為什麼你做事每每失敗？為什麼你的學生的本領還比你大，你每每吃他們的虧？」

我回答說：「這話偏差了，因為凡是發明家，都不可能登峰造極。」

儒教是孔子發明的，孔子登峰造極了，顏回、曾參、子思、孟子去學孔子，他們的學問，就比孔子低一層；周、程、朱、張去學顏、曾、思、孟，學問又低一層，後來學周、程、朱、張的，又更低一層，愈趨愈下，其原因就是教主的本領太大了。舉凡東洋方面的學問皆然，道教中的老子，佛教中的釋迦，都是這種現象。

但是，西洋的科學則不然，發明的時候很粗淺，越研究越精深。發明蒸汽的人，只悟得汽衝壺蓋的道理；發明電氣的人，只悟得死蛙運動的原理，後人繼續研究下去，才造出種種的機械，有了種種的用途，這是發明蒸汽電氣的人，萬萬不能逆料的。由此可見，西洋科學是後人勝過前人，學生勝過先生。

我的厚黑學等於西洋的科學，我只能講點汽衝壺蓋、死蛙運動的原理，中間許多更精妙的道理，還望後人勤加研究。我的本領當然比學生小，遇著他們，當然失敗，將來他們傳授些學生出來，他們自己又會被學生打敗，一輩勝過一輩，厚黑學自然就昌明了！

又有人問道：「你把厚黑學講得這樣神妙，但是，為什麼不見你做出一些轟轟烈烈的事？」

我回答說：「我試問，我們的孔夫子，究竟做出了多少轟轟烈烈的事？他講的爲政爲邦、道千乘之國，究竟實行了幾件？曾子著有一部《大學》，專講治國平天下的大道理，請問他治的國在哪裡？平的天下又在哪裡？子思著了一部《中庸》，說了些中和位育（上下關係和諧使老百姓安居樂業）的話，請問他中和位育的實際安在？你不去質問他們，反而來質問我，眞是莫名其妙。明師難遇，至道難聞，這種『無上甚深微妙法，百千萬劫難遭遇』，你聽了還要懷疑，不免自誤。」

民國元年，我發佈厚黑學的時候，遇著一位姓羅的朋友，新從某縣做了知事回來，歷數他在任內如何如何的整頓，言下很是得意高興，又說因爲某事失誤，把官失掉了，案子至今尙未了結，神色顯得非常懊喪。

言次談及厚黑學，我原原本本的告訴他，他聽得津津有味，我乘他正聽得入神之際，猝然站起來，把桌子一拍，厲聲說道：「羅某！你生平做事有成有敗，究竟你成功的原因在什麼地方？失敗的原因又在什麼地方？究竟離脫厚黑這二字沒有？速道！速道！不許遲疑！」

他聽了我這話，如雷貫耳，呆了半晌，才嘆口氣說道：「眞眞沒有離脫這二字。」這位姓羅的朋友，可稱俄然頓悟。

我發佈厚黑學，用的別號是「獨尊」二字，取「天上地下，唯我獨尊」之意，與朋友寫信也用這個別號，後來我又把別號寫作「蜀酋」。

有人問：「蜀酋二字作何解釋？」

我答道：「我發佈厚黑學，有人說我瘋了，離經叛道，非關在瘋人院不可。我說，那麼，我豈不就成爲蜀中之罪酋了，因此名爲蜀酋。」

我發佈厚黑學過後，許多人努力奉行，要把四川造成一個厚黑國。有人向我道：「蜀中首領，非你莫屬！」我說：「那麼，我豈不就成爲蜀中之酋長了」，因此又名爲蜀酋。

再者，我講授厚黑學，得我眞傳的弟子，本該授以衣缽，但是我的生活是沿門托缽要飯，這個缽要留下來自己用，只好把我的狗皮褂子脫給他穿，所以獨字去了犬旁，成爲蜀字。我的高足弟子很多，好弟子的足高，則先生的足短，弟子之足高一丈，則先生之足短一寸，所以尊字截去了寸字，成爲酋字；有此原因，我只好稱爲「蜀酋」了。

我把厚黑學發表出來，一般人讀了，說道：「你這門學問博大精深，我們讀了此書，猶如讀大學、中庸一般，茫然無下手處，請爲我們這些鈍根衆生說下乘法，傳授點實用的法子，我們才好照著做。」

我問道：「你們想做什麼？」

有人答道：「我想弄個官來做做，並且還要做得轟轟烈烈，一般人都認爲我是大政治家。」

我於是傳他「求官六字眞言」、「做官六字眞言」和「辦事二妙法」。

【求官六字真言】

求官六字眞言爲：空、貢、沖、捧、恐、送。此六字俱是仄聲，其意義詳述如下：

一、空

空，即空閒之意，分爲兩種：一是指事務而言，求官的人一定要把一切事放下，不工不商，不農不賈，書也不讀，學也不教，一心一意專門求官。二是指時間而言，求官的人要有耐心，不能著急，今日不生效，明日又來，今年不生效，明年又來。

二、貢

這個貢字是借用的，是四川的俗語，其意義等於鑽營的鑽字，「鑽進鑽出」可以說成「貢進貢出」。

求官要鑽營，這是衆人知道的，但是定義很不容易下，有人說：「貢字的定義，是有孔必鑽。」我回答說：「這錯了！只說得一半，有孔才鑽，無孔就無可奈何了嗎？」

我下的定義是：「有孔必鑽，無孔也要鑽。有孔者擴而大之，無孔者，取出鑽子，新開一孔。」

三、沖

沖也是四川俗話，即普通所謂的「吹牛」。

沖的功夫有兩種：一是口頭上，二是文字上。

口頭上又分普通場所，及上峰的面前兩種；文字上又分報章雜誌，及說帖條陳兩種。

四、捧

捧，就是捧場的捧字，戲台上魏公（曹操）出來了，那華歆阿諛諂媚的舉動，更是絕好的模範。

五、恐

恐，就是恐嚇的意思，是及物動詞。

這個字的道理很精深，我不妨多說幾句。

官之爲物，是何等寶貴，豈能輕易給人？有人把捧字做到十二萬分，還不能奏效，這就是缺少恐字的功夫。

凡是當權諸公，都有軟處，只要尋著他的要害，輕輕點他一下，他就會惶然大嚇，立刻把官兒送來。

學習厚黑學的人須知，恐字與捧字，是互相爲用的。

善恐者，吹捧之中帶有恐嚇，旁觀的人看他在上峰面前所說的話，句句是阿諛逢迎之詞，其實是暗擊要害，上峰聽了不禁汗流浹背。

善捧者，恐嚇之中帶有吹捧，旁觀的人看他傲骨稜稜，句句話責備上峰，其實受之者滿心歡喜，骨節皆酥軟了。

這就是所謂的「神而明之，存乎其人」，「大匠能與人規矩，不能使人巧」，全在於求官的人細心體會。

最要緊的是，使用恐字的時候，要有分寸，如用過度了，大人們惱羞成怒，與你作起對來，豈不就與求官的宗旨大相違背？這又何苦來哉？因此，非到無可奈何的時候，恐字不能輕用。

六、送

送，即是送東西，可分大小二種。大送是把銀元、鈔票一包一包的拿去送；至於小送，則如春茶、火腿及請吃館子之類。所送的人也分爲兩種，一是操控用捨之權的人，二是未操掌用捨之權，但能予我以助力的人。

以上這六字做到了，包管字字發生奇效。那些大人先生，獨居細思，自言自語：某人想做官，已經說了許久（這是貢字的作用），某人很有點才智（這是沖字的效用），對我很好（這是捧字的效用），但此人有點壞才，如不安置，未必不搗亂（這是恐字的效用），想到這裡，回頭看看桌上黑壓壓的，或者白亮亮的堆了一大堆（這是送字的效用），也就無話可說，掛出牌來，某某職缺由某人擔任。

求官到此，可謂功德圓滿了，於是走馬上任，實行「做官六字眞言」。

【做官六字真言】

至於做官六字眞言是：「空、恭、繃、兇、聾、弄」，此六字俱是平聲，其意義詳述如下：

一、空

空即空洞模糊的意思，一是文字上：凡是批呈詞、出文告，都是空空洞洞的、模模糊糊。其中奧妙，我難以細說，請到軍政各機關單位，把寫在牆壁上的文字讀完，就可恍然大悟。

二是辦事上：隨便辦什麼事情，都是活搖活動，東倒也可，西倒也可，有時辦得雷厲風行，其實暗中藏有退路，如果見態勢不佳，就從那條路抽身走人，絕不會把自己牽扯進去。

二、恭

恭，就是卑恭折節、脅肩諂笑之類，可分直接、間接兩種，直接是指對上司而言，間接則是指對上司的親戚、朋友、丁役及姨太太……等等而言。

三、繃

繃，即俗語所謂繃勁，是恭字的反面字，指對下屬及老百姓而言，也分為兩種。一種是儀表上，要有赫赫然大人物的模樣，凜然不可侵犯；二是言談上，儼然腹有經綸，槃槃大才。恭字對飯碗所在地而言，不必一定是在上；繃字對非飯碗所在地而言，不必一定是下屬和老百姓。有時飯碗之權，操諸下屬或老百姓，又當改而為恭。吾道原是活潑潑地，運用之妙，存乎一心。

四、兇

兇，就是兇悍。只能達到我的目的，他人賣兒鬻婦，都不必顧忌，但有一層應當注意，兇字上面一定要蒙上一層道德仁義。

五、聾

聾就是耳聾，笑罵由他笑罵，好官我自為之。但是，聾字之中包含有瞎子的意義，文字上的詆罵，大可閉著眼睛不看。

六、弄

即弄錢之弄，俗語讀作平聲。千里來龍，此處結穴，前面的十一個字，都是為了這個字而設的。弄字與求官之「送」字是對照的，有了送就有弄。這個弄字，最要注意的是，要能夠在公事上通得過才成功，有時通不過，就算自己墊點腰包裡的錢也無妨；但是如果通得過，不管金額有多少，都不用客氣了。

以上十二個字，我不過列舉粗學大綱，許多精義都沒有發揮，有志於官者，可按著門徑，自行去研究。

【辦事二妙法】

一、鋸箭法

有人中了箭，前去請外科醫生治療，醫生將箭桿鋸了，即開口索討謝禮，問他爲什麼不把箭頭取出？他說：那是內科的事，你去尋內科好了。

這是一段相傳的故事。現在各級機關，與所謂的大辦家事，都是用這種方法。譬如批呈詞：「據呈某某等情，實屬不合已極，仰候令飭該縣知事，查明嚴辦。」這時，「不合已極」這四個字是鋸箭桿，「該知事」是內科。如果是「仰候轉呈上峰核辦」，那「上峰」就就是內科。

又如有人求我辦一件事情，我說：「這個事情我很贊成，但是，還要同某人商量。」

那麼，「很贊成」三字是鋸箭桿，「某人」是內科。

又或者說：「我先把某部份辦了，其餘的以後辦。」這時，「先辦」是鋸箭桿，「以後」是內科。

此外，也有只鋸箭桿，並不命其尋找內科的，也有連箭桿都不鋸，命其逕尋內科的。種種不同，宜細參自悟。

二、補鍋法

做飯的鍋漏了，請補鍋匠來修補，補鍋匠一面用鐵片刮鍋底煤煙，一面對主人說：「請點火來讓我燒煙。」

他乘著主人轉過身的時候，用鐵錘在鍋上輕輕的敲幾下，那裂痕就增長了許多，等主人轉來，就指給他看，說道：「你這鍋裂痕很長。上面油膩了，看不見，我把鍋煙刮開，就現出來了，非多補幾個釘子不可。」

主人埋頭一看，很驚異的說：「不錯！不錯！今天倘使不遇著你，這口鍋子恐怕不能用了。」及至補好，主人與補鍋匠，皆大歡喜而散。

鄭莊公縱容自己的親弟弟共叔段，使他多行不義，然後才舉兵征討，這就是補鍋法了，歷史上這類事情很多。

有人說：「中國變法，有許多地方是把好肉割了下來醫。」這就是變法諸公所用的補鍋法。在前清官場，大概是用鋸箭法；民國以來，則是鋸箭、補鍋二法交互運用。

上述二妙法，是辦事的公例，無論古今中外，合乎這個公例的就成功，違反這個公例的便失敗。

管仲是中國春秋時代的大政治家，他辦事就是用這兩種方法。狄人伐衛，齊國按兵不動，等到狄人把衛國滅了，才出來做「興滅國繼絕世」的義舉，這是補鍋法；召陵之役，不責斥楚國僭稱王號，只譴責他不按時將包茅進貢周天子，這是鋸箭法。

那個時候，楚國的實力遠勝過齊國，管仲敢勸齊桓公興兵伐楚，可說是把鍋敲爛了來補，及至楚國露出反抗的態度，他立即鋸箭了事。召陵一役，以補鍋法始，以鋸箭法終。管仲把鍋敲爛了而能把它補起，所以稱爲天下奇才。

明朝末年，武臣把流寇李自成圍住了，卻故意放他出來，本來是用補鍋法，後來制他不住，竟至國破君亡。

這些人把鍋敲爛了卻補不起，所以被稱爲「誤國庸臣」。

岳飛想恢復中原，迎回徽欽二帝，他剛剛才起了取出箭頭的念頭，就遭殺身之禍；明英宗被也先捉去，于謙把他弄回來，算是把箭頭取出了，仍然遭殺身之禍，何以故？違反公例之故。

晉朝偏安之後，王導爲宰相，有一個叛賊，他不去討伐，陶侃責備他，他覆信說：

「我遵養時晦，以待足下」，陶侃看了這封信笑說：「他無非是『遵養時賊』罷了。」

王導「遵養時賊」以待陶侃，即是留著箭頭專等內科。

東晉諸名士在江蘇新亭一面賦詩一面淚流涕肆，王導愀然變色曰：「當其戮力王室，克復神州，何至作楚囚對泣？」

他義形於色，儼然手執鐵錘，要去補鍋，其實是說兩句漂亮話就算完事；懷愍二帝陷在北邊，永世不返，箭頭永未取出。王導這種舉動，略略有點像管仲，所以歷史上稱他為「江左夷吾」。

讀者如能照我所說的方法加以實行，包管你成為管仲之後的第一大政治家。

【結　論】

我把厚黑學講完了，結尾之時特別告訴讀者一個秘訣：大凡行使厚黑之時，表面上，一定要糊一層仁義道德，不能把它赤裸裸的表現出來。

王莽之所以失敗，就是由於露出了厚黑的原故；如果終身不露，恐怕至今孔廟之中，還會寫一個「先儒王莽之位」，大吃其冷豬肉。

韓非在〈說難〉篇中有句話說：「陰稱其言，而顯棄其身。」意思是說，儘管暗地裡遵奉他的思想方法，但表面上要顯得十分不屑。

凡是我的學生，一定要懂得這個法子。譬如，我這本《厚黑學》，你們應當秘密在枕頭下，千萬不可放在桌上；如有人問你：「認得李宗吾否？」你就擺出最莊嚴的面孔說道：「這個人壞極了，他是講厚黑學的，我認他不得。」口裡雖如此說，然而心中則恭恭敬敬的，供一個「大成至聖先師李宗吾之位」。

如果能這樣做，包管你做出許多驚天動地的事業，爲舉世所佩仰，死後還要入孔廟吃冷豬肉。

所以，我每聽見有人罵我，就非常高興，說道：「吾道大行矣。」

還有一層，我前面所說：「厚黑上面，要糊一層仁義道德」，這是指遇著道學先生而言，假如遇著講性的朋友，你也同他講仁義道德，豈非自討沒趣？這個時候，則應當糊上「戀愛神聖」四字，難道他不喊你是同志嗎？

總之，面子上應當糊上什麼東西，是在學者應時應地「神而明之」，而厚黑二字，則萬變不離其宗，有志於此學的人，應當細細體會！

第 4 章

厚黑史觀

胡林翼、徐階、曾國藩三事，
如果用以圖謀私利，
豈非至卑至劣的行為？
但是，移以圖謀公利，
就成為最高尚的道德。

著者發明厚黑學，大旨言一部廿四史中的英雄豪傑，其成功秘訣，不外「面厚心黑」四字，並引歷史事蹟爲證，揭登成都《公論日報》。

這原本是寫來開玩笑的，不料從此以後，厚黑學三字竟洋溢於四川，成爲一普通名詞，我也覺得莫名其妙，每當遇著不相識的朋友，旁人替我介紹時，必定說道：「這就是發明厚黑學的李某。」

李宗吾三字，幾乎和厚黑學三字合而爲一，等於釋迦牟尼與佛教合而爲一，孔子與儒教合而爲一。

有一次在宴會席上，某君指著我向衆人說：「此君姓李名宗吾，是厚黑學的先進。」我趕急聲明說：「你這話錯了，我是厚黑學祖師，你們才是厚黑學的先進。我的位置，等於佛教中的釋迦牟尼、儒教中的孔子，當然稱爲祖師。你們親列門牆，等於釋迦門下的十二圓覺，孔子門下的四科十哲，對於其他普通人，當然稱爲先進。」

厚黑學，是千古不傳之秘，我把它發明出來，可謂「其功不在禹下」。每到一處，就有人請我講解厚黑學，我身懷這門絕學，不忍自私獨有，只好懃懃懇懇的講授，隨即筆記下來，名之曰《厚黑叢話》。

有人駁斥我說：「面厚心黑的人，從古至今豈少哉！這本是極普通的事，你何以安竊發明家之名？」

我說，所謂發明家，等於礦師之尋出煤礦鐵礦，並不是礦師拿些煤鐵嵌入地中，乃是地層中原來就有煤有鐵，礦師把上面的土石除去，煤鐵自然出現，這就是所謂的發明了。厚黑本來就是人類所固有的，只因被四書、五經、宋儒語錄、和感應篇、陰騭文、覺世眞經……等等蒙蔽了，我把它們掃而空之，使厚與黑赤裸裸的呈現出來，是謂發明。

牛頓發明萬有引力，這種引力，並不是牛頓帶來的，自開天闢地以來，地心就有吸力，經過了百千萬億年，都無人知道，直到牛頓出世，才把它發現出來。厚黑這門學問也是如此，從古至今，人人都能夠做，無奈世人行之而不著，習而不察，直到李宗吾出世，才把它發明出來。

牛頓可以稱爲萬有引力的發明家，李宗吾當然可稱厚黑學的發明家。

有人向我說道，我國連年內亂不止，正由彼此施行厚黑學，才鬧得這樣糟，現在強鄰壓迫，亡國在於眉睫，你怎麼還在提倡厚黑學？

我說，正因亡國在於眉睫，更該提倡厚黑學，只有把這門學問研究好了，國內紛亂擾攘的狀況才能平息，才能一致對外。

厚黑是辦事上的技巧，等於打人的拳術。諸君知道，凡是拳術家，都要閉門練習幾年，然後才敢出來與人交手。從辛亥至今，全國紛紛擾擾者，乃是我的及門弟子和私淑弟子閉門練習，他們師兄師弟互相切磋，迄今二十四年，算是練習好了，開門出來與人交手，眞可謂：「以此制敵，何敵不摧？以此圖功，何功不克？」

我基於這種見解，特地提出一句口號：「厚黑救國」。請問居今日之亂世，要想抵抗列強，除了厚黑學，還有什麼法子？此乃《厚黑叢話》之所以不得不作的原因。

抵抗列強要有力量，國人精研厚黑學，能力算是有了的，譬如射箭，射是射得很好，但從前是關著門，父子兄弟你射我、我射你，而今以列強爲箭垛子，枝枝箭向同一個垛子射去，我所謂厚黑救國，如是而已。

厚黑救國，早在古代就有奉行的人，越王勾踐是也。會稽之敗，勾踐自請身爲吳王之臣，妻子入吳宮爲妾，這是厚字訣。後來，勾踐舉兵破吳，夫差遣人痛哭乞情，甘願身爲臣、妻爲妾，勾踐毫不鬆手，非把夫差置之死地不可，這是黑字訣。由此可知，厚黑救國，其程序是先之以厚，繼之以黑，勾踐的復國往事，可供我們參考。

項羽是拔山蓋世的英雄，其失敗的原因，韓信所說：「匹夫之勇，婦人之仁」兩句話，就斷定了。

匹夫之勇，是受不得氣，其病根在不厚。婦人之仁，是心中有所不忍，其病根在不黑。所以，我講厚黑學，諄諄然以不厚不黑爲大戒。但所謂不厚不黑者，並非是全然不厚黑，如果把厚黑用反了，當厚而黑，當黑而厚，斷然要失敗的。

以明朝而言，不自量力地對滿洲輕率開戰，是謂匹夫之勇；對流寇不知其野性難馴，一意主張安撫，是謂婦人之仁。由此可知，明朝最後會亡國，其病根是把厚黑二字用反了，有志救國者，不可不精心研究。

我國現在內憂外患，其情形與明朝很相似，但所走的途徑，則與之相反。面對強鄰壓境，經過熟思審慮，不悻悻然與之角力，是以匹夫之勇爲戒。對於國中匪徒放手剷去，不務姑息，力反婦人之仁，這是很可喜的。

明朝外患愈急迫，內部黨爭愈激烈，崇禎皇帝已經在煤山自縊死亡了，福王立於南京，所謂的志士還在鬧黨爭。福王被滿清活捉去，輔立唐王、桂王、魯王的志士還在鬧黨爭。

我國邇來則不然，外患愈急迫，內部黨爭愈消滅，許多過去兵戎相見的人，而今歡聚一堂。明朝的黨人忍不得氣，現在的黨人忍得氣，所走的途徑又與明朝相反，這是更可喜的。

厚黑先生曰：「知明朝之所以亡，則知民國之所以興矣。」我希望有志救國的人，把我發明的「厚黑史觀」下一番仔細研究。

昨日我回到寓所，見客廳中坐一個相熟識的朋友，一見面就說道：「你怎麼又在報上講厚黑學？現在人心險詐，大亂不已，正宜提倡舊道德，以圖挽救，你發出這些怪議謬論，豈不是把人心愈弄愈壞嗎？」

我說：「你也太過慮了。」於是把我全部思想，源源本本說與他聽，一直談到二更，他歡然而去，說道：「這麼說來，你簡直是孔子信徒，厚黑學簡直是救濟世道人心的妙藥，從今以後，我在你這個厚黑教主名下，當一個信徒就是了。」

梁任公（啟超）曾說：「假令我不幸而死，是學界一種損失。」不料他五十六歲就死了，學術界的損失眞是不少。

古來的學者，如程明道、陸象山，是五十四歲死的。韓昌黎、周濂溪、王陽明，都是五十七歲死的。鄙人在厚黑學的地位，自信不在梁程陸韓周王之下，講到年齡，已經有韓、周、王三人的高壽，要喊梁、程、陸爲老弟，我所憂慮的是，萬一我一命嗚呼，那麼曹操、劉備諸位聖人相傳的心法，就要自我而絕，厚黑界所蒙受的損失，還可計算嗎？所以，我岌岌皇皇的寫文字——余豈好講厚黑哉，余不得已也。

馬克斯發明了唯物史觀，我發明了厚黑史觀。用厚黑史觀，去讀二十四史，則成敗興衰，瞭如指掌，用厚黑史觀去考察社會，則如牛渚燃犀，百怪畢現。

讀者研究社會狀況，不妨試拿我的厚黑史觀，同馬克斯的唯物史觀，兩相比較，看究竟哪個講得通些？

我們可用厚黑史觀，摧破他的唯物史觀，使馬克斯的共產主義，根本發生動搖。我們也可用厚黑史觀，攻擊達爾文強權競爭的說法，使迷信武力的人，失去理論上的立場。

因此，我希望讀者耐心讀下去，千萬不可先存有主觀看法，說「厚黑學是蠱惑人心的東西」，更不可先存一個成見，說「馬克斯、達爾文是西洋聖人，李宗吾是中國壞人，從古到今，斷然沒有中國人的說法，會勝過西洋人的」。

如果你心中是這樣想，那就請你閉目不視，免得把你誘壞了。

有天，我去會一個朋友，他是講宋學的先生，一見到我，就說我不該講厚黑學，我因爲他是個迂儒，不想與他深辯，便婉辭稱謝。誰知他越說越高興，簡直帶出訓斥的口吻來了。

我氣他不過，說道：「你自稱是孔子之徒，但是據我看來，你只算是孔子之奴，夠不上稱爲孔子之徒。」

何以言之呢？講宋學的人，神龕上供的是「天地君親師」之位，既尊孔子爲師，那麼師徒猶如父子，也可說等於君臣。古話有云：「事父母幾諫」，又云：「事君有犯而無隱」，這些人爲什麼不以事奉君父之禮去事奉孔子？明知孔子的學說，有許多地方，對於現在並不適用，卻不敢有所修正，直是諂臣媚子之所爲，不是孔子的家奴是什麼？

古今夠得上稱爲孔子之徒的，只有孟子一人而已。

孔子說：「我戰則克」，孟子則說：「善戰者服上刑」，依照孟子的說法，孔子是應該處以極刑的。

孟子說：「仲尼之徒，無道桓公之事者」，又把管仲說得極不堪，曰「功烈如彼其卑也」，而《論語》上明明記載，孔子曰：「齊桓公正而不譎」，又曰：「桓公九合諸侯，不以兵革，管仲之力也，如其仁，如其仁」，又曰：「管仲相桓公，霸諸侯，一匡天下，民到於今受其賜，微管仲，吾其被髮左衽矣。」孟子的話，豈不顯得與孔子衝突嗎？

孔子修《春秋》，以尊周爲主，稱周王爲「天王」，孟子遊說諸侯時，有次曾說：「地方百里而可以王」，又有一次說：「大國五年，小國七年，必爲政於天下」，這些話不知置周王於何地，豈非孔教叛徒？然而，孟子其自稱：「乃所願則學孔子也。」

孟子對於孔子，是脫了奴性的，因此可稱之爲孔子之徒。漢朝、宋朝諸儒，皆是孔子之奴。至於滿口程朱理學，對於宋儒，明知他們有錯誤，卻不敢有所糾正，反而曲意包庇，簡直是家奴之奴，稱他們爲「孔子之奴」，猶未免過譽。

讀者須知，世間主人的話好說，家奴的話不好說，家奴之奴更難以說，中國紛擾不已，是孔子的家奴造成的，是馬克斯的家奴、達爾文的家奴與某某家奴造成的，也是家奴之奴造成的，於主人何尤！因此，我不知有孔子學說，更不知有馬克斯學說和達爾文學說，我只知有厚黑學說而已。

有人問：厚黑學有何作用？

我回答說：用以抵抗列強。我敢以厚黑教主之資格，向四萬萬人宣言：「勾踐何人也，予何人也，凡我同志，快快的厚黑起來！何者是同志？把心思才力用於抵抗列強者，即是同志；何者是異黨？將心思才力用於傾陷本國人者，即是異黨。」

從前，張獻忠祭拜梓潼文昌帝君時說：「你姓張，咱老子也姓張，咱與你聯宗罷。」我想，孔子在天之靈，見了我的宣言，也一定會說：「咱講內諸夏，外夷狄，你講內中國，外列強，咱與你聯合罷。」

梁任公曾說：「讀春秋當如讀楚辭，其辭則美人香草，其義則靈修世，其辭則齊桓晉文，其義即素王制也。」

嗚呼，知到這層深意的人，可以讀厚黑學矣！厚黑學，其詞則曹操劉備，其義則十年沼吳之勾踐，八年血戰之華盛頓也。師法曹操劉備，師法厚黑技術，至於曹操劉備的目的為何，則不必深問。

我著厚黑學，純粹用《春秋》筆法，善惡不嫌同辭，據事直書之下，善惡自見。同樣是厚黑，用來圖謀一己私利，是極卑劣的行為，用來圖謀眾人公利，則是至高無上的道德，所以不懂《春秋》筆法的人，還不可以讀厚黑學。

民國六年，成都國民公報社，把厚黑學印成單行本。宜賓唐倜風作序，中江謝綬青作跋。謝綬青跋文有言曰：「厚黑學，如利刃然，用以誅叛逆則善，用以屠良民則惡。

善與惡，何關於刃？故用厚黑以爲善，則爲善人，用厚黑以爲惡，則爲惡人。」

謝綏青這種說法，是很對的，與我所說春秋筆法，同是一意。

唐倜風序文說：「宗吾此書，直不啻聚千古大奸大詐於一堂，而一一讞定其罪，吾人熟讀此書，即知厚黑中人，比比皆是，庶幾出而應世，不爲若輩所愚。」唐倜風此說，固有至理，然而不如謝綏青所說圓通。

莊子曰：「不龜乎一也，或以封，或不免於洴澼。」

意思是說：「防凍瘡藥能夠使手不龜裂，有的人因它受到封賞，有的人卻不能免於漂洗棉絮。」

莊子《逍遙遊》中，有一則寓言說，宋國有個世世代代漂洗棉絮的人，善於做預防手上生凍瘡的藥，另一個人將此藥的處方買去遊說吳王，吳王讓這個人統率軍隊在冬天與越人打水仗，由於士兵都擦了防凍藥手不龜裂，所以大敗越人，受到封地之賞。

嗚呼，像莊子這樣的人，才可以與他談論厚黑的大道理！

以禪讓一事而言，舜禹行之則爲聖人，曹操、劉裕行之，則爲逆臣。宗吾曰：舜禹之事，倘所謂厚黑，是耶非耶，余甚惑焉。

唐倜風披覽《莊子》愛不釋手，而於厚黑學猶未領悟，惜哉。倜風晚年跟從佛學大師歐陽竟無，講唯識學，回到成都，貧病交加而死。夏斧私寫了一副輓聯，說他「有錢買書，無錢買米」，假令倜風只買《厚黑學》一部，而以剩餘的錢買米，那麼現今他一定還活著，然而倜風不悟，使得厚黑救國折損一員健將，悲夫！悲夫！

我宣傳厚黑學，有兩種意思：

甲、即唐倜風所說：「聚千古大奸大詐於一堂，而一一讞定其罪。」民國元年發佈的《厚黑學》，與《厚黑傳習錄》所說的「求官六字眞言」、「做官六字眞言」和「辦事二妙法」等等，皆屬甲種。

乙、即謝綬青所說的：「用厚黑以爲善。」此次，我所講的厚黑叢話，即屬於乙種。

讀者諸君，對於我的學問，如果精研有得，以後如有人對你行使厚黑學，你一入眼就明白，可以直接告訴他：「你是李宗吾的甲班學生，我與你同班畢業，你那些把戲，少拿出來耍。」如此一來，同學與同學開誠相見，而天下從此太平，此則厚黑學之功也。

有人會說，老子有云：「邦之利器，不可以示人」，你把厚黑學公開講說，萬一國中的漢奸，把它翻譯成英法德俄日等外國文，傳播到各界，列強得了這種秘訣，用科學方法整理出來，還施之於我，等於把我國發明的火藥加以改良，還轟我一般，如何得了？

我說，惟恐他們不翻譯，翻譯越多越好，就像宋朝用司馬光爲宰相，遼人聞之，告戒其邊吏說：「中國相司馬公矣，勿再生事。」列強聽見中國出個厚黑教主，還不聞風喪膽嗎？

孔子說：「言忠信，行篤敬，雖蠻貊之邦可行也。」我國對外政策，歷來建築在一個誠字上。現在，大可明明白白告訴他們：「我國現遍設厚黑學校，校中供的是『大成至聖先師越王勾踐』之神位。厚黑教主開了一個函授學校，每日在報上發講稿，定下十年沼吳的計劃，這十年中，你要求什麼條件，我國就答應什麼，等到十年後再算帳就是了。」

我們口中如此說，實際上即如此做，絕不欺哄他們。但是要敬告翻譯的漢奸先生，翻譯厚黑學時，一定要附譯一段，說：「勾踐最初對於吳王，身爲臣、妻爲妾，後來吳王請求照樣的身爲臣、妻爲妾，勾踐不允，非把他置之死地不可，加了幾倍的利錢。這是我們先師遺傳下來的教條，請列強於頭錢之外，多預備點利錢就是了。」

從前王德用守邊關，契丹遣人前來偵探，將士請王德用下令逮捕，王德用說：「不消。」第二天，反而明白舉行盛大閱兵，簡直把軍中實情全部拿給偵探看。偵探回去報告之後，契丹立即遣人前來議和。

假如外國人知道我國朝野上下，一致研究厚黑學，自己估量實非我國敵手，因而收斂其野心，我們便十年後不大開殺戒，那麼便是厚黑學造福人類，此則漢奸先生翻譯之功勞。

那些高談仁義之流，哪能知道箇中奧妙？

經傳上說：「大火熊熊，老百姓望見火就害怕，所以很少人死在火中；水性柔弱，老百姓都喜歡在水裡嬉戲，所以有很多人淹死在水中。」

厚黑救國，其實是相同的道理。

友人雷民心發明了一種最精粹的學說，他說：「世間的事分兩種，一種是做得說不得，一種是說得做不得。例如，夫婦居室之事儘管做，如拿到大庭廣衆中來說，就成爲笑話，這是做得說不得。又如，兩個朋友，以狎褻言語相戲謔，譬如罵人的媽和姐妹，聞者不甚以爲怪，如果認眞加以實現，就大以爲怪了，這是說得做不得。」

雷民心這個學說，凡是政治界學術界的人，不可不懸諸座右，厚黑學是做得說不得的，讀者不可不知。

「做得說不得」這句話，是論語「民可使由之，不可使知之」的註腳；「說得做不得」這句話，是孟子井田章和周禮一書的註腳。假如王莽、王安石曾聘雷民心去當高等顧問，絕不會把天下事鬧得那麼壞。

辛亥年，成都十月十八日兵變，全城秩序非常亂，楊維（莘友）出任巡警總督，捉到擾亂治安的人便就地正法，他出的告示，摹倣張獻忠「七殺碑」的筆調，連書斬斬斬，大得一般人的歡迎。全城男女老幼，提及楊總督之名，歌頌不已。

後來秩序稍微安定，他發表了一篇〈楊維之宣言〉，說：「今後當行開明專制。」

於是物議沸騰，報章上指責他，省議會也糾舉他說：「如今是民主時代，豈能再用專制手段？」

殊不知，楊維從前用的手段純粹是野蠻專制，後來改行開明專制，算是進化了，只因為他把專制二字明白說出，所以大遭物議。雷民心說：「天下事有做得說不得的」，楊維之事便是很好的一個例證，對照孔子所說的：「民可使由之，不可使知之」，就算得了註解。

我定有一條公例：「用厚黑以圖謀一己私利，是極卑劣的行為；用厚黑以圖謀衆人公利，是至高無上的道德。」楊維施行野蠻專制，其心黑矣，然而世人反而歌頌不已，便是圖謀公利的緣故。

「厚黑救國」這句話，做也做得，說也說得，只不過學識太低劣的人，不能對他說罷了，我這次把厚黑學公開講說，就是想把它變成一門既「說得，也做得」的科學。

胡林翼曾說：「只要有利於國家，就是頑鈍無恥的事我都幹。」

相傳胡林翼當湖北巡撫時，官文為總督，有天總督的如夫人過生日，藩台去拜見，手本已經拿上去了，才知道是如夫人生日，立將手本索回，折身轉去，其他各官也隨著而去。不久胡林翼來，有人將此情況告訴他，他聽進了，伸出大姆指說道：「好藩台！好藩台！」說畢，取出了手本遞上去，自己則紅頂花翎去拜壽。衆官員聽說巡撫來了，

又紛紛轉來。

次日，官文的如夫人前來巡撫衙門謝罪，胡林翼請他的母親十分優待，官妾就拜在胡母膝下為義女，認胡林翼為乾哥哥。

此後，軍事上有應該同總督會商的事，胡林翼就請乾妹妹從中疏通，官文稍一遲疑，其妾就聒其耳曰：「你的本事，哪一點比得上我們胡大哥？你依著他的話去做就是了。」因此，胡林翼辦事，非常順手。

官文與胡林翼交歡，關係滿清中興甚巨。胡林翼幹此等事，其面可謂厚矣，眾人不惟不說他卑鄙，反引為美談，何以故？心在國家的緣故。

嚴世蕃是明朝的大奸臣，這是眾人知道的，後來皇上把他拿下，丟在獄中等候發落，眾臣合擬一道奏摺，歷數其罪狀，如殺楊椒山、沈鍊之類，把稿子拿與宰相徐階看，徐階看了說道：「你們究竟是想殺他，還是想放他？」

眾人異口同聲說：「當然想殺他。」

徐階說：「這道奏摺一遞上去，皇上立即會把他放出來，何以故呢？嚴世蕃殺這些人，都是巧取上意，使皇上自動的要殺他們，這道奏摺呈上去，皇上就會說：『殺這些人明明出自我的意思，怎麼誣陷到嚴世蕃身上？』豈不立即把他放出來嗎？」

眾人請教該如何辦，徐階答說：「皇上最痛恨倭寇，說他私通倭寇就是了。」於是，徐階關著門把摺子改了遞上去。

嚴世蕃在獄中探得先前衆人奏摺內容，對親信說道：「你們不必擔憂，不用幾天我就出來了。」後來摺子發下，竟然說他私通倭寇，他大驚道：「完了！完了！」不久，皇帝果然把他殺了。

嚴世蕃罪大惡極，本來就該殺，但他並未私通倭寇，可謂死非其罪，徐階設此毒計，其心不謂不黑，然而後人都稱他有智謀，不說他的陰毒，何以故？爲國家除害之故。

李次青是曾國藩的得意門生，曾國藩兵敗靖港、祁門等處，李次青都他患難與共，後來李次青兵敗失地，曾國藩想學孔明揮淚斬馬謖，便叫幕僚擬奏摺嚴辦他，衆人不肯擬寫，曾國藩便叫李鴻章擬。

李鴻章說道：「老師要辦次青，門生願以去就諍。」

曾國藩回答道：「你要去，可以，奏摺我自己擬就是了！」

次日，曾國藩叫人給李鴻章送四百兩銀子去，說：「請李大人搬舖。」李鴻章在幕中，有數年的勞績，竟因爲此事而被逐出。曾國藩的奏摺呈上去，李次青受到重大處分。李鴻章無所事事，只得託人疏通，仍回曾幕。

曾國藩此等地方手段狠辣，逃不脫一個黑字，然而李次青仍是感恩知遇，曾國藩死時哭之以詩，非常懇摯。李鴻章晚年封爵拜相，談到曾國藩也感佩不已。何以故？曾國

藩無一毫私心之故。

上述胡林翼、徐階、曾國藩三事，如果用以圖謀私利，豈非至卑至劣的行爲？但是，移以圖謀公利，就成爲最高尙的道德。像這樣的觀察，就可把大人物的秘訣尋出，也可說是把救國的策略尋出來。

現今天下大亂，一般人都說將來收拾大局，一定是曾國藩、胡林翼這一流人物，但是要學曾胡，應該從何下手呢？難道要把曾胡全集，字字讀句句學？

這也無須，有個最簡單的法子——把全副精神，集中在抵抗列強上面，目無旁視，耳無旁聽，抱定厚黑兩字放手做去，得到的效果，包管與曾胡一般無二。

如嫌厚黑二字不好聽，你大可在表面上換兩個好聽的字眼，切不要學楊維把專制二字說明。你如果有膽量，就學胡林翼，赤裸裸的說道：「我就是頑鈍無恥」，列強其奈你何！這就是所謂的厚黑救國。

我把世界外交史研究了多年，竟把列強對外的秘訣發現出來，其方式不外兩種：一曰劫賊式，一曰娼妓式。

時而蠻橫不講理，用武力進行掠奪，等於劫賊明火搶劫，是謂劫賊式的外交。時而甜言蜜語，曲語交結歡心，等於娼妓媚客，彼此締結的盟約全不生效，等於娼妓的海誓山盟，是謂娼妓式的外交。

有人問，日本以何者立國？我回答說：「厚黑立國。」

娼妓之面最厚，劫賊之心最黑，日本軍閥的舉動是劫賊式，外交官的言論是娼妓式。劫賊式之後，繼以娼妓式；娼妓式之後，繼以劫賊式，二者循環互用，而我國就吃虧不小了。

娼妓之面厚，毀棄盟誓，則厚之中有黑。劫賊之心黑，不顧唾罵，則黑之中有厚。一面用武力掠奪我國地土，一面高談中日親善，娼妓與劫賊融合爲一，便是所謂「大和魂」。

有人問，我國當以何者救國？我回答曰：「厚黑救國！」

日本以厚字攻來，我以黑字應付，日本以黑字攻來，我以厚字應付。娼妓艷裝而來，不妨開門納之，但纏頭費絲毫不能出，如服侍不周，就把她的衣飾剝了，逐出門去，是謂以黑字破其厚。

日本蠻橫不講理，以武力壓迫，我們就用張良的法子對付他，張良圯上受書，老人的種種作用，無非教他面皮厚罷了。

蘇東坡說：「漢高祖屢戰屢敗而能忍耐下來，是張良教他的。」

楚漢戰爭，劉邦用張良計策，睢水之戰敗了，整兵又來，榮陽、成皋敗了，整兵又來，最後把項羽迫死烏江。

我們用劉邦對付項羽的這個法子對付日本，是謂以厚字破其黑。黑厚與救國，融合爲一，是之謂「中國魂」。

《史記》記載，項王謂漢王曰：「天下數洶洶歲者，徒以吾兩人耳，願與漢王挑戰決雌雄。」漢王笑謝曰：「吾寧鬥智不鬥力。」

笑謝二字，不是臉厚是什麼？後來鴻溝劃定，楚漢講和了，項羽把太公、呂后送還，引兵東歸，劉邦忽然毀盟，大兵隨後追擊，把項羽逼死烏江，不是心黑是什麼？故而，厚黑乃是救國的唯一之妙法也，有越王勾踐之先例在，有劉邦之先例在。

作者住在四川自流井。我曾經說我們自流井的人，目光不出峽子口；四川的人，目光不出夔門口；中國的人，目光不出吳淞口。

阿比西尼亞，是非洲彈丸大一個國家，阿國的皇帝敢於對義大利作戰，對法西斯怪傑墨索里尼作戰，其人格較之華盛頓，有過之無不及，眞古今第一流人傑哉！將來戰爭結果，無論阿國或勝或敗，抑或敗而至於亡國，均是世界史上最光榮的事。

我們應當把阿皇的談話，當如清朝皇帝頒發的「聖諭廣訓」，楷書一通，每晨起來，恭讀一遍，這就算目光看出吳淞口去了。

有人問我道：「你的厚黑學，怎麼我拿去實行，卻處處失敗？」

我問：「我著的《厚黑叢書》，你看過沒有？」

答：「沒有。」

我問：「《厚黑學》單行本，你看過沒有？」

答：「沒有。我只聽說做事離不了面皮厚、心子黑，我就照這話做。」

我說：「你的膽子眞大，聽見厚黑學三字，就拿去實行，僅僅失敗，尙能保全生命而還，還算你的造化。我著厚黑學，是用厚黑二字，把一部廿四史一以貫之，是爲《厚黑史觀》。我著《心理與力學》，定出一條公例：『心理變化，循力學公例而行』，是爲厚黑哲理，基於厚黑哲理，來改良政治、經濟、外交與學制等等，是爲《厚黑哲理之應用》。你連這些書的邊邊都未看見，就去實行，眞算膽大。」

厚黑學這門學問，等於學拳術，要學就要學得專精，否則不如不學，安分守己，還免得挨打。倘若僅僅學得一兩手，甚至連拳師的門也沒拜過，一兩手都沒學得，遠遠望見有人在學拳術，就出手伸腳打人，哪能不被人痛打？

你想想，項羽坑殺降卒二十萬，其心可謂黑了，而我的書上還說他黑字欠研究，宜其失敗。呂后私通審食其，劉邦佯裝不知，然而皮厚到這樣，對於厚字還是欠研究，韓信求封齊王時，若非張良從旁指點，幾乎導致失敗。厚黑學有這樣的精深，僅僅聽見這個名詞就去實行，我可以斷定說越厚黑越失敗。

有人問，要如何才不失敗？我說，你須先把《厚黑史觀》、《厚黑哲理》與《厚黑哲理之應用》，徹底了解，出而應事，才可免於失敗。

兵法上曾說：「先立於不敗之地。」又說：「先爲不可勝，以待敵之可勝。」厚黑學也正是如此。

孫子曰：「戰勢不過奇正，奇正之變，不可勝窮也。」厚黑教主則說，處世不外厚黑，厚黑的變化，不可勝窮也。

用兵是奇中有正，正中有奇，奇正相生，如循環之無端。處世是厚中有黑，黑中有厚，厚黑相生，如循環之無端。厚黑學，與《孫子》十三篇，二而爲一，一而爲二。不知兵而用兵，必淪至兵敗國亡；不懂厚黑哲理而貿然去實行，必招致家破身亡。

聞者曰：「你這門學問太精深了，還有簡單法子沒有？」

我答曰：「有。我定有兩條公例，你照著去實行，不須研究厚黑史觀和厚黑哲理，也就可以成爲英雄、成爲聖賢，但如欲得到厚黑博士的頭銜，仍非把我所有作品，窮年累月的研究不可。」

就人格而言之，我們可以下一公例：「用厚黑以圖謀一己私利，越厚黑，人格越卑污；用厚黑以圖謀衆人公利，越厚黑，人格越高尙。」

就成敗而言，我們可以下一公例：「用厚黑圖謀一己私利，越厚黑越失敗；用厚黑以圖謀衆人公利，越厚黑越成功。」

何以故呢？這是凡人皆以自我爲本位，爲我之心根於天性，用厚黑以圖謀一己私利，勢必妨害他人的私利，越厚黑則妨害的人越多，以一人之身，敵千萬人之身，焉有不失敗？

人人即以私利爲重，我用厚黑以圖謀公利，即是替千萬人圖謀私利，替人行使厚黑，當然能得千萬人贊助，當然成功。

我是衆人中之的一份子，衆人得利，我當然得利，不言私利而私利自在其中。例如，曾國藩、胡林翼二人，用厚黑以圖謀國家的公利，其心中無絲毫私利存在，後來成功了，享大名、膺厚賞，難道私人所獲得的利益還小嗎？

所以，用厚黑以圖謀國家之利，成功固然獲得重報，即使失敗了也能享有大名，無奈目光如豆的人，見不及此。

從道德方面說，攘奪他人私利，佔爲己有，是盜竊行爲，故而越厚黑，人格越卑污。用厚黑以圖謀衆人之公利，則是犧牲我的臉、犧牲我的心，以救濟世人，視人之饑猶己之饑，視人之溺猶己之溺，即所謂「我不入地獄，誰入地獄」，因此越厚黑人格越高尚。

有人問，世間許多人用厚黑以圖謀私利，居然成功，是何道理？

我說，這即所謂「時無英雄，遂使豎子成名耳」，因爲，與他相敵的人，不外兩種，一種是圖謀公利而不懂厚黑技術的人，一種是圖謀私利而厚黑技術不如他的人，所以他能取勝。萬一遇著一個圖公利之人，厚黑之技術與他相仿，則必敗無疑。

俗語云：「千夫所指，無疾而死。」因爲，他妨害了千萬人之私利，這千萬人中只要有一人覷著了破綻，就要乘虛打他。

例如，《史記》記載，項王謂漢王曰：「天下數洶洶歲者，徒以吾兩人耳。」當時的百姓，個個都希望他兩人中死去一人，所以項王迷失方向，問於田父，田父向他說往左，項羽乃身陷大澤之中，被漢兵追及而死。如果項羽率領的是救民於水火之兵，田父保護他猶有不暇，何至會騙他呢？

我們提倡厚黑學救國，這是用厚黑以保衛四萬萬五千萬人之私利，當然得四萬萬餘人之贊助，當然成功。

昔人曾云：「文章報國」，文章非我所知，我所知者，厚黑而已，自今以往，請以厚黑報國。

《厚黑經》曰：「我非厚黑之道，不敢陳於國人之前，故衆人莫如我愛國也。」叫我不講厚黑，等於叫孔孟不講仁義，試問能乎不能？我自問，生平有功於世道人心之處，全在於發明厚黑學，抱此絕學而不公之於世，是爲懷寶迷邦，豈非不仁至甚！

李宗吾日：「鄙人之厚黑者也，夫天未欲中國復興也，如欲中國復興，當今之世，捨我其誰，吾何爲不講厚黑哉？」

昔人詩云：「鋤禾日當午，汗滴禾下土，誰知盤中飧，粒粒皆辛苦。」衆人都說飯好吃，哪個知道種田人的艱難；衆人都說厚黑適用，哪個知道發明人的艱難？我那部《厚黑學》，可說字字皆辛苦。

我這門學問，將來一定要成爲專科，或許還要設專門大學來研究。我打算把發明的經過，和同我研究的人寫出來，後人如仿宋元學案、明儒學案，做一部厚黑學，才尋得出材料，抑或與我建厚黑廟，才有配享人物。

舊友黃敬臨在成都街上遇著我，說道，多年不見了，聽說你要建厚黑廟，我十多年以前就拜了門，請把我寫一段上去，將來也好配享。

我說，不必再寫，你看《論語》上的林放，見著孔子，只問了「禮之本」三個字。直到而今，還高坐孔廟中吃冷豬肉，你既有志斯道，即此一度談話，已足配享而有餘。

黃敬臨又說：「我已經六十二歲，因爲欽佩你的學問，不惜拜在門下。」

我說，難道我的歲數比你小，就夠不上與你當先生嗎？我把你收列門牆，就是你莫大之幸，將來在你自撰的年譜上，寫一筆「吾師李宗吾先生」，也就比「前清誥封某某大夫」光榮多了。

往年同縣羅伯康，致我信中說道：「許多人說你講厚黑學，我逢人辯白，說你不厚不黑。」

我回信說：「我發明厚黑學，私塾弟子遍天下，都尊稱我為『厚黑先生』，給我寫信作為信中上款對我的稱呼，我寫回信把它作為下款的署名，自己覺得這個稱呼同文成公、文正公之類作比較光榮得多。縱觀千古歷史，我常常以『厚黑先生』的稱號感到自豪。不料您竟逢人便說我不厚不黑，我是在哪裡得罪了您，而使您竟用這辦法來報復我？唉呀！伯康啊，我們相好也有好多年了，您為什麼竟然像原壤一樣，希望您留心您尊貴的小腿，免得受到孔仲尼的拐杖敲打。」

原壤是孔子的老朋友，據說是一位立意反對孔子的人，孔子曾罵過他，並用拐杖敲過他的小腿。近來有許多人勸我不必講厚黑學，唉呀！滔滔天下，傾阿於原壤的人太多了啊！

從前發表的《厚黑學傳習錄》，是記載我與眾人的談話，是把傳習錄擴大，我從前各種文字，也許外人都未看過，而今把它全部拆散開來，與現在的新感想，混合寫之。

此次的叢話，是隨筆體裁，內容包含四種：一、厚黑史觀，二、厚黑哲理，三、厚黑學之應用，四、厚黑學辯證法，五、厚黑學發明史。我只隨意寫去，不過未分類罷了。

有人問，既是如此，你何不分類寫，何必這樣雜亂無章的寫？

我說，著書的體裁分兩種，一是教科書體，一是語錄體。凡一種專門學問發生，最初是語錄體，如孔子的論語、釋迦的佛經、六祖的壇經、宋明諸儒的語錄，都是門人就其師口中所說的話，筆記下來；老子手著之《道德經》，可說是自行撰寫的語錄。後人研究他們的學問，才整理出來，分出門類，成爲教科書方式。厚黑學是發明的專門學問，當然要用語錄體寫出。

宋儒自稱「滿腔子是惻隱」，而我則「滿腔子是厚黑」。要我講，不知從何講起，只好隨緣說法，想說什麼就說什麼，口中如何說，筆就如何寫。或談古事、或談時局、或談學術、或追述生平瑣事，高興時就寫，不高興就不寫。或長長的寫一篇，或短短的寫幾句，或概括的說，或具體的說，總是隨興所至，不受任何拘束，才能把我整個思想寫出來。

我們用厚黑史觀去看社會，社會就成爲透明體，既把社會眞相看出，又可想出改良社會的辦法，我對於經濟、政治、外交與大學制等等，都有一種主張，而這種主張，皆基於我所謂的厚黑哲理。

我這個叢話，可說是拉雜極了，彷彿是一座大山，滿山的昆蟲鳥獸、草木土石等等，是極不規則的；惟其不規則，才是天然的狀態。如果把它整理得井然秩序，極有規則，就成爲公園的形式，好固然是好，然而摻加了人工，就不是此山的本來面目。

我把我胸中的見解，好好歹歹和盤托出，使山的全體表現，有志此道的人，可以加以整理，不足者補充之，冗蕪者刪削之，錯誤者改正之，開闢成公園也好，在山上採取木石，另建一個房子也好，抑或捉幾個雀兒、採些花草，拿回家中賞玩也好，如能大規模的開採礦物則更好。再不然，在山上挖點藥去醫病、揀點牛犬糞便去肥田，也未嘗不好。

我發明厚黑學，猶如瓦特發明蒸汽機，後人拿去紡紗織布也好，行駛輪船火車也好，開辦任何工業都好。我講的厚黑哲理，無施不可，深者見深、淺者見淺。有能得我之一體，引而申之，就可獨成一派。孔教分許多派，佛教分許多派，將來我這厚黑學教，也要分許多派。

寫文字全是興趣，興趣來了，如兔起鶻落，稍縱即逝，我寫文字的時候，引用某事或某種學說，而案頭適無此書，就仿效蘇東坡「想當然耳」的辦法，依稀恍惚的寫去，免得打斷興趣。

寫這類文字，與考據不同，乃是心中有一種見解，平空白地無從說起，只好藉點事物來說，引用某事來說，猶如使用工具一般，把別人的偶爾借來用用，若無典故可用，就杜撰一個來用，也無不可。

莊子寓言，是他腦中有一種見解，特借鯤鵬、野馬、漁父、盜跖寫之，只求將胸中所藏見解表達出來，至於鯤鵬、野馬是否有此物，漁父、盜跖是否有此人，皆非所問。

孟子曰：「說詩者不以文害辭，不以辭害意，以意逆志，是爲得之。」讀詩應當如此，讀《莊子》應當如此，讀厚黑學也應當如此。

從前有人說，文王和周公共同演繹了《易經》，在象辭和爻辭中選擇了象，這也是偶然接觸到卦象，假如他們在一天內就將《易經》演算出來，那麼，這些卦象的變化就會少些，象辭的變化也少了。這番話眞是至爲通達的闡述。

戰國策士，譬如蘇秦諸人，平日把人情世故揣摹純熟，遊說各國君人主時，隨便引一故事，或說一個比喻，便顯得機趣橫生、頭頭是道，他們的途徑與莊子寓言、易經取象其實無異。

宋儒初讀儒學，繼則出入佛老，精研有得，自己的思想，已經成了一個系統，然後退而註解孔子之書，以闡明自己胸中之理，於是孔門諸書皆成爲宋儒之鯤鵬、野馬、漁父、盜跖。

而清代的考據家就根據訓詁本，字字譏諷他們。當然，這些考據家解釋的字義是對的，但是宋儒所說的道理也未嘗不對。九方皋相馬在牝牡驪黃之外，了解這種道理，才可以讀朱熹的《四書集注》，不像毛西河那些人不明白這層道理，還要喋喋不休。厚黑界中，九方皋這樣的人太少，而毛西河那樣的人太多了。

研究宋學者，離不開宋儒語錄。然而，語錄出自門人所記，有許多地方靠不住。明朝王陽明學說極盛，然而王陽明手著之書不多，欲求王氏之學，只有求之傳習錄，及求之諸子所記，而「天泉證道」一夕話，成為王門極大爭點。我嘗提出「四有四無」之說，假使陽明能夠親手寫出，豈不少去許多糾葛。大學「格物致知」四字，解釋者有幾十種說法，假使曾子當日記錄孔子之言，於此四字下面加上一二句解釋，不但這幾十種說法不會有，而且朱學王學的爭執，也無從而起。

重慶有個姓王的朋友，對我說道：「你先生談話，很有妙趣，我改天邀幾個朋友來談談，把你的談話筆記下來。」

我聽了大為驚駭，這樣一來，豈不成了宋明諸儒的語錄嗎？萬一我門下出了一個曾子，摹仿《大學》那種筆法，簡簡單單的寫出，將來厚黑學案中，豈不又要發生許多爭執嗎？

於是，我趕急仿照我家「聃大公」（老子）的辦法，親手撰寫語錄，名曰《厚黑叢話》，謝絕私人談話，以示大道無私之意。將來如有人說：「我親聞厚黑教主如何說」，你們千萬不可聽信。經我這樣的聲明，絕不會再有「天泉證道」這種疑案了。

我每談一理，總是反反覆覆的解說，寧可肯重複，也不肯簡略，後人再不會像「格物致知」四字，生出許多奇異的解釋。鄙人之於厚黑學也，可謂盡心盡力矣。噫！一衣一缽，傳之者誰乎！

第5章 厚黑學發明史

所謂頑鈍無恥、包攬把持，
豈非厚黑家所用的技術嗎？
胡林翼能夠善用，就成為名臣了。

有人問道：「你這叢話，你說內容包含了厚黑史觀、厚黑哲理、厚黑學之應用、厚黑學辯證法，及厚黑學發明史等幾個部分，你不把它分門別類寫出，那些研究這門學問的人，豈不目迷五色嗎？豈不是故意使他們多費些精神嗎？」

我回答說：「要想研究這種專門學問，當然要用心專研，中國的十三經和廿四史，泛泛讀去，豈不是目迷五色，紛亂無章嗎？而眞正的學者，就從這紛亂無章之中，尋出頭緒來。如果憚於用心，就不必操心這門學問，我只揭出原則和大綱，有志此道的人，第一步加以闡發，第二步加以編纂，使之成爲教科書，厚黑之道就大行天下了。所以分門別類、挨一挨二的講，乃是門弟子和私淑弟子的任務，不是我的任務。」

我心中有種種見解，不知究竟對與不對，特地寫出來，請讀者諸君指駁，指駁越嚴，我越是歡迎，我重在解釋我心中的疑團，並不是想獨創異說。

讀者諸君有指駁的文字，是在報上發表，我總是細細的研究，認爲指駁得對的，自己修改了即是，認爲不對，我也不回辯，免至成爲打筆墨官司，有失研究學問的態度。

我是主張思想獨立的人，我心坎上絕不受任何人的壓制，同時我也尊重他人思想的獨立，所以駁詰我的文字，不能回辯。我提倡的厚黑史觀和厚黑哲理，倘使被人推翻了，我就把這厚黑教主讓他充當，拜在他門下稱弟子，何以故？服從眞理罷了。

宇宙眞理，明白的擺在我們面前，我們自己可以直接去研究，無須請人替我們研究。

古今的哲學家，乃是我和眞理的介紹人，他們所介紹的，中間是否有錯誤不可得知，應該離開了他們的說法，直接去研究一番。

有個朋友，讀了我所作的文字，說道：「這些問題，東西洋哲學家討論得很多，未見你引用，並且學術上的專有名詞，你也很少使用，可見你平時對於這些學說少有研究。」

我聽了這些話，反倒把我所作的文字翻出來，凡引有哲學家的名字，及學術上的專用名詞儘量刪去，如果名詞不夠用，就自己創造一個來用，直抒胸臆，完全不依傍，偶爾引有古今人的學說，乃是用我的斗秤去衡量他的學說，而不是以他的斗秤來衡量我的學說。換言之，乃是我去審判古今哲學家，而不是古今哲學家來審判我。

中國從前的讀書人，開口閉口都是詩云、書云、孔子曰、孟子曰。到了戊戌政變以後，一開口即是達爾文曰、盧梭曰，後來又添些杜威曰、羅素曰，純粹是以他人的思想爲思想，究竟宇宙眞理是怎樣，自己也不伸頭去窺看一下，未免過於懶惰了。

假如駁我的人，引了一句孔子曰，即是以孔子爲審判官，以四書五經爲新刑律，叫李宗吾到案候審。引了一句達爾文諸人曰，即是以達爾文諸人爲審判官，以他們的作品爲新刑律，叫李宗吾到案候審。

像這樣的審判，我是絕對不到案的。

有人問：「要誰才能審判你呢？」

我說：「你就可以審判我，以你自家的心爲審判官，以眼前的事實爲新刑律。例如說道：李宗吾，據你這樣說，何以我昨日看見一個人做的事不是這樣？今日看見一隻狗，也不是這樣？可見你說的道理不確實。」

如果能夠這樣判斷，我無論是輸到何種地步，都要與你立個「鐵面無私」的德政碑。牛頓和愛因斯坦的學說任人懷疑，任人攻擊，未曾強迫別人信從，結果反無人不信從。

註解《太上感應篇》的人說道：「有人不信此書，必受種種惡報。」關聖帝君的《覺世眞經》說道：「不信吾教，請試吾刀。」這是由於這兩部書所含學理，經不得研究，無可奈何之餘才出於威嚇一途。

我在厚黑界的位置，等於科學界的牛頓和愛因斯坦，假如不許人懷疑，不許人攻擊，即無異於說，我發明的厚黑學，等於《太上老君感應篇》，和關聖帝君的《覺世眞經》，豈不是我自己詆毀自己嗎？

有人說，假如人人思想獨立，各自創造一種學說，思想界豈不成爲紛亂狀態嗎？我說，這不會有的，世間的眞理只有一個，如果有兩種或數種學說互相違反，你也不必抑制一種，只要徹底研究下去，自然會把眞理發現出來；眞理所在，任何人都不能反對的。

例如，穿衣吃飯的事，人人獨立的研究，得的結果都是餓了要吃，冷了要穿，同歸一致。凡是所謂衝突，都是互相抑制生出來的。假如各種學說個個獨立，猶如林中樹木，根根獨立，有何衝突？樹木生在林中，採用與否，聽憑匠師決定。我把我的說法宣佈出來，採用與否，聽憑衆人決定，哪有閒心同人打筆墨官司？

如果務必要強天下之人盡從自己的學說，眞可謂自尋煩惱，而衝突於是乎起矣。程伊川、蘇東坡見不及此，以致洛蜀分黨，把宋朝的政局鬧得稀爛；朱元晦、陸象山見不及此，以致朱陸分派，一部宋元學案、明儒學案形成打不完的筆墨官司。而我則不然，讀者要學厚黑學，我自然不吝賜教，如果反對我，則是甘於自誤，我也只好付之一嘆。

拙著《宗吾臆談》，流傳至北平，有人把厚黑學抽出翻印，向舍侄徵求同意，並說道：「你家伯父是八股出身，而今凡事都該歐化，他老人家那套筆墨，實在不合時宜，等我們把他改過，意思不變更他的，只改爲新式筆法就是了。」

我聞言之後，立即發航信說道：「孔子手著的春秋，旁人可以更改一字嗎？他們只知我筆墨像八股，殊不知我那部厚黑學，思想之途徑、內容之組織，完全是八股的方式。特非考於八股者，看不出來。宋朝一代講理學，出了文天祥、陸秀夫諸人來結局，一般人都說可爲理學生色。我的厚黑哲理，完全從八股中出來，算是眞正的國粹。我還希望保存國粹的先生，由厚黑學而上溯八股，僅僅筆墨上帶八股氣，你們都容不過嗎？要翻印的話，就照原文一字不改，否則就不必翻印。」

哪知後來書印出來，還是改了些。

大凡有種專門學問，就有一種專門文體，所以《論語》的文體，與《春秋》不同；《老子》的文體，與《論語》不同；佛經的文體，與《老子》又不同。在心爲思想，在紙爲文字，專門學問的發明者，他的思想與別人不同，他的文字自然也與人不同。厚黑學是專門學問，當然另有一種文體。

聞者說道：「李宗吾不要自誇！你那種文字，任何人都寫得出來。」

我回答說：「不錯！這是由於我的厚黑學，任何人都做得出來的緣故。」

我寫文字，定下三個要件：「見得到、寫得出、看得懂」，只求合得到這三個要件就夠了。我執筆時，只把我胸中的意見寫出，我不知文法，更不知有文言白話之分。民國十六年刊印的《宗吾臆談》，十八年刊印的《社會問題之商榷》都是這樣。

有人問我：「這是什麼文體？」我回答說：「這是厚黑式的文體。」

有人說：「我替你把厚黑學譯爲西洋文，你可把曹操、劉備這些典故改爲西洋典故，外國人才看得懂。」

我說：「我的厚黑學絕不能譯爲西洋文，也不能改爲西洋典故，西洋人要學這門學問，非讀一下中國書，研究一下中國歷史不可。等於我們學西洋科學，非學英文、德文不可。」

我發明厚黑學，是把中外古今的事，逐一印證過，覺得道理不錯了，才就人人所知的曹操、劉備、孫權幾個人，舉以爲例。又追溯上去，再舉劉邦、項羽爲例，意在使讀者舉一反三，根據三國和楚漢兩代的原則，以貫通一部廿四史。一部廿四史中的人物，不厚不黑而失敗者，豈少哉！

厚黑傳習錄中，求官六字眞言：「空、貢、沖、捧、恐、送」，此六字俱是仄聲；做官六字眞言：「空、恭、捧、兇、聾、弄」，此六字俱是平聲。每六字俱有疊韻，唸起來音韻鏗鏘，原欲宦場中人，朝夕持誦，用以代替佛書上唵嘛呢叭唄吽六字，即所謂南無阿彌陀佛六字。倘能虔誠持誦，立可到極樂世界。不比持誦經咒成佛號，尚須待諸來世。

厚黑學，其分三步功夫。

第一步：「厚如城牆，黑如煤炭。」

人的面皮，最初薄如紙一般，我們把紙登起來，由分而寸而尺而丈，就厚如城牆了。人心最初作乳白狀，由乳色而灰色，而青藍色，再進就黑如煤炭了。到了這個境界，只能算初步。何以故呢？城牆雖厚，轟炸得破，即使城牆之外再築幾十層城牆，仍還轟炸得破，仍爲初步。煤炭雖黑，但顏色討厭，衆人不敢挨近它，即使煤炭之上再灌以幾壚缸墨水，衆人仍不敢挨近它，仍爲初步。

第二步：「厚而硬，黑而亮。」

深於厚學的人，任你如何攻打，絲毫不能動。劉備就是這樣人，雖然曹操是絕世奸雄，都對他莫可奈何，眞可謂厚之極了。深於黑學的人，如退光漆招牌，越是黑，買主越是多，曹操就是這類人。他是著名的黑心肝，然而天下豪傑，奔集其門，眞可謂黑得透亮了。人能造到第二步，較之第一步，自然有天淵之別。但還著了跡象，有形有色，所以曹劉的本事，我們一著眼就看得出來。

第三步：「厚而無形，黑而無色。」

至厚至黑的人，天下後世皆以爲不厚不黑，這種人難尋，只好於古代大聖大賢中求之。

有人問：「你講厚黑學，何必講得這樣精深？」

我說：「這門學問，本來有這樣精深。儒家的中庸，要講到『無聲無臭』才能終止。學佛的人要到「菩提無樹，明鏡非台」，才能證果。何況厚黑學是千古不傳之秘，當然要到「無影無色」才算止境。

這三步功夫，也可說是上中下三乘。第一步是下乘、第二步是中乘、第三步是上乘。

我隨緣說法，時而說下乘，時而說中乘、上乘，時而三乘會通來說，聽者往往覺得我的

話互相矛盾，其實始終是一貫的，只要知道我的厚黑學分上中下三乘，自然就不矛盾了。

我講厚黑學，雖是五花八門，東拉西扯，仍滴滴歷源，猶如樹上千枝萬葉，千花百果，俱是從一樹上生出的，枝葉花果之外，別有樹之生命在。

《金剛經》曰：「若以色見我，若以聲音求我，是人行邪道，不能見如來。」諸君如要學厚黑學，須在佛門中參悟有得，再來聽講。

我在一九一二年發表厚黑學，勤勤懇懇，談得非常詳細，但領悟的人還是很少。後來我閱讀《五燈會元》和《論語》、《孟子》等書，見到禪宗教人以說破爲大戒，又讀到孔子說過「教給某人東方這個概念，他卻不能由此推知西南北三個方向，便不再教他了」，孟子說過「教導別人正如射手一樣，張滿了弓，卻不發箭，做出躍躍欲試的樣子」，才知道禪學和孔孟的學說盛行，實在不是沒有原因的。我自己後悔從前教授的方法有錯誤，所以一九二七年出版的《宗吾臆談》，厚黑學僅僅簡略地登載大意。不料，寫出來的文章愈簡約，厚黑學就愈是受人注目。

「無上甚深微妙法，百千萬劫難遭遇」。世尊說法四十九年，厚黑學是內聖外王之學，我已說廿四年，打算再說廿六年，湊足五十年，比世尊多說一年。

有人勸我：「你的怪話應該少說些，現在外面許多人指責你，你也應該愛惜名譽。」我說：「我有一句自警之語：吾愛名譽，吾尤愛眞理。話之說得說不得，我內斷於心，未下筆之前遲回審慎。既著於紙，聽人攻擊，我不答辯。但攻擊者說的話，我仍細細體會，如能令我心折，即自行修正。」

中國幅員廣大，南北氣候不同、物產不同，因此人民的性質也就不同，於是文化學術，無不有南北之分。例如，北有孔孟，南有老莊，兩派截然不同；曲分南曲北曲，字分南方之帖、北方之碑；拳術分南北兩派，禪宗亦分南宗慧能、北宗神秀……等等皆是。

厚黑學是一種大學問，當然也要分南北兩派。門人問厚黑如何分南北，宗吾曰：拼死拼活而不顧一切，是北方之厚黑，以賣國軍人居之。革命以後，不循軌道，是南方之厚黑，以投機份子居多。

有人問：究竟學南派好，還是學北派好？

我說：你爲何如此糊塗？當講南派之時就講南派，當講北派之時就講北派。口說南派而實行北派，是可以的，口說北派而實行南派，也是可以的，純粹是相時而動。豈能把南北成見橫亙胸中？民國以來的人物，有由南而北的，有由北而南的，又復南而北，北而南，返往來回已不知若干次，你還徘徊歧路，向人問南派好，還是北派好，我實在無從答覆。

世間許多學問我不講，偏偏要講厚黑學，許多人都很詫異，我可以把原委說明。我本來是孔子信徒，小的時候，父親爲我命的名，我嫌它不好，且《禮記》上，孔子說：

「儒有今天與居，古人與稽，今世行了，後世以爲楷。」於是，我就自己改名世楷，字宗儒，表示信從孔子之意。

光緒癸卯年冬，四川高等學堂開堂，我從自流井赴成都，與友人雷讋皆同路，每日步行百里，途中無事，縱談時局，並尋些經史來討論，雷讋皆有他的感想，就改字鐵崖。我覺得儒教不能滿我之意，心想與其宗孔子，不如宗我自己，因改字宗吾。這宗吾二字，是我思想獨立的旗幟，自從改字宗吾後，讀一切經史，覺得破綻百出，是爲發明厚黑之起點。

及至高等學堂，第一次上講堂，日本教習池永先生演說過：「操學問，全靠自己，不能靠教師。教育二字，在英文爲Education，照字義是『引出』之意。世間一切學問，俱是我腦中所固有，教師不過『引之使出』而已；並不是拿一種學問來，按入學生腦筋內。如果學問是教師授與學生的，則是等於此桶水，傾入彼桶，只有越傾越少的，學生只有不如先生的。而學生每每有勝過先生者，即是由於學問是各人腦中固有的原故，腦如一個囊，中貯許多物，教師把囊口打開，學生自己伸手去取就是了。」

他這種演說，恰與宗吾二字冥合，使我印象相當深刻，覺得它的這種說法，比朱子所說「學之爲言效也」要精深得多。後來我學英文，把字根一查，果然不錯。池永先生這個演說，對我發明厚黑學，有很大的影響。我近來讀報章，看見日本二字就刺眼，凡是日本人的名字，都覺得討厭，獨有池永先生，我始終是敬佩的，他那種和藹可親的樣子，至今還常在我腦中。

我在學堂時，把教習口授的，寫在一個副本上，書面「固囊」二字，許多同學不解，問我是何意義？我說：「並無意義，是隨便寫的。」

這固囊二字，我自己不說明，恐怕後來的考古家考過一百年，也考不出來。「固囊者，腦是一個囊，副本上所寫，皆囊中固有之物。」因而題此二字，聊當座右銘。

池永先生教理化數學，開始即講水素酸素，我就用「引而出之」的法子，在腦中搜索，走路吃飯睡覺都在想，看看是否還可以引出點新鮮的東西，以後凡遇他先生所講的，我都這樣的工作，哪知此種工作，眞是等於王陽明在格竹子，格了許久許久，毫無所得。於是廢然思返，長嘆一聲道：「今生已過也，再結後生緣。」

我從前被八股束縛久了，一聽見廢科舉、興學堂，歡喜極了，把家中所有四書五經與及詩文集等等，放一把火而焚毀，等到在學堂內住了許久，便感到大失所望。有一次，星期日在成都學道街買了一部《莊子》，雷民心見了，詫異問道：「你買這些東西來作什麼？」

我回答說：「雷民心，科學這門東西，你我今生還有希望嗎？它是茫茫大海，就是自己心中想出許多道理，也得器械來試驗，還不是等於空想罷了。在學堂中，充其量不

過在書本上得點人云亦云的知識，有何益處？只好等兒子兒孫再來研究，你我今生算了吧。因此，我打算仍在中國古書尋一條路來走。」他聽了這話，也同聲嘆息。

我在高等學堂的時候，許多同鄉同學的朋友都加入同盟會，有個朋友名叫張列五，曾對我說：「將來我們起事，必定要派你帶一支兵。」

我聽了非常高興，心想古來當英雄豪傑必定有個秘訣，因把歷史上的事蹟彙集攏來，用歸納法，搜求他們的秘訣，經過許久，茫無所得。

宣統二年，我當富順中學堂監督（其時校長名曰監督），有一天夜裡，睡在監督室中，偶然想到曹操、劉備、孫權幾個人，不禁揸床而起曰：「得之矣！得之矣！古代所謂英雄豪傑者，不外面厚心黑而已！」這樣觸類旁通，評論起歷史人物頭頭是道，一部廿四史，都可一以貫之。

那一夜，我終夜不寐，心中非常愉快，儼然像王陽明在龍場驛大徹大悟，發明格物致知的道理一樣。

我把厚黑學發明了，自己還不知道這個道理對或不對，我同鄉同學中，講到辦事才幹，以王簡恆爲第一。適逢王簡恆進富順城來，我就把發明的道理說與他聽，請他批評。

他聽罷，說道：「李宗吾，你說的道理，一點也不錯。但我要忠告你，這些話，切不可拿在口頭說，更不可見諸文字，你儘管照你發明的道理埋頭做去，包你幹許多事，成一個偉大人物。你如果在口頭或文字上發表了，不但終身一事無成，反有種種不利。」我不聽良友之言，逕自把它發表了，結果不出王簡恆所料。諸君！一面講《厚黑學》，一面必須切記王簡恆的箴言。

我從前意氣甚豪，自從發明了厚黑學就心灰意冷，再也不想當英雄豪傑了。跟著，我又發明求官六字眞言、做官六字眞言及辦事二妙法，這些都是民國元年的文字。後來，許多朋友見我這副頹廢樣子，與從前大異其趣，甚爲詫異，我自己也莫名其妙。假使我不講厚黑學，埋頭做去，我的世界，或許不像現在這個樣子，不知是厚黑學誤我，還是我誤厚黑學。

厚黑學一書，有人讀了慨然興嘆，因此少出了許多英雄豪傑。有些人讀了，奮然興起，因此又多出了許多英雄豪傑。我發明厚黑學，究竟是功是罪，只好付諸五殿閻羅裁判。

發明厚黑學的時候，念及王簡恆之言，遲疑了許久，後來想到朱竹垞所說：「寧不食爾豬肩，風懷一詩，斷不能刪」，奮然道：「英雄豪傑可以不當，這篇文字，不能不發表。」就毅然決然提筆寫去，而我當英雄豪傑的希望，從此就斷送了。讀者只知道厚黑適用，哪裡知道我是犧牲一個英雄豪傑，調換來的，其代價不爲不大。

其實，朱竹垞刪去風懷一詩，也未必能食爾豚肩，我把厚黑學秘爲獨得之奇，也未必能成爲英雄豪傑，就以王簡恆而論，以他那樣的才具，宜應有所成就，而孰知不然。辛亥革命後，他到成都，張列五委任他當某縣知事，他不幹，回到自流井。民國三年，討袁之後，熊揚在重慶獨立，富順響應，自流井推王簡恆爲行政長，事敗之後，王簡恆東躲西藏，晝伏夜行，受了雨淋，得病，纏綿至次年死，身後非常蕭條。

以王簡恆的才具、會心，還是落得的這樣結果，所以讀我厚黑學的人，切不可自命爲得了發明人的指點，即便自滿。

民國元年，我到成都，住童子街公論日報社內，與廖緒初、謝綬青、楊仔耘諸人同住，他們一再慫恿我把厚黑學寫出來，緒初並說道：「如果寫出，我與你做一序。」

我想：「緒初是講程朱理學的人，一向循規蹈矩，朋輩稱呼他爲『廖大聖人』，他都說可以發表，當然可以發表。」我就逐日寫去。我用的別號是「獨尊」二字，取「下上地下，唯我獨尊」之意，緒初用「淡然」的別號，作一篇序文。

哪知一發表出來，讀者譁然。說也奇怪，我與緒初同是用別號，但「廖大聖人」的稱謂依然如故，我卻博得「李厚黑」的徽號。

緒初辦事頗有毅力，毀譽在所不計。民國八年，他當省長公署教育科科長，當時校長、縣視學（縣視學即後來之教育局長）任免之權，操諸教育科。楊省長對於緒初倚畀甚殷，緒初登呈任免的人無不照准；有時省長下條子任免某人，緒初認爲不恰當，將原條退還，楊省長也不以爲忤，反而信任益堅。

最奇的是，當時我當副科長，凡是得了好處的人，都稱頌曰：「此廖大聖人之賜也」；如有被記過的、要求不遂的、預算被核減的，往往對人說道：「這是李厚黑幹的」，成了個「善則歸廖緒初，惡則歸李宗吾」。

緒初雖然已死，舊日教育科同事諸人，如侯克明、黃治畋、杜小咸等尚在。請他們當著天說，究竟這些事是不是我幹的？究竟緒初辦事能不能受旁人支配？我今日說這些話，並不是卸責於死去的朋友，乃是舉出我經過的事實，證明王簡恆的話確是天經地義：「厚黑學三字，斷不可拿在口中講」，我厚愛讀者諸君，因此敢掬誠相告。

有人會懷疑，是不是廖緒初把得罪人之事推卸給我？其實不然，有人向他說及我，緒初即說道：「某某事是我幹的，某人怪李宗吾，你可叫某人來，我當面對他說，與宗吾無關。」無奈，緒初越是解釋，衆人越誇讚說緒初是聖人，李宗吾幹的事，他還要代爲受過，不是聖人是什麼？李宗吾能使廖緒初這樣做，不是大厚黑又是什麼？

雷民心說：「厚黑學做得說不得。」眞是絕世名言！後來，我也掙得聖人的徽號，不過聖人之上，冠有厚黑二字罷了。

聖人也罷，厚黑也罷，二而爲一，一而爲二也。莊子說：「聖人不死，大盜不止。」聖人與大盜的眞相，莊子是看清楚了的。

他說，盜跖之徒問盜跖曰：「盜亦有道乎？」盜跖說：「其有道也，夫妄想意關內中藏，聖也；入先，勇也；出後，義也；知時，智也；分均，仁也；不通此五者，而能成大盜者，天下無人。」

聖勇義智仁五者，本是聖人所做的事，盜跖能竊而用之，就成爲大盜。反過來說，厚黑二字本是大奸大詐所做的事，平常人如果能善用之，就可竊大聖大賢之名。試舉例言之，胡林翼曾說：「只要於公家有利，就是頑鈍無恥的事，我都要幹。」又說：「辦事要包攬把持。」所謂頑鈍無恥、包攬把持，豈非厚黑家所用的技術嗎？胡林翼能夠善用，就成爲名臣了。

王簡恆和廖緒初，都是我很佩服的人。廖緒初辦旅省敘屬中學堂，和當省議會議員，只知「爲公」二字，什麼氣都受得，有點像胡林翼的頑鈍無恥。王簡恆辦事獨行獨斷，有點像胡林翼之包攬把持。

有天，我當他二人說道：「緒初得了厚字訣，簡恆得了黑字訣，可稱吾黨徒者。」歷引其事加以證明。二人欣然道：「照這樣說來，我二人可謂各得聖人之一體了。」我說道：「百年後有人與我建厚黑廟，你二人都是有配享希望的。」

一九一二年，我在成都《公論日報》內寫厚黑字，有天緒初到我房間中，見桌上與有一段文字：「楚漢之時，有一個人臉厚而心不黑，最終歸於失敗，這個人就是韓信。

鑽人褲襠這樣的侮辱，韓信能忍受下來，臉面的厚可說是到了極點了。等到做了齊王，如果聽從蒯通的勸說，也是貴不可言。無奈韓信怎麼也不忘劉邦解衣推食的私情，終於導致被劉邦殺頭；還禍及三族，那不是咎由自取嗎？楚漢的時候，有一個人，黑而不厚，也終歸失敗，那是范增……」

緒初把我的稿子讀了一遍，又反覆讀了韓信這一段，一句話不說；長嘆一聲而去。我心想，這就奇怪了，韓信厚有餘而黑不足，范增黑有餘而厚不足，我原是二者雙舉，他怎麼唯獨注意韓信這一段？我仔細一想，才知道緒初正是厚有餘而黑不足的人。他是盛德夫子，叫他忍氣，是做得來，叫他做狠心的事，他做不來。患寒病的人，喝熱水很舒服，患熱病的人，喝涼水很舒服。緒初缺乏的，就是一個黑字。韓信這一段，是他對症良藥，所以他不知不覺地很受感觸。

中江謝綬青，光緒三十三年在四川高等學堂和我同班畢業。那時王簡恆任富順中學校長，聘綬青和我當老師。三十四年下學期，緒初當富順中學的視學，主張下一年續聘，那時薪水以兩計。他向簡恆說：「宗吾是本縣人，應減一百兩，綬青是外縣人，薪水仍舊。」

他是知道我絕不會反對他，所以才這樣做。我經常對人講，緒初這個人萬萬不可相交；和他相交，銀錢上就要吃虧，我是前車之鑑。

有一件事更可笑，那時縣立高小校長姜選臣因事辭職，縣長王琰備文請簡恆兼任。有一天簡恆笑著向我說：「我最近窮得要當衣服了，高小校長的薪水，我很想支來用。照理說這不成問題，怕的是廖聖人酸溜溜地說：這筆錢似乎可以不支吧！你叫我這個臉放在何處？只好仍當衣服算了。」

我曾經對人說：這雖然是偶爾的談笑，但緒初的令人敬畏，簡恆的勇於克己，卻可見一斑。後來，我發明了《厚黑學》，才知道簡恆這個談話是厚黑學上最重要的公案。我曾經和雷民心說：「朋友們當中，天分偏向於厚字的人很多，其中以緒初為第一。夠得上講黑字的人只有簡恆一人。」

近日常常有人說：「你叫我臉皮厚，我還做得出來，叫我黑，我實在做不出來，該應我做事不能成功。」

我便回答說：「就怕你厚得不徹底，只要徹底了，沒有前進而不成功的。你看緒初的厚，居然能把簡恆的黑打敗，世間天分偏向於厚字的人，千萬不可自暴自棄。」

相傳凡人的頸子上，都有一條刀路，劊子手殺人順著刀路砍去，一刀就把腦殼砍下。所以劊子手無事時，同人對坐閒談，他就要留心看你頸上的刀路。我發明厚黑學之初，遇事研究，把我往來的朋友作為實驗品，用劊子手看刀路的方法，發現些重要學理。

滔滔天下，無非厚黑中人。諸君與朋輩往還之際，本我所說的法子去研究，包管生出無限趣味，比讀四書五經廿五史受益更多。老子曰：「邦之利器，不可以示人。」老夫髦矣，無志用世矣，否則這些法子，我是不能傳授人的。

我遇著一個人在我名下行使厚黑學，叨叨絮絮，說個不休。我睜著眼睛看著他，一言不發，他忽然臉一紅，嘆一聲笑道：「實在不瞞你先生，當學生的，實在沒法了，只有在老師名下，行使點厚黑學。」

我說道：「可以！可以！我成全你就是了！」

俗語說：「內行不發貨。」奸商最會欺騙人，獨在同業前不敢賣假貨。我苦心婆心，勸人研究厚黑學，意在使大家都變成內行人。假如有人要使點厚黑學，硬是說明了來幹，施者受者，大家心理安順。

我把厚黑學發明過後，舉凡人情冷暖，與一切恩怨，我都坦然置之。每當有人對我說：「某人對你不起，他如何如何……」我就說：「我這個朋友，他當然是這樣做，如果他不這樣做，我的厚黑學還講得過嗎？我所發明的是人類大原則，我這個朋友，當然不能逃出這個原則。」

辛亥十月，張列五在重慶獨立，任蜀軍政府都督，成渝合併後，任四川府都督，嗣改民政長。他設一個審計院，擬任廖緒初爲院長，緒初再三推辭，乃以尹仲錫爲院長，緒初爲次長，我爲第三科科長。

當時民國初成，我以為事事革新，應該有一個新學說出現，乃把我發明的厚黑學發表出來，等我當了科長，一般人都說：「厚黑學果然適用，你看李宗吾公然做起科長來了。」

相好的朋友，勸我不必再登，我就停止不登，於是眾人又說道：「你看李宗吾，一做了科長，厚黑學就不登了。」

我氣不過，向眾人說道：「你們只羨慕我做官，須知奔走官場，是有秘訣的。」於是，我發明求官六字眞言、做官六字眞言，每遇著相好的朋友，就盡心傳授，無奈那些朋友資質太鈍，拿來運用不靈，一個個官運都不亨通，反而是旁觀、竊聽的和間接聽聞的，倒還出些人才。

在審計院時，緒初的寢室與我的相連。有一天下午，聽見緒初在房內拍桌大罵，聲震屋瓦。我走出房門來看，只見某人倉皇奔出，緒初一邊追一邊罵那人：「你這狗東西！混帳！……」直追到大門才停下來。

此人在緒初辦旅省敘屬學時，曾當教職員。緒初轉來，看是我，隨我進入房中坐下，氣忿忿地說道：「某人，眞正豈有此理！」

我問什麼事？緒初道：「他起初向我說，某人可當知事，請我向列五介紹。我很客氣地答應了他。他說：『事情如果成功了，願送先生四百兩銀子。』我在桌上拍了一巴掌說道：『胡說，這些話都可拿來向我說嗎？』他站起來就走，說道：『算了！算了！不說算了。』我氣他不過，追出去罵了一頓。」

我說：「你不替他說就是了，何必為此生這麼大的氣。」

緒初說道：「這種人，你不傷他的臉，將來不定還要幹些什麼事，我非對列五說不可，免得用這種人出去害人。」

這雖屬尋常小事，在厚黑學上，卻含有很深的哲理。我批評緒初「厚有餘而黑不足，叫他忍氣是做得來，叫他做狠心的事做不來」，為什麼這種事忍不得氣？他對待某君未免太狠，竟然不自禁地侵入黑的範圍，這是什麼道理呢？

我反覆研究，就發現一條重要公例。公例是什麼呢？厚黑二者，是一物體之兩方面，凡黑到極點者，未有不能厚，厚到極點者，未有不能黑。

舉例言之，曹操之心至黑，而陳琳作檄，曹操居然容他得過，則黑未嘗不能厚。劉備之面至厚，劉璋推誠相待，他卻突然舉兵滅了劉璋，則厚未嘗不能黑。在在說明厚黑二者，根本上是互相貫通的，厚字翻過來，即是黑；黑字翻過來，即是厚。

從前有個權臣，得罪了國君，出亡他國，追從他的人說道：「某人是公之故人，他平日對你十分要好，為何不去投奔他？」

這個權臣答道：「此人對我確實很好。我好音，他就送我鳴琴，我好珮，他就送我玉環，他平日既見好於我，今日必以我見好於他人，如去見他，必定縛我以獻於君。」果然，此人從後追來，把隨從的人捉了幾個去請賞，這就是厚臉皮變爲黑心子的明證。

有人問：「世間有黑心子變爲厚臉皮的沒有？」

我答道：「有！有聊齋上馬介甫那一段，所說的那位太太，她就是由黑心子一變而爲厚臉板。」

緒初辱罵某君一事，詢問其他人，都說沒有聽見過，除我一個外，沒有人知道這件事。後來同他相處十多年，也沒有聽他重提。我曾經說：「緒初辱罵某君，這體現了他爲人剛正。儘管在暗室中，也不做利己的虧心事，並且事後閉口不提，不大肆聲張別人的惡行，這又體現了他的美德。」

但這種評論，是站在儒家立場來說。

若從厚黑哲學上研究，又可得出一條公例：「黑字專長的人，黑者其常，厚者其暫。厚字專長的人，厚者常，黑者其暫。」

緒初是有厚字專長的人，他以黑字對付某君，是暫時的現象。事過之後，又回復到厚字的常軌。所以事情過後十多年，放在心裡而不說。我估摸他做了這種狠心的事，一定在心裡感到不安，所以後來見到面，不便向他重提此事。

他辦敘屬學校時，業師王某，來校當學生，因某事違犯校規，緒初懸掛牌子把他斥退。後來我曾提到此事，他說：「這件事我很痛心。」這都是做了狠心的事，要恢復到常軌的明證。因此知道他辱罵某君一定會在心裡感到歉疚，所以不便向他重提。

緒初已經去世十幾年，生平品行，美好而無疵點。凡是他的朋友和學生，至今談到他，沒有人不欽佩的。去年我寫了一篇《廖張軼事》，敘述緒初、列五二人的事跡，曾刊登在《華西日報》。緒初是國民黨的忠實信徒，即使是不同黨的人，只能說他黨派成見太深，但對於他的私人品德，仍稱讚不已。

一般人稱呼緒初為廖大聖人，我看他，得力全在一個厚字。我曾說：「用厚黑學來圖謀公利，越厚黑人格越高尚。」緒初人格的高尚，是我們這些朋友公認的，他的朋友和學生活著的還很多，可以證明我的話不錯，當然也就證明我定的公理不錯。

世間的事，有知難行易的，有知易行難的。惟有厚黑學最特別，知也難，行也難。此道之玄妙，等於成仙悟道的口訣，古來原是秘密傳授，黃石老人因張良有仙骨，半夜三更傳授，張良當下頓悟，老人以王者師期之，無奈這門學問太精深了，所以《史記》上說：「良為他人言，皆不省，獨沛公善之，良嘆曰：沛公殆天可授也。」

可見這門學問，不但明師難遇，就是遇著了，也難於領悟。

蘇東坡曰：「項羽百戰百勝，而輕用其銳，高帝忍之，養其鋒而待其弊，此子房教之也。」衣缽眞傳，彰彰可考。

我打算做一部《厚黑學師承記》說明授受淵源，使人知道這門學問，要黃石公這類人才能傳授，要張良、劉邦這類人才能領悟。我最近倡導厚黑救國之說，許多人說我不通，這也無怪其然，是知謂知難。

劉邦能夠分杯羹，能夠推孝惠、魯元下車，其心之黑還了得嗎？獨至韓信求封假齊王，他忍不得氣，怒而大罵，若非張良從旁指點，幾乎誤事。

勾踐入吳，身爲臣，妻爲妾，其面之厚，還了得嗎？沼吳之役，夫差痛哭求情，勾踐心中不忍，竟欲允之，全虧范蠡堅決不同意，才把夫差處死。像劉邦、勾踐這類的人，事到臨頭，還須軍師臨場指揮督陣才能成功，這就是實踐的困難。蘇東坡的《留侯論》，全篇文字，是以一個黑字立柱。諸君試取此二文，細細研讀，當知鄙人不謬。

人稱東坡爲坡仙，他是天上神仙下凡，才能揭出此種妙諦。

讀者諸君今日聽我講說，可謂有仙緣噫，外患迫矣，來日大難，老夫其爲黃石老人乎，願諸君以張子房自命。

厚黑哲理

人性是渾然天成的，彷彿是一個大城，
王陽明從東門攻入，我從西門攻入，
攻進去之後，所見城中的真相，彼此都是一樣。

有人讀《厚黑經》，讀至「蓋欲學者於此，反求諸身而自得之，以去夫外誘之仁愛，而充其本然之厚黑」，發生疑問道：「李宗吾，你這話恐怕說錯了。孟子曰：『仁義禮智，非由外鑠我也，我固有之也。』可見仁義是本然的。你怎麼把厚黑說成本然，把仁義說成外誘？」

我說，我倒沒有錯，只怕孟子錯了。孟子說：「孩提之童，無不知愛其親也，及其長也，無不知敬其兄也。」他這個話，究竟對不對，我們要實地試驗，就叫孟子的夫人，把他親生小孩抱出來，由我當著孟子試驗。

母親抱著小孩吃飯，小孩伸手來抓，如不提防，碗就會落地打爛。請問孟子，這種現象是不是愛親？

母親手中拿一塊糕餅，小孩伸出手來索，母親不給他，放在自己口中，小孩就會伸手從母親口中取出，放在他口中。請問孟子，這種現象是不是親愛？

小孩在母親懷中食乳、食糕餅，哥哥走近前，他就要用手推他、打他。請問孟子，這種現象是不是敬兄？

只要全世界尋找得到一個小孩沒有這種現象，我的厚黑學立即不講，既然是全世界的小孩無一不然，可見厚黑是天性中固有之物，我的厚黑理論當然成立。

孟子又在書中這麼說道：「人之所不學而能者，其良能也；所不慮而知者，其良知也。」

小孩見母親口中有糕餅，就伸手去奪，在母親懷中食乳食糕餅，哥哥近前就推他打他，都是不學而能，不慮而知，依孟子所下的定義，都該爲良知良能。

孟子教人把「良知良能」擴而充之，現在許多官吏刮取人民的金錢，即是把小孩時奪取母親口中糕餅的那種「良知良能」擴充出來。許多志士，對於忠實同志排擠傾軋，無所不用其極，即是把小孩食乳食糕餅時，推哥哥、打哥哥那種「良知良能」擴充出來的。

孟子曰：「大人者，不失其赤子之心。」

現在的偉人，小孩那種心理絲毫沒有失掉，可見中國會鬧到這麼糟，完全是孟子的信徒幹的，不是我的信徒幹的。

我在民國元年發表厚黑學，指定曹操、劉備、孫權、劉邦幾個人爲模範人物，迄今廿四年，並沒一人學到。假令有一人像劉備，過去的四川，何至成爲魔窟？假如有一人像孫權，過去的寧粵，何至會有裂痕？假如有一人像曹操，僞滿能獨立嗎？假如有一人像劉邦，中國會四分五裂嗎？

吾嘗曰：「劉邦不得而見之矣，得見曹操斯可矣，曹操吾不得而之矣，得見劉備孫權可矣。」所以說，中國鬧得這麼糟，不是我信徒幹的。

漢高祖分杯羹，是把小孩奪母親口中糕餅那種「良知良能」擴充出來的。唐太宗殺建成、元吉，是把小孩食乳食糕餅時，推哥哥打哥哥那種良知良能擴充出來的。這即是《厚黑經》上所說：「充其本然之厚黑。」

從前有人詠漢高祖詩云：「俎上肉，杯中羹，黃袍念重面翁輕。羹嫂，羹頡侯，一飯之仇報不休……君不見漢家開基四百明天子，君臣父子兄弟夫婦朋友之間乃如此。」漢高祖把通常所謂五倫與禮義廉恥，掃蕩得乾乾淨淨，這即是《厚黑經》所說：「去夫外誘之仁義。」

有人問我道：「孟子曰：『惻隱之心，人皆有之。』據你這樣說，豈不是應該改為『惻隱之心人皆無之』嗎？」

我說：「這個道理，不能這樣講。孟子說：『今人乍見孺子將入於井，皆有怵惕惻隱之心。』明明提出怵惕惻隱四字。下文忽言『無惻隱之心非人也。』『惻隱之心，仁之端也。』平空把怵惕二字摘來丟了，請問是何道理？再者孟子所說：『乍見孺子將入於井』，這是孺子對於井發生了死生存亡的關係，我是立在旁觀地位。假令我與孺子同時將入井，請問孟子，此心作何狀態？此時發出來的第一念，究竟是怵惕，還是惻隱？不消說，這剎那間只有怵惕而無惻隱，只能顧我之死，無暇顧及孺子之死。這不是不愛孺子，而是事變倉卒，顧不上啊。一定要我心安定，始能顧及孺子，惻隱心乃能出現。

我們這樣的研究，就可把人性眞相看出。怵惕是爲我的念頭，惻隱是爲人的念頭。孟子曰：『惻隱之心，仁之端也。』李宗吾則曰：『怵惕之心，厚黑之端也』，孟子講仁義，以惻隱爲出發點；我講厚黑，以怵惕爲出發點。先有怵惕，然後才有惻隱，孟子的學說是第二義，我的學說才是第一義。」

成都某縣，有個姓曾的人，平日講程朱之學，品端學粹，道貌岸然，人稱爲曾大聖人，年已七八十歲，當縣中高小學校校長。

我查學到校，問：「老先生近日還看書否？」

答：「現正纂集宋儒語錄。」

我問：「孟子說：『今人乍見孺子將入於井，皆有怵惕惻隱。』何以下文只說：『無惻隱之心非人也』、『惻隱之心，仁之端也』，把怵惕二字置之不論，其意安在？」

他聽了沉吟思索。我問：「見孺子將入於井，發出來的第一個念頭，究竟是怵惕，是惻隱？」

他信口答道：「是惻隱。」我聽了默然不語，他也默然不悟。我本來想說：第一念即是惻隱，何以孟子不言「惻隱怵惕」而言「怵惕惻隱」，因爲他是老先生，不便深問，只問道：「宋儒之書，我讀得很少，只見他們極力發揮惻隱二字，未知對於怵惕二字，也會加以發揮否？」

他說：「沒有。」我不便往下再問，就談別的事去了。

《孟子》書上，孩提愛親那章、孺子將入井那章，是性善說最根本的證據。宋儒的學說，就是從這兩個證據推闡出來的。我對於這兩個證據，根本懷疑，所以每談厚黑學，就把宋儒任意抨擊。

但我生平最喜歡懷疑，不但懷疑古今人的說法，並且自己的也常常懷疑。我講厚黑學，雖能自圓其說，而孟子的說法也不能說他沒有理由。究竟人性的眞相是怎樣？孟子所說的孩提知愛和惻隱之心，又從何處生出來呢？我於是又繼續研究下去。

中國談論人性者五家：孟子說人性善，荀子說人性惡，告子說人性無善無惡，揚雄說人性善惡混雜，韓昌黎說人性有三品。這五種說法同時並存，竟未能折衷一是。現在的政治家，連人性都未研究清楚，等於醫生連藥性都未研究清楚。醫生不了解藥性斷不能治病，政治家不了解人性，怎能治國？現在天下之亂，實在是由於政治家措施失當所致。其措施之所以失當者，在於對於人性欠缺了精密的觀察。

中國學者，對於人性欠精密的觀察，西洋學者觀察人性更欠精密。現在的青年，只知宋儒所說「婦人餓死事小，失節事大」這個道理講不通，這都是對於人性欠了研究，才有這類不通的學說。學說既不通，基於這類學說生出來的措施，遂無一可通，世界哪能不大亂？

從前我在報章雜誌上，常見有人說：「中國的禮教，是吃人的東西。」殊不知西洋學說，更是吃人的東西。阿比西尼亞被墨索里尼摧殘蹂躪，是受達爾文學說之賜，將來還不知要犧牲若干人的生命。我們要想維持世界和平，非把這類學說一律肅清不可。要肅清這類學說，非把人性徹底研究清楚不可。我們把人性研究清楚了，政治上的設施，國際上的舉動，才能適合人類通性，世界和平才能維持。

我主張把人性研究清楚，常常同友人談及，友人說：「近來西洋出了許多心理學的書，你雖不懂外國文，也無妨買些譯本來看。」

我說：「你這個話太奇怪了，我說個笑話你聽，從前有個察學，視察某校，對校長說：『你這個學校，光線不足。』校長道：『我已派人到上海購買去了。』人人有一個心，自己就可以直接研究，本身它是一副儀器標本，隨時隨地都可以試驗，朝夕與我交往的人，就是我的試驗品，你叫我看外國人著的心理學書，豈不等於去上海買光線嗎？」聞者無辭可陳。

我一九一二年著的《厚黑學》，原是一種遊戲文字，不料發表出來，竟受一般人的歡迎，厚黑學三字，在四川幾乎成一普通名詞。我以為此種說法能受人歡迎，必定於人性上有關係，因繼續研究。

到了一九二一年，我想出一種說法，似乎可以把人性問題解決了，因此著有《心理與力學》一文，載入《宗吾臆談》內。我這種說法，未必合眞理，但為研究學術起見，也不妨提出來討論。

西洋人研究物理學研究得很透徹，得出來的結論，五洲萬國都同意，獨獨在心理學卻未研究透徹，所以得出來的結論受到攻擊。這是什麼道理呢？因為，研究物理乃是以人研究物，置身局外，冷眼旁觀，把眞相看得很清楚，毫無成見，因此所下判斷最為正確。

至於研究心理學，則研究者是人，被研究者也是人，不知不覺就參入成見，下的判斷就不公平。並且我是衆人中之一人，古人云：「不識廬山眞面目，只緣身在此山中。」即使此心放得至公至平，仍得不到眞相。

因此，我主張：研究心理學，應當另闢一個途徑來研究。科學家研究物理學之時，毫無成見，等他研究完畢了，我們才起而言曰：「人為萬物之一，物理與人事息息相通，物理上的公例也適用於人事。」據物理的公理，以判斷人事，而人就沒有什麼秘密了。

聲光磁電的公理，五洲萬國都同意。人的情感，有類磁電，研究磁電，離不開力學公理，我們就可以用力學公理以考察人的心理。

一九二一年，我在家一年，專幹這種工作，用力學上的公理去研究心理學，覺得許多問題都渙然冰釋，因而創一公理曰：「心理的變化，按照力學公理而行。」從古人事跡上，現今政治上，日常瑣事上，自己心坎上，理化數學上，中國古書上，西洋學說上，四面八方印證起來，似覺處處可通。有了這條公理，不但關於人事上一切學說有了綱領，有條不紊，就是改革經濟政治等等，也有一定的軌道可循，而我心中的疑團，就算打破，人性問題就算解決了。

但是，我要聲明：所謂疑者，是我心中自疑，不是說人人都這樣疑。所謂解決者，是我自認爲解決，不是說這個問題果然被我解決。此乃我自述經過，聊備一說而已。

本來心理學是很博大精深的，我是個講厚黑學的，怎能談這門學問？

我說「心理變化，按照力學公理而行」，等於說「水之波動，按照力學公理而行」。據科學家眼光看來，水的性質和現象，可供研究的東西很多，波動不過現象中的一小部分。所以我談心理，只談很小很小一部分，其餘的我不知道，就不敢妄談。

人性原本是無善無惡的，也就說是，既可以爲善，也可以爲惡。孟子出來，於整個人性中，截取半面以立說，成爲「性善說」。遺留下的半面，荀子取以立論，就成爲「性惡說」。因爲各有一半的眞理，因此兩說可以並存，又因爲只佔得眞理的一半，因而兩說互相攻擊。

有孟子的性善說，就有荀子的性惡說與之對抗。有王陽明的致良知，就有李宗吾的厚黑學與之對抗。大凡學說愈偏，則愈新奇，歡迎者遂愈衆，這本是一種公例。孟子之性善說已經偏了，王陽明之致良知更偏，所以陽明學說一倡導出來，就風靡天下。荀子的性惡說已經偏了，鄙人的厚黑學更偏，所以厚黑學一倡導出來，就洋溢四川。

王陽明說：「見父自然知孝，見兄自然知弟。」把良知二字，講得頭頭是道。李宗吾說：「小孩見母親口中糕餅，自然會取來放在自己口中。在母親懷中食乳糕餅，見哥哥近前，自然會用手推他打他。」我把厚黑二字，也講得頭頭是道。自王陽明眼中看來，滿街都是聖人，自鄙人眼中看來，滿街都是厚黑。

有人呼我為教主，我何敢當，我在學術界，只取得與王陽明對等的位置罷了，不過王陽明在孔廟中配享，吃冷豬肉，不免寄人籬下，我將來當另建厚黑廟，以廖大聖人，和王簡恆、雷民心諸人配享。

我的厚黑學，本來與王陽明的致良知，有對等的價值，何以王陽明受一般人的推崇，而我受一般人的訾議？

因為，自古迄今，社會上有一種公共的黑幕，這種黑幕只許彼此心心相喻，不許揭穿，一旦揭穿了，就要受社會的制裁。這也是一種公例。

我向每人講厚黑學，只消連講兩三點鐘，聽者大都津津有味，說道：「我平日也這樣想，不過沒有拿出來講。」

請問，心中既是這樣想，為什麼不拿出來講呢？這是暗中受了這種公例支配的緣故。

我赤裸裸的揭穿出來，是違反了公例，當然社會不許可。

社會上何以會生出這種公例呢？俗語有兩句：「逢人短命，遇貨添錢。」諸君想都知道，假如你遇著一個人，你問他尊齒，他答：「今年五十歲了。」你說：「看你先生的面貌，只像三十幾的人，最多不過四十歲罷了。」他聽了一定很歡喜，是謂「逢人短命」。

又如走到朋友家中，看見一張桌子，問他買了若干錢，他答道：「買了四元。」你說：「這張桌子，普通價值八元，再買得好，也要六元，你眞是會買。」他聽了一定也很歡喜，是謂「遇貨添錢」。

人們的習性既是這樣，所以自然而然的就生出這種公例。

主張性善說者，無異於說：「世間盡是好人，你是好人，我也是好人。」說這話的人，怎麼不受歡迎？

主張性惡說者，等於說：「世間盡是壞人，你是壞人，我也是壞人。」說這話的人，怎麼不受排斥？

荀子本來是入了孔廟，後來因爲他倡言性惡，所以被請出來，打脫了冷豬肉，就是受了這種公例的制裁，於是乎程朱派的人，遂高坐孔廟中，大吃其冷豬肉。孟子書上有「閹然媚於世也」一句話，可說是孟子與宋明諸儒定的罪案，也即是孟子自定的罪案。

何以故呢？性惡說是箴世，性善說是媚世。性善說者曰：「你是好人，我也是好人！」此妾婦媚語也。性惡說者曰：「你是壞人，我也是壞人！」此志士箴言也。天下妾婦多而志士少，箴言爲舉世所厭聞，荀子被請出孔廟也是理所當然的事。嗚呼！李厚黑，眞名教罪人也。

近人蔣維喬所著《中國近三百年哲學史》說：「荀子在周末，倡性惡說，後儒非之者多，絕無一人左袒之者，歷一千九百餘年，俞曲園獨毅然贊同之……我國主張性惡說者，古今只有荀俞二氏……」俞曲園是經學大師，一般人只研究他的經學，他著的性惡上下兩篇，若存若亡，可以說中國言性惡之書，除荀子而外幾乎沒有了，箴言爲舉世所厭聞，故而敢於直說的人絕無僅有。

滔滔天下，皆是諱病忌醫的人，所以敢於言惡者，非天下的大勇者不能，非捨得犧牲者不能。荀子犧牲孔廟中的冷豬肉不吃，才敢於言性惡，李宗吾犧牲英雄豪傑不當，才敢於講厚黑學。

將來建厚黑廟時，一定要在後面，給荀子修一個啓聖殿，使他老人家藉著厚黑教主的餘蔭，每年春秋二祭，也吃吃冷豬肉。

常常有人向我說道：「你的說法未免太偏。」

我說：「誠然，惟其偏，才醫得好病，芒硝、大黃、薑桂、附片，其性至偏，名醫起死回生，所用的都是這些等藥也。藥中最不偏的，莫如泡參、甘草，請問世間的大病，被泡參、甘草醫好的有幾人？」

自孟子而後，性善說充塞天下，把全社會養成一種不癢不痛的大腫病，非得痛痛的打幾針、燒幾艾不可。醫寒病用熱藥，醫熱病用寒藥，所以，聽我講厚黑學的人，常常說道：「你的議論，很痛快。」因爲害了麻木不仁的病，針之灸之才覺得痛，針灸後全體暢適，才覺得快。

有人讀了《厚黑叢話》，說道：「你何必說這些鬼話？」

我說：「我逢人說人話，逢鬼說鬼話，請問當今之世，不說鬼話說什麼？我這部《厚黑叢話》，人見了則爲人話，鬼見了則爲鬼話。」

我不知道這一生中，與孔子有何冤孽，他講他的仁義，偏偏遇著一個講厚黑的我；我講的厚黑，偏偏遇著一個講仁義的他。我們兩造的學說極端相反，永世是衝突的，我想，「冤家宜解不宜結」，我與孔子講和好了。我想個折衷調和的法子，提出兩句口號：「厚黑爲裡，仁義爲表。」

換言之，即是枕頭上放一部厚黑學，案頭上放一部四書五經，心頭上供一個「大成至聖先師李宗吾之神位」，壁頭上供一個「大成至聖先師孔子之神位」。從此以後，我的信徒，即是孔子的信徒；孔子的信徒，即是我的信徒。如此，我們兩家學說，就永世不會衝突了，千百年後，如果有人出來做一篇「仲尼宗吾合傳」，一定說道：「仁近於厚，義近於黑，宗吾引繩墨，一切事情，仁義之弊，流於麻木不仁，而宗吾深遠矣。」

諱病忌醫，是病人的通例，因此就成了醫界公例。荀子向病人略略針灸了一下，醫界就一片譁然，說他違背了公例，於是把他逐出醫業公會，把招牌給拆下了，藥鋪給關了。李宗吾出來大講厚黑學，叫人把衣服脫了，赤條條的施用刀針，這是自荀子而後，二千多年都莫得的醫法，此為厚黑學，所以我又被稱為「李瘋子」。

昨天有友人來訪，見我桌上堆了一些《宋元學案》、《明儒學案》一類書，詫異道：「你怎麼看這類書？」

我說，我怎麼不看這類書，相傳某國有一口井，汲飲的人會立即發狂，全國的人皆飲用這口井的水，因此全國人皆狂，唯獨有一人，自己鑿了一口井飲用，獨獨他不狂，全國人卻都說他得了狂病，捉他來，針之灸之，施以種種治療，此人不得其苦，只得自汲狂泉飲用，於是全國人都歡欣鼓舞說道：「我們國中，從此無一狂人了。」我怕有人替我醫瘋病，針之灸之，只好在桌上堆滿宋明諸儒的書，自己治療。

人性是渾然天成的，彷彿是一個大城，王陽明從東門攻入，我從西門攻入，攻進去之後，所見城中的真相，彼此都是一樣。

人性以告子所說的「無善無不善」最為真確，王陽明倡致良知之說，是主張性善的，而他教人，提出：「無善無惡心之體，有善有惡意之動」……等語，請問這種說法，與告子何異？

我在民國元年發表厚黑學，是性惡說這面的說法，民國九年，我創一條公例：「心理變化，循力學公例而行。」

這種說法，即是告子的說法。告子曰：「性猶湍水也。」這五個字，換言之即是「心理變化，循力學公例而行」。

有人責問道：「告子說：『性無善無不善。』陽明說：『無善無惡心之體。』一個說性，一個說心體，怎麼能混為一談？至於你說的『心理變化』，則是就用上說的，更不能牽涉到體上。」

我說：我的話不足為憑，請看陽明的。陽明說：「心統性情，心，體也，情，心用也，大體用一源也，知體之所以為用，則知用之所以為體矣。」心體就是性，這是陽明自己下的定義。我說：「陽明的說法，就是告子的說法。」難道我冤誣了陽明嗎？

告子說：「性猶湍水也。」放到東則東流，放到西方則西流，請問東流西流，是不是就用上說的？請問水的流東流西；能否逃出力學公理？我說：「『性猶湍水也』五個字，換言之，就是『心理變化，循力學公理而行』，似乎不是穿鑿附會。」

陽明說：「性，心體也，情，心用也。」世上談心論性的人，因為體不可見，所以只就用上說它，因爲性不可見，所以只就情上說它。孟子說：「孩提之童，無不知愛其親也。」又說：「今人仁見孺子將入於井，皆有怵惕惻隱之心。」都是就情上說的，也即是就用上說的。

由此知：孟子所謂性害者，乃是根據情的善，來斷定性的善。試問人與人的感情，是否純有善而無惡？所以孟子的話，就會發生問題，所以陽明換個說法：「有善有惡意之動。」意之動就是用情。陽明的力學，比孟子更深，故其說較孟子更圓滿。

王陽明從性善說悟入，我從性惡說悟入，同到無善無惡而止。我同人講厚黑學，等於用手指月，人能循著手看去，就可以看見天上的月亮，人能循著厚黑學研究下，就可以窺見人性的眞相。

常有人執著厚黑二字，同我刺刺不休，等於在我手上尋月亮，眞可謂天下第一笨人。我的厚黑學，拿與此等人讀，眞是罪過。

第 7 章

厚黑辯證法

目標在功名，則吳起可以殺其妻，
漢高祖可以分父之羹，
樂羊子可以食子之羹。
目標在色慾，則齊襄公可以淫其妹，
衛宣公可以納其媳，晉獻公可以承父妾。

恐懼與惻隱，都是一樣的東西，天理和人慾也是一樣的東西，好像煮飯的是火，燒房子的也是火。

宋明的儒生，不明白這個道理，把天理和人慾看成截然不同的兩種東西，製造出消滅人慾的說法，它的弊害恰恰在於傷害了天理。

王陽明的《傳習錄》裡頭說：「沒有事的時候，把好色、好貨、好名等私心，逐個追究搜尋出來，一定要拔去病根，永不再生，這才痛快。經常像貓抓老鼠，一眼看到，一耳聽到，剛有一念萌發，立即克制下去，斬釘截鐵，決不姑息縱容，或給它方便。不能窩藏，不給它出路，才是眞的用功，才能掃除清理人情中的惡慾。」

王陽明的這個說法彷彿是說，見到了火會燒房子，就讓世人以後看到星星之火時，立即撲滅斷絕火種，才感到痛快。

孟子和荀子二人，都是於整個人性之中，各截半面以立論，所以只要把孟子的性善說、荀子的性惡說合而爲一，理論就圓滿了，二說相合，即成爲告子性無善無不善之說。

有人問，孟子的學說，哪能與荀子學說相合？

我說，孟子曰：「人少則慕父母，知好色則慕少艾。」荀子曰：「妻子具而孝衰於親。」請問二人之說，豈不是一樣嗎？

孟子曰：「大孝終身慕父母，五十而慕者，予於大舜見之矣。」

據孟子所說，滿了五十歲的人，還愛慕父母，他眼中只看見大舜一人，請問人性的眞相，究竟怎樣？難道孟荀之說不能相合嗎？

性善說與性惡說，既可合而爲一，那麼王陽明的致良知，與李宗吾的厚黑學，自然可合而爲一。

有人問，怎麼可能合而爲一呢？

我答說，孟子曰：「大孝終身慕父母」，厚黑經曰：「大好色終身慕少艾」。孟子曰：「五十而慕父母者，予於大舜見之矣」，厚黑經曰：「八百歲而慕少艾者，予於彭祖見之矣」。

愛親是不學而能，不慮而知，好色也是如此，不學而能、不慮而知的。用致良知的方法，能把孩提愛親的天性致出來，做到終身慕父母，同時就可以把少壯好色的天性致出來，做到終身慕少艾。昔人說，王學末流之弊，至於蕩閒，這就是用致良知的方法，把厚黑學致出來的原故。

依宋儒之意，孩提愛親是性命的正道，少壯好色是形氣之種類，此等說法，眞是穿鑿附會。其實，孩提愛親，並非愛親，而是愛其飲我、食我也；如果孩子生下地，即交由乳母撫養，則孩子只愛乳母不愛生母，這便是明證。

愛乳母，與慕少艾、慕妻子，其心理原是一貫的，無非是爲我而已。

爲我是人類天然現象，不能說是善，也不能說是惡，故告子性無善無不惡之說，最爲合理。告子曰：「食色性也」，孩提愛親者，食也，少艾慕妻子者，色也。食色爲人類生存所必需，求生存又是人種天性，因此告子又說：「生之謂性」。

告子既然觀察人性，那對於人性的處置又怎樣呢？告子用比喻說：「人性像急流的水，挖開東方向東流，挖開西方就像西流。」又說：「人性猶如杞柳（一種柳樹），仁義猶如桮棬（一種木編的容器），把人性說成仁義，就像把杞柳當成桮棬一樣。」

告子的這種主張是很對的，人性無害無惡。比如深潭裡的水，平時水波不興，看不出有什麼作用。從東邊挖一個口子可以澆田地，或有利於行船；從西邊挖一個口子，就可以沖壞房舍，淹死人畜。又比如一塊木頭，可以製成棍棒打人，也可以製成碗盞裝食物。

這個說法，眞可以說是將孟子與荀子合一了。

告子談論人性，共有五種說法：人性如杞柳，人性如急水，說生存是人性，貪色是人性，說人性沒有善或不善；這五點本質是一貫的。

朱子注釋食色一節說：「告子的辯論常失敗，所以經常變化以求勝。」從現在看，告子的說法，始終沒變，而孟子也終於沒能說服他。

朱子注釋杞柳一節，認爲告子說的仁義，一定要等矯揉（意即改變）以後。這個說

法不對，因爲朱子注上都子一節就說：「氣質所具有的，雖有不善，但並不傷害人性的本來是善。人性雖然本來是善，也不能不體察矯揉的作用。」這裡忽然又提出「矯揉」二字，難道不是改變自己的說法嗎？

朱子注「生之謂性」一節說：「杞柳湍水的比喻，食色無善或不善的說法，縱橫變化，錯誤很多。」殊不知，告子談人性的五點，是一貫而下，並無所謂縱橫變化和很多錯誤。

「生之謂性」的「生」字，做「生存」二字講。生存是人類的重心，是世界學者公認的。告子談人性，以生存爲出發點，由此而有「食色性也」的說法，有「性無善或不善」的說法，又用杞柳和急水爲比喻，這種說法最合理。

宋儒反而認爲根本錯誤，一切說法，離開生存之論，所以才有「婦人餓死事小，失節事大」一類怪話。但朱子能看出「生之謂性」一句是告子學說的根本所在，也不能不說是很特別的見識。

宋儒崇奉儒家，極力排斥釋道二家的說法，在《尚書》上找到「人心惟危，道心惟微，惟精惟一，久執厥中」四句話，作爲虞廷十六字心傳，於是自己稱生於一千四百年以後，得不傳之學於遺經。

後經清朝閻百詩考證出，這四句出自於僞古文尚書，作僞者是採自荀子，荀子又是引用道經的話。閻氏的說法，在經學界中，算是已定了的鐵案。

這十六字是宋儒學說的出發點，根本上就雜有道家和荀學的原素，反而想借孔子以排道家，借孟子以排斥荀子，於是到處支離穿鑿。

朱子曰：「氣質所稟，雖有不善，而不害性之本善。性雖本善，而不可以無省察矯揉之功。」一方面既又要照顧事實，一方面又要迴護孟子，眞可以說是「縱橫變化，錯誤很多」，看看告子專用生存二字立論，明白簡易，兩者何啻天淵之別。

告子不知是什麼人，王龍溪說是孔門之徒，我看不錯。孔子稱讚《易》，說：「天地之大德曰生」，告子以生字談人性，可說是孔門嫡傳。

孟子學說，雖與告子少有差異，而處處仍離不開生字。如說：「黎民不飢不寒，然而不王者，未有也」，又說：「內無怨女，外無曠夫，於王何有？」仍以食色二字立論。

我認爲孟子與告子論性之異同，等於子夏、子張論交往之異同，其大意離不開孔氏家法。孟子與告子的交誼，當如子夏與子張的交誼，平日辨疑析難，互相反證。孟子說：「告子先我不動心。」心地隱微之際說得很明白，交誼之深可想而知。

宋儒有道統二字橫立在胸，偏袒孟子，貶斥告子爲異端，而其自家之學說，則截去生字立論，叫婦人餓死，以殉其所謂節，叫臣子無罪受死，以殉其所謂忠。孟子有知，當必引告子爲同調，而斥程朱爲叛徒也。

孟子說：「人少則慕父母，知好色則慕少艾，有妻子則慕妻子，仕則慕君。」全是從需要生出來的，孩提所需的是飲食，因此慕飲我食之父母。少壯所需的是色慾，因此慕能滿足色慾的少艾與妻子。出仕需要的是功名，君王爲功名所自出，故慕名。需要就是目的，亦即所謂目標；目標一定，則只知向目標奔趨，旁的事物是不管的。

目標在功名，則吳起可以殺其妻，漢高祖可以分父之羹，樂羊子可以食子之羹。目標在父母，則郭巨可以埋兒，姜詩可以休妻，伍子胥可以鞭楚平王之屍。目標在色慾，則齊襄公可以淫其妹，衛宣公可以納其媳，晉獻公可以承父妾。人的天性，既是這樣，所以性善性惡問題，我們根本無須多所爭辯，負有領導國人之責的人，只須確定目標，糾正國人的目標就是了。

我國現在的大患，在於日本壓迫，故當提出日本爲目標，手有指，指日本，目有視，視日本，口有道，道日本，心有思，思日本，使全國人之力線，集中在這一點，於是吳起、漢高祖、樂羊子、郭巨、姜詩、伍子胥、齊襄公、衛宣公、晉獻公，一一向目標而趨，救國之道，如是而已。

全國四萬萬人，有四萬萬根力線，根根力線直達日本，根根力線挺然持立，此種主義，可以稱爲「合力主義」。

有人問我說，你既然敢自稱厚黑教主，當然無所不通，無所不曉，但是據你所說，你不懂外國文，有人勸你看西洋心理學譯本，你也不看，像你這樣的孤陋寡聞，怎夠稱得上教主？

我試問，你們的孔夫子不但西洋譯本未曾讀過，西洋這個名詞都未曾聽過，怎麼能稱至聖先師呢？如果你進文廟，去把他的牌位拆來燒了，我這厚黑教主的名稱，立即登報取消。我再問，西洋希臘三哲聖，不但連他們西洋大哲學家康德諸人的書，一本都未讀過，並且恐怕現在英法德美諸國的文字，一個也認不得，怎麼會稱西洋聖人？

更奇怪的是，釋迦牟尼佛連中國字、西洋字，一個都認不得，連中國人的姓名、西洋人的姓名，一個都不知道。他的孤陋寡聞，萬倍於我這個厚黑教主，居然成為五洲萬國第一個大聖人，這又是什麼道理？

我是八股學校的修業生，生平所知，八股而已。常常有人向我說道：「可惜你不懂科學，所以你種種說法，不合科學規律。」

我說，我在講八股，你怎麼同我講起科學來了，我正深恨西洋的科學家不懂八股，一切著作全不合八股義法，我把達爾文的《物種源論》、史密士的《原富》、孟德斯鳩的《法意》，以評八股之法評之，每書上面大批二字曰：「不通」；馬克斯的《共產主義》，則多批一字，「死不通」。

有人說，馬克斯的共產學說是很合科學的，你應當細讀，我於是細讀一遍，加批曰：

「眞正的死不通。」

有人問：「究竟不通之點安在？你何以信口空說？」

我說：「你把我的厚黑叢書讀完了，自然明白。」

天下文章的不通，到八股時可說是發展到極點了，蔑視的人太多了，可以說到無以復加的地步了，而不說西洋科學家的不通，更加百倍於中國的八股文。現在全世界紛紛擾擾，就是幾部死不通的文章釀出來的。

因爲達爾文和史密士的文章不通，世界才會有第一次大戰、第二次大戰；因爲馬克斯的文章不通，我國江西、四川等處，才會平空添出千百萬的新冤魂；因爲孟德斯鳩的文章不通，我國過去廿四年才會四分五裂，中央政府才會組織不健全。

有人問：「你說這部書也不通，那部書也不通，究竟要什麼書才通？」

我說，只有厚黑學大通而特通。

我只懂八股而不懂科學！如果我懂了科學，恐怕今日尚在朝日的喊達爾文聖人也，史密士聖人也，孟德斯鳩、馬克斯，聖人也，墨索里尼、史達林、希特勒，無一非聖人也，怎麼會寫《厚黑叢話》呢？

如果要想全世界太平，除非以我的厚黑叢書爲新刑律，把古之達爾文、史密士、孟德斯鳩、馬克斯，今之墨索里尼、史達林、希特勒，一一處以槍斃，而後國際上、經濟上、政治上，才有曙光可言。

中國的八股研究好了，不過變成迂腐不堪的窮骨頭，如李宗吾一類人是也。如果把西洋科學家達爾文、史密士、馬克斯諸人的學說，研究好了，立即要「屍骨成山，血水成河」。

我素來對於中國古代的聖人頗感懷疑，乃一一加以研究，才知道西洋的聖人，更是可疑。

我之所以成爲厚黑教主者，得力處全在不肯讀書。不惟西洋譯本不喜讀，就是中國書也不認眞讀，凡與我相熟的朋友，都曉得我的脾氣，無論什麼書，抓著就看，先把序看了。我只看首幾頁，或從末尾倒起看，或隨在中間亂翻來看，或跳幾頁看，略知書中大意就是了。如果認爲有趣味的幾句，我就細細的反覆咀嚼，於是一而二，二而三，就飛思到別個地方去了。無什麼高深的哲學書，和最粗淺的戲曲小說，我心目中都是一例視之，都是一樣讀法。

我認爲世間的書有三類，一爲宇宙自然的書，二爲我腦中固有的書，三爲古今人所著的書。我輩當以第一種、第二種融合讀之，至於第三種，不過藉以引起我腦中蘊藏之理而已，或供我印證而已，我所需於第三者，不過如是，中國之書已足供我用而有餘，安用疲敝精神去讀西洋課本。

我讀書的秘訣，是「跑馬觀花」四字，甚至有時跑馬而不觀花。中國的花圃，馬兒都跑不完，怎能說到外國？

人問：「你讀書既是跑馬觀花，何以你這厚黑叢話中，有時把書縫裡細細微事，說得津津有味？」

我說：「說了奇怪，這些細微事，一接目即刺眼，我打飛跑時，瞥見一朵鮮艷之花，即下馬細細賞玩，有時覺得豆子大的花兒，反比斗大的牡丹更有趣味，所以書縫細細微事，也會跳入厚黑叢話來。」

我是懶人，懶則不肯苦心讀書，然而我有我的懶人哲學。

古今善用兵者，莫如項羽，項羽身經七十餘戰，戰無不勝，到了烏江，身邊只有二十八騎，還三戰三勝，然而他學兵法，不過略知其意罷了。古今政治家，當推諸葛武侯爲第一，他讀書也是只觀大略；陶淵明在詩界中可算第一流，他也是一個好讀書不求甚解的人。

相反的，熟讀兵書者莫如趙括，然長平之役一敗塗地。讀書最多者如劉歆，他輔佐王莽，以周禮治天下，卻鬧得天怒人怨。註《昭明文選》的李善，號稱書麓（書箱子），而作出的文章就不通。

書這個東西，等於食物一般，食所以療饑，書所以療饑，飲食吃多了不消化，會生病，書讀多了不消化，也會作怪；書讀得越多，其人越愚，古今所謂書呆子是也。

王安石讀書不消化，新法才行不通，程伊川讀書不消化，才有洛蜀之爭，朱元晦讀書不消化，才有慶元黨案，才有朱陸之爭。我國鬧得這樣糟，全被西洋書呆所誤，馬克斯坐在英國圖書館，讀了幾十年社會主義的書，是書呆子中之醇乎其醇者，所以會造出千百萬新冤鬼。

世界是進化的，從前的讀書人是埋頭苦讀，進化到項羽和諸葛武侯，發明了讀書略觀大意的法子，所謂略觀大意，必能了解大意；進化到了陶淵明，好讀書而不求甚解，那可能連大意也未必了解。再進化到厚黑教主，不求甚解，並且不好讀書。將來再進化，必至一書不讀、一字不識，並且無理可解。嗚呼，世無慧能，斯言從誰印證？

我寫厚黑叢話，遇著典故不夠用，就杜撰一個來用。

有人問，何必這樣幹？

我說，自有宇宙以來，即應該有這種典故，而竟無這種典故出現，自然是宇宙之罪，我杜撰一個，只是用來補造化之窮。

人說，這類典故，古書中原有之，你書讀少了，所以尋不出。我說，此乃典故之罪，非我之罪，典故之最古者，莫如天上之日月，晝夜擺在面前，舉目即見；既然你說它是好典故，我寫厚黑叢話時，爲何它躲在書堆裡，不會跳出來？既然不會跳出，就是死東西，這種死典故，要它何用！

近日有人向我說：「你向來主張思想獨立，但是講來講去，終究逃不出孔子範圍。」我說，豈只孔子，我發明厚黑學，並未逃出荀子性惡說的範圍。我說「心理變化，循力學公例而行」，也未逃出告子「性猶湍水也」的範圍。我做有一本《中國學術之趨勢》更未逃出我家「聃大公」的範圍。此外，還有一位說法四十九年的先生，更逃不出他的範圍。

宇宙眞理明明擺在我們面前，任何人只要能夠細心觀察，得出結果，俱是相同。我主張思想獨立，揭示「宗吾」二字作爲標幟，一切道理經我細心考慮而過，認爲對的即說出，不管古人曾否說過，如果自己已經認爲是對的了，因古人曾經說過，我就別創異說，以求逃出古人範圍，則是對非古人立異，也是對我自己立異，是爲以吾叛吾，不得謂之宗吾。

孔子啦，荀子啦，告子啦，釋迦牟尼啦，孟子啦，甚至村言俗語，與那些其他的等等，全部融合在一爐冶煉，沒有門戶之見，一一用我的心來衡量它們，這就是宗吾。

宗吾就是有主見。我認爲是對的就肯定它，我認爲是錯的就否定它。前日的我認爲對，今日的我認爲錯，那就以今日的我爲主。如果回過頭去遮掩前日的我，那麼今日的我就成爲前日的我的奴僕，這就變成奴僕的見解，不是主見，仍然不能稱爲宗吾。

老子曰：「上士聞道，勸而行之，中士聞道，若存若亡，下士聞道，則大笑，不笑不足以爲道。」滔滔天下，都是周程朱張的信徒，都是達爾文、馬克斯諸人信徒，一聽見厚黑學三字，即破口大罵，我因而續老子之語說：「下下士聞道則大罵，不罵不足以爲道。」

日前，我同某君談話，引用了幾句孔子的話，某君說：「你是講厚黑學的，怎樣講起孔子的學說來了？」

我說，從前孔子出遊，馬吃了農民的禾，農民把馬捉住，孔子命子貢去說項，子貢把好話說盡了，農民還是不肯把馬退還，只好回去見孔子；孔子於是命馬夫去，幾句話說得農民大喜，立刻退還。你想，孔門中，子貢是第一個會說話，當初齊伐魯，孔子命子貢去遊說，子貢一出而卸齊作魯，破吳霸越，這樣會說的人，卻對農民無可奈何，其原因是子貢智識太高，說的話，農民聽不入耳，馬夫的智識與農民相等，故一說即入。

觀世音曰：「應以宰官身得度者，現宰官身而爲說法，應以婆羅門身得度者，現婆羅門身而爲說法。」因此，你當過廳長，我就現廳長身而說法，你口誦孔子之言，我就現孔子身而說法。

一般人都說：「今日的人，遠不如三代以上。」果然不錯，鄙人雖不才，不過自問可以當孔子的馬夫，然而民國時代的廳長，卻個

個不如孔子時代的農民。

有一次，我同友人某君談話，旁有某君警告他說：「你少同李宗吾談些！謹防他把你寫入厚黑叢話。」

我說：「諸君放心，我這厚黑叢話中人物，是預備將來配享厚黑廟的，諸君自問有何功德，可以配享？你怕我把你們寫入厚黑叢話，我正怕你將來混入厚黑廟。」因此我寫這段文字，記其事而隱其名。

我生怕我的厚黑中，五花八門的人鑽些進來，鬧得如孔廟一般。

古代對老百姓有功德的人就討受到後人的祭祀，我曾經笑著說，孔廟中七十二個門徒，其中除一、二十人有言論事跡可記述外，其他大多數人的姓名也在若有若無之間，哪有什麼功德？只不過依附孔子的餘光，高高地坐在孔廟中吃冷豬肉，這也可說是超越本分，冒用孔子的物品。

最近，某君發行一種月刊，要我寫一篇文章。我說：我寫就寫，但有一個條件，我是來講厚黑學的，三句話不離本行，文章寫成後寫我的名字，你非刊不可；他很惶恐地婉言謝絕了。

我一定要替他寫不可，他沒辦法，只好「王顧左右而言他」。

讀者只知我會講厚黑學，殊不知我還會作各種散文。諸位如果想表彰祖先的恩德，有墓誌銘之類的文章，請我撰寫，包管九泉下的祖先們安心，我也絕不會有韓愈寫墓誌銘專講好話的嫌疑。至於寫祝壽的文章，尤其是拿手好戲，壽星老人讀後，必將多活若干年。

民國元年二三月，我在成都報上發表厚黑學，其時張君列五出任四川副總督，有天見著我說道：「你瘋了嗎？什麼厚黑學，天天在報上登載，害成都最近出了一夥瘋子，巡警總督楊莘友，成都府知事但怒剛，其他如盧錫聊、方琢章等，成天到晚跑來同我吵鬧，我將修一座瘋人院，把這些瘋子一齊關起來，你這個亂說大仙，也非關在瘋人院不可。」

我笑著回答說：「噫！我是救苦救難的大菩薩，你把我認爲瘋子，我眞替你的飯碗擔憂。」

後來，張列五改任民政長，袁世凱調他進京。他把印信交了，第二天會見我說：「昨夜謝慧生說，細想來，李宗吾那個說法，眞是用得著。」

我拍案叫道：「田舍奴，我豈忘哉！瘋子的話，都聽得嗎？好倒好，只是甑子已經倒了，今當臨別贈言，我告訴你兩句：往者不可諫，來者猶可追。」

哪知他信道不篤，後來在天津反對帝制，被袁世凱逮至北京槍斃。他在大牢內坐了兩個月，不知五更夢醒之時，曾想及四川李瘋子的學說否？

據說宣佈死刑時，列五神色泰然，負手旁立，作微笑狀，同刑某君呼冤忿罵，張列五呼之曰：「某君！不說了！今日之事，你還在夢中。」大約張列五此時大夢已醒，知道今日之死，實係違反瘋子學說所致。

同學雷君鐵崖留學日本，賣文爲活，滿肚子不合時宜，滿清末年跑到西湖白雲寺去做和尙。反正時，任孫總統秘書，未幾便辭職，作詩云：「一笑飄然去，霜風透骨寒，八年革命黨，半月秘書官，稷下竿方濫，邯鄲夢已殘，西湖山色好，莫讓老僧看。」

他對時事非常憤懣，在上海曾對某君說：「你回去告訴李宗吾，叫他厚黑學少講些。」不久，他就得了瘋癲病，終日抱一瓶酒，逢人即亂說，常常獨自一人倒臥街中，人事不醒，警察看見就把他弄回，他的病情時癒時發，民國九年竟死。其實，我這種學說，正是醫他那種病的妙藥，他不但不照方服藥，反痛詆醫生，他癲狂而亡是無可避免的事。

列五和鐵崖，都是慧生兄的好朋友，他們二人反對我的學說，結果落得這個下場。只有慧生知道，瘋子的學說用得著，居然活了六十歲。倘若循著這條路走去，就是再活六十歲也是很可能的。

我發明厚黑學二十多年，私塾弟子遍天下，盡都轟轟烈烈，做出許多驚天動地的事業，偏偏同我講學的幾個朋友，列五和鐵崖除外，例如廖緒初、楊澤溥、王簡恆、謝綬青、張荔丹等人，對於我的學說，都茫茫然無所收穫，先後憔悴憂傷地死去。

慧生對於我的學說，似乎有明了的認識了，只是不理解爲什麼隱居江湖，默然無聞，莫非是對於我的學說沒有升堂入室，沒有掌握眞正的奧秘？不過，他僅僅因爲對我的學說有那麼一點認識，便能享受到如此的高壽，這也足以證明我的學說的偉大，其效用的絕妙，進則可以幹出驚天動地的事業，退也可以使人延年益壽。子章骰髏，不過癒瘧疾而已，陳琳檄文，不過癒頭風而已，我爲學說，簡直能延年益壽。諸君試買一本讀讀，比吃紅色藥丸、參茸衛生丸，功效何啻萬倍！

民國二年討袁行動失敗之後，我在成都會著一人，瘦而長，問其姓名，爲隆昌黃容九，他問了我的姓名，面貌驚愕色，說道：「你是不是專講厚黑學那個李某？」

我說：「是的，你怎麼知道？」

他說：「我在北京聽見張列五說過。」

我想，張列五能在北京宣傳吾道，一定研究有得，深爲之慶幸。民國三年下半年，我在中壩省立第二中學，列五由天津致我一信，歷敘近況，及反對帝制情形，並說當局如何如何與他爲難。

我讀了之後，大驚失色，嘆道：「唉，列五死期臨頭了！了解我的厚黑學，卻不照著去做，眞是枉然！」

張列五是民國四年一月七日在天津被逮捕，三月四日，在北京槍斃，如今整整的死了二十一年，我這瘋子的徽號，起初是他喊起的，諸君旁觀者清，請批評一下：「究竟我是瘋子，還是他是瘋子？」

宋朝米芾，時人呼之爲「米癲」，有一日蘇東坡請客，酒酣耳熱之際，米芾起言曰：「衆人呼我爲米癲？請質之子瞻。」

蘇東坡笑曰：「吾從衆。」

我請諸君批評，我是不是瘋子？諸君一定說：「吾從衆。」如果眞是如此，吾替諸君危矣！且替中華民國危矣！爲什麼呢？有張列五的先例在，有過去二十四年歷史在。

第 8 章

厚黑學的應用

人稱孔明為王佐之才，
殊不知他生平所讀的是最粗淺的兩部厚黑教科書，
第一部是《韓非子》，第二部是《戰國策》，
他的治國之術，純是師法申不害、韓非子。

昔人說：「丈夫不能流芳百世，亦當遺臭萬年。」我在民國元年發表厚黑學，在四川一省內，遺臭萬年的工作，算是做了四百分之一，仰俯千古，常以自豪。

我想，我的信徒，將來一定會仿耶蘇紀年的辦法，以厚黑紀年，使厚黑學三字與國同休，每二十五年，開慶祝大會一次，自今以後，再開三百九十九次，那就是民國萬年了。我寫至此處，不禁高呼曰：中華民國萬歲！厚黑學萬歲！

去年吳稚暉在重慶時，新聞記者友人毛暢熙，約我同去會他。我說，我何必去會他的呢？他讀盡古今中外奇書，獨沒有讀過厚黑學，他自稱是大觀園中的劉佬佬，此次由重慶，到成都，登峨眉，游嘉定，大觀園中的風景和人物，算是看遍了，獨獨於大觀園外面，有一個最清白的石獅子，他卻未曾見過。

歡迎吳先生，我也去了來，他的演說，我也聽過，石獅子看見劉佬佬在大觀園進進出出，劉佬佬在大觀園進進出出，獨未看見石獅子，我不去會他，特別與他留點憾事。

有人聽見厚黑學三字，即罵說：「李宗吾是壞人！」

我則立即還罵他說：「你是宋儒！」

要說壞，李宗吾與宋儒同是壞人；要說好，李宗吾與宋儒同是聖人。就宋學言之，宋儒是聖人，李宗吾是壞人；就厚黑學言之，李宗吾是聖人，宋儒是壞人。因此，罵我是壞人的人，本身就是壞人，何以故？因為他們就是宋儒。

我所最不了解的，是宋儒去私之說。程伊川身為洛黨首領，造成洛蜀相攻，種下宋室南渡之禍，我不知他的私字去掉了沒有？

宋儒講性善，流而為洛黨，在他們目中所視，人性皆善，洛黨盡是好人，惟有蘇東坡，其性與衆人殊異，所以他是一個壞人。

王陽明講致良知，滿街都是聖人，一變而為東林黨，吾黨盡是好人，惟有力抗滿清的熊廷弼是壞人，是應該拿來殺頭的。清朝的皇帝，披覽熊廷弼遺疏，認為他的計劃一旦實行，滿清斷不能入關，憫其忠而見殺，下詔訪求他的後人，優加撫卹；然而，當日千方百計排擠熊廷弼，並且想殺他的，不是別人，乃是至今被公認為忠臣義士的楊漣、左光斗等人。這個道理，拿來怎講？

嗚呼洛黨！嗚呼東林黨！我不知倉頡夫子當初何苦造下一個黨字，拿與程伊川、楊漣、左光斗一般賢人君子這樣用！奉勸讀者諸君，與其研究宋學、研究王學，不如切切實實的研究厚黑學好了。

厚黑二字，是從一個私字生出來的，不能說他是好，也不能說他是壞，這就是我那個同學朋友謝綬青跋《厚黑學》所說的：「如利刃然，用以誅盜賊則善，用以屠良民則惡，善與惡何關於刃，故而用厚黑以為善則為善人，用厚黑以為惡，則為惡人……。」

我發明厚黑等於瓦特發明蒸汽，無施不可。利用蒸汽，造成火車，駕駛得法，可以日行千里，駕駛不得法，就會跌下岩去。我提出「厚黑救國」的口號，就是希望司機先生駕駛火車，向列強衝去，不要向前朝岩下開，也不要在街上橫衝直撞，碾死行人。

人心如磁石一般，我們學過物理學即知道，凡是鐵條都有磁力，但因爲內部分子凌亂，南極北極相消，才顯不出磁力來。如用磁石在鐵條上引導一下，內部分子，南北極排順，立即發出磁力。我國四萬萬人，本有極大的力量，只因內部凌亂，致受列強的欺凌，我們只要把內部力線排順，四萬萬人心理，走在同一的線上，發出來的力量，還了得嗎？

有人問，內部分子，如何才能排順？我說，你只有研究厚黑學，我所寫的《厚黑叢話》，即是引導鐵條的磁石。

我國有四萬萬人，只要能夠聯爲一氣，就等於聯合了歐洲十幾國，我們現在受日本的壓迫，與其哭哭啼啼跪求國際聯盟援助，跪求英美諸國援助，毋寧哭哭啼啼，跪求國人化除意見，先把日本驅逐了，再說下文。

有人問，國內意見，怎能化除？我說，你把厚黑學廣爲宣傳，使一般人了解厚黑精義，及厚黑學使用法，自然就辦得到了。

我發明厚黑學，一般人未免拿來用反了，對列強用厚字，搖尾乞憐，無所不用其極；

對國人用黑字，排擠傾軋，無所不用其極，以致把中國鬧得這樣糟。

我主張翻過來用，對國人用厚字，事事讓步，任何氣都受，任何舊帳都不算；對列強用黑字，凡可以破壞帝國主義者，無所不用其極，一點不讓步，一點氣都不受，一切舊帳，非算清不可。然而，這並非空言所能辦到，其下手方法，則在調整內部，把四萬萬根磁力線排順，根根力線直射帝國主義者，這即是我說的「厚黑救國」。

有人問我：對外的主張如何？

我說：我無所謂主張，日本是入室的狼，俄國是當門的虎，歐美諸強國，是宅左宅右的獅豹，請問諸君，處此環境，室內之人當如何主張？

世界第二次大戰，迫在眉睫，有主張聯英美以抗日本的，有主張聯合日本以抗俄國的，又有主張如何如何的，如果以我的厚黑哲學來推論，這些主張都未免錯誤。

我寫的《厚黑叢話》第二卷內面，曾有「厚黑國」這個名詞，近來外交緊急，我主張將「厚黑國」從速建立起來，即以厚黑教主兼充厚黑國的國王，將來還要欽頒厚黑憲法。此時東鄰日本，有什麼水鳥外交、啄木外交，我先把我的厚黑外交提出來，同我的厚黑弟子討論一下。

我們學物理化學，可先在講堂中試驗，惟有國家這個東西，不能在講堂中試驗。據我看來，還是可以試驗，現在五洲之中，各國林立，諸大強國互相競爭，與我國春秋戰國時代是一樣的，我們可以說，現在的五洲萬國，是春秋戰國的放大形，當日的春秋戰國，即是我們的試驗品。

春秋戰國，賢人才士最多，他們研究出來的政策，很可供我們的參考。那個時候，共計發生兩大政策：第一是春秋時代，管仲「尊周攘夷」的政策。第二是戰國時代，蘇秦「聯六國以抗強秦」的政策。自從管仲定下「尊周攘夷」的政策，齊國於是崛起為五霸之首；後來晉文公稱霸，也沿襲他的政策；就是孔子修春秋，也不外「尊周攘夷」的主張。這個政策，很值得我們的研究。

戰國時，蘇秦倡導「聯六國以抗強秦」的主張，他的縱約成功，秦人不敢出關長達十五年；這政策，更值得研究。

我國現在情形，既與春秋戰國相似，我主張把管仲、蘇秦的兩個法子融合為一，定為厚黑國的外交政策。

管仲的政策，是完全成功的，蘇秦的政策，是始而成功，終而失敗。究竟成功之點在哪裡？失敗之點在哪裡？我們可以細細討論。

春秋戰國時，周天子失了統馭能力，諸侯互相攻伐，外夷乘間侵入，弱小國飽受蹂躪，與現在情形是一樣的。楚國把漢陽諸姬滅了，還要問鼎中原，與日本滅了琉球高麗，進而佔據東北四省，進而想併吞中國是一樣的。

那個時候，一般人正尋不著出路，忽然跳出一個大厚黑家，名曰管仲，霹靂一聲，揭出「尊周攘夷」的旗幟，用周天子的名義驅逐外夷，保全弱小民族的領土，大受一般人的歡迎。他的辦法是九合諸侯，把弱小民族的力量集中起來，向外夷攻打，伐山戎以救燕，伐狄以救衛邢，這是用一種合力政策，把外夷各個擊破。

以那時國際情形而論，楚國是第一強國，齊國雖然是泱泱大國，但是經過齊襄公荒淫之後，國內大亂，齊桓公即位之初，長勺之戰，連魯國這種弱國都戰不過，其衰弱情形可想而知，召陵之役，齊國竟把楚國屈伏，這完全是管仲政策適宜的緣故。

我國在世界弱小民族中，弱則有之，小則未必，很像春秋時的齊國，當今之世，如果「管厚黑」復生，他的政策一定是：「擁護中央政府，把全國力量集中起來，然後進而聯合弱小民族，把全世界力量集中起來，向帝國主義攻打。」

基於此種研究，我國當九一八事變之後，早就該使下厚黑學，退出國際聯盟，另組一個「世界弱小民族聯盟」，與那個分贓集團的國聯，成一個對抗形勢，由我國出來當一個齊桓公，領導全世界被壓迫民族，對帝國主義進行奪鬥。

到了戰國，國際情形又變了，齊楚燕趙韓魏秦七雄並立，周天子已經扶不起來，紙老虎成了無用之物，「尊周」二字說不上了。秦楚在春秋時，爲夷狄之國，到了此時，「攘夷」二字更不適用。

七國之中，秦國最強，有併吞六國之勢，於是第二個大厚黑家蘇秦挺身出來，倡議聯合六國以抗秦國，即是聯合衆弱國，攻打一強國；這仍是一種合力政策，可說是「管仲厚黑政策的變形」。

基於此種研究，我們可把世界帝國主義，合看爲一個強秦，把全世界弱小民族看作六國，當然更要組織一個「弱小民族聯盟」，如此才能與帝國主義周旋。

諸君莫把蘇秦的法子小視了，他是經過引錐刺股的功夫，揣摹期年才研究出來。他這種法子，含有甚深的道理，他讀的是太公陰符，陰符是道家之書，古代的陰符已經失傳，現行的陰符是僞書。我們既知道他所讀是道家之書，就可用老子的《道德經》來說明。

老子一書，包藏有很精深的厚黑原理，戰國時厚黑大家文種、范蠡，漢初厚黑大家張良、陳平等，都是從道家一派出來的。管子之書，《漢書．藝文志》把它列入道家，所以管仲的內政外交，暗中以厚黑二字爲根據。

鄙人發明厚黑學，進一步研究，創一條定理：「心理變化，循力學公例而行。」去讀老子之書，就覺得處處可用力學公例來解釋，將來我講「中國學術」時，才來逐一說明，此時談厚黑外交，我能說，蘇大厚黑的政策，與老子學說相合，與力學公例相合。

老子曰：「天之道，其猶張弓乎，高者抑之，下者舉之，有餘者損之，不足者補

之。」這明明是歸到一個平字而止；力學公例，兩力平衡才能穩定，水不平則流，人不平則鳴。

蘇秦窺見這個道理，遊說六國，抱定一個平字立論。他遊說六國之時，每用「寧為雞口，無為牛後」和「稱東藩，築帝宮，受冠帶，祠春秋」一類話，激動人不平之氣。

他對付秦國的法子，是「把六國聯合起來，攻秦一國，五國出兵相救」，此種辦法，合得到克魯泡特金「互相」之說。秦國雖強，而六國聯合起來，力量就比他大，合得到達爾文「競爭」之說。

他把他的政策，定名為「合縱」，更可尋味，齊楚燕趙韓魏六國，發出六根力線，取縱的方向，向強秦攻打，明明是力學上的合力方式。他這個法子，較諸管仲政策，含義更深，所以必須揣摹期年，才研究得出來。

他一研究出來，自己深信不疑的說道：「此眞可以說當世之君矣」，果然一說就行，六國之君都聽他的話。

《戰國策》曰：「當此之時，天下之大，萬民之衆，王侯之威，謀臣之權，皆決於蘇秦之策。」又曰：「秦說諸侯之王，杜左右之口，天下莫之能抗。」

你想，戰國時候，百家爭鳴，是學術最發達時代，而蘇秦厚黑的政策，能夠風靡天下，豈是沒有一些眞理嗎？

管蘇兩位大厚黑家，定下的外交政策，形式雖不同，裡子是一樣的，都是合衆弱國以攻打強國，都是合力政策。然而管仲之政策成功，蘇秦之政策終歸失敗，縱約終歷解散，其原因安在呢？

管仲和蘇秦，都是起用聯軍，大凡聯軍總要有負責的首領。唐朝九節度相州之役，雖有郭子儀、李光弼諸名將，卒至潰敗，就由於沒有負責的首領。齊國是聯軍的中堅份子，戰爭責任一肩擔起，其他諸國立於協助地位，六國則彼此立於對等地位，不相統轄，缺乏重心。蘇秦當縱約長，本來應該是六國的重心，無奈他這個人沒有事業心，當初只因受了妻不下杼、嫂不爲炊的氣，才發憤讀書，等到佩了六國相印，可以驕傲父母妻嫂，就志滿意得，不復努力。你想當首領的人都像這樣子，怎能成功？假令管大厚黑來當六國的縱約長，是決定成功的。

蘇秦的政策，確從學理上研究出來，而後人反鄙視之，其故何也？這只怪他早生了二千多年，未能領教李宗吾的學說，他陳書數十篋，中間缺少了一部《厚黑叢話》，不知道「厚黑爲裡，仁義爲表」的法子，他遊說六國，純從利害上立論，赤裸裸地把厚黑表現出來，忘卻了在上面糊一層仁義道德，所以他的學說就成爲邪說，無人研究，這是很可惜的。

我們用厚黑史觀的眼光看去，他這個人，學識有餘，實行不足。平生事跡，可分兩

截看，從刺股至當縱約長爲一截，是學理上的成功；當縱約長以後爲一截，是實行上的失敗。前一截，我們當奉以爲師，後一截當引以爲戒。

我們把春秋戰國外交政策，研究清楚了，再來研究魏蜀吳三國的外交政策。三國中，魏最強，吳蜀俱弱，諸葛武侯在隆中，同劉備定的大政方針是東聯孫吳、北攻曹魏，合兩弱國以攻一強國，仍是蘇大厚黑的法子。

史書指稱，孔明自比管樂，我請問讀者一下，孔明治蜀，略似管仲治齊，自比管仲，尙說得過去，惟他平生政績，並無一點與樂毅相似，以樂毅自比，是何道理？這就很値得研究了。

考之《戰國策》，燕昭王伐齊，是合五國之兵，以樂毅爲上將軍，他是聯軍的統帥，與管仲相齊桓公，帥諸侯之兵以攻楚是一樣的。燕王欲伐齊，樂毅獻策道：「夫齊霸國之餘教，而驟勝之遺事，閒於兵甲，習於戰功。王若欲攻之，則必舉天下而圖。」因而主張合趙楚魏宋以攻之。

孔明在隆中，對劉先帝說道：「曹操已擁百萬之衆，挾天子以令諸侯，此誠不可與爭鋒。」因而主張西和諸戎、南撫夷越、東聯孫權，然後北伐曹魏，其政策與樂毅完全一樣。

樂毅曾奉燕昭王之命，親身赴趙，把趙聯好，再合楚魏宋之兵，才把齊打破。孔明奉命入吳，說和孫權，共破曹操於赤壁，其舉動也是一樣，此即孔明自比樂毅的由來。

至於管仲糾合衆弱國，以討伐最強之楚，與孔明政策相同，更不待言。由此可知，孔明聯吳伐魏的主張，不外管仲樂毅的遺策。

東漢之末，天子失去統馭能力，群雄並起，與春秋戰國相似，孔明隱居南陽時，與諸名士討論天下大勢，大家認定曹操勢力最強，非聯合天下之力，不能把他消滅，希望有春秋時的管仲和戰國時的樂毅這類人才出現。於是，孔明遂自許有管仲樂毅的本事，能夠聯合群雄攻打曹魏，這即所謂「自比管樂」了，不過古史簡略，只記「自比管仲樂毅」一句，把他和諸名士的議論，概行刪去了。

等到劉先帝三顧草廬時，所有袁紹、袁術、呂布、劉表等，一一消滅，僅剩一個孫權，所以隆中定的政策，是東聯孫吳、北攻曹魏。這種政策，是同諸名士細討論過的，因而孔明終身照這個政策行去。

「聯合衆弱國攻打強國」的政策，是蘇秦揣摹期年，研究出來的，是孔明隱居南陽，同諸名士討論出來的，中間含有絕大的道理。

人稱孔明爲王佐之才，殊不知孔明澹泊寧靜，頗近道家，他生平所讀的是最粗淺的兩部厚黑教科書，第一部是《韓非子》，第二部是《戰國策》，他的治國之術，純是師法申不害、韓非子，曾手寫申韓以教後主，他的外交政策，純是師法蘇秦。

《戰國策》記載，蘇秦說韓王曰：「臣聞鄙諺曰：『寧爲雞口，無爲牛後』，今大王西面交臂而臣事秦，何以異於牛後乎？」韓王忿然作色，接臂按劍，仰天大怒曰：「寡人雖死，必不能事秦。」

《三國志》載，孔明說孫權，叫他案兵束甲，北面降曹，孫權勃然曰：「吾不能舉全吳之地，十萬之衆，受制於人。」

我們對照觀之，孔明的策略，豈不是與蘇厚黑一樣嗎？

「聯衆弱國，攻打強國」的政策，非統籌全局、從大處著眼，看不出來。這種政策，在蜀只有孔明一人能了解，在東吳只有魯肅一人能了解，魯肅主張捨去荊州，以期與劉備聯合，其眼光之遠大，幾欲駕孔明而上之。蜀漢的關羽，東吳的周瑜、呂蒙、陸遜號稱英傑，俱只見著眼前小利害，對於這種大政策全不了解。劉備、孫權有相當的了解，無奈認識不清、拿捏不定，時而聯合，時而破裂，破裂之後，又復聯合。

最了解者，莫如曹操，他聽見孫權把荊州借與劉備，二人實行聯合了，正在寫字，手中之筆都扔掉。其實，孫劉聯合，不過抄寫蘇厚黑的舊文章罷了，曹操是千古奸雄，聽了都不禁要心驚膽顫，這個法子的厲害，也就可想而知了。

從上面的研究，可得一結論：「當今之世，諸葛武侯復生，他的政策決定是，組織世界弱小民族聯盟，向帝國主義的國家進攻。」

孔孟倡言道德，戰國策士則高談利害，普通人知有利害，不知有道德，故孔孟終身不遇，策士則立談而取卿相之榮。

蘇秦說六國聯盟，從利害立論，說得娓娓動聽，六國之君翕然從之；張儀解放聯盟，也是從利害立論，說得娓娓動聽，六國之君又翕然從之。請問同一件事，何以極端相反的兩種論說，俱能動人？究竟儀秦兩說孰爲眞理，孰非眞理？

我們要了解這個問題，應當先懂得人類社會中有一個公例，即「目前之小利害，與日後之大利害，往往相反」。例如，忍嗜慾、勞筋骨，此目前小害，以後有種種幸福，則大利也。貪財色、耽逸樂，此目前之小利，日後有種種禍患，則大害也。

蘇秦說六國聯盟，從日後大利害立論；張儀解散聯盟，從目前小利害立論。常人目光短淺，雖以關羽、周瑜、呂蒙、陸遜這類才智之士，尚不免爲目前小利害所惑，何況六國昏庸之主，所以張儀之言一說即入。

我們倡「弱小民族聯盟」之議，聞者必惶然大駭，以爲帝國主義勢力這樣大，我們組織弱小民族聯盟，豈不觸怒他而立即滅亡？

這種疑慮，是一般人所有的，當時六國之君也有這種疑慮，張儀知六國之君膽怯，就乘勢恐嚇，說道：「你們如果這樣幹，秦國必如何如何的攻打你，我勸你還是西向事秦，將來有如何的好處。」六國聽他的話，連袂事秦，遂一一爲秦國所滅。

諸君試取《戰國策》細讀一遍，即知張儀對六國的話，絕對像現在帝國主義之恐嚇弱小民族一般。由歷史的事實來證明，從張儀之言而亡國，可知蘇秦的主張是對的。今之論者，怕觸怒帝國主義者，不敢組織弱小民族聯盟，恰好走入張儀途匪，願讀者深思之！深思之！

蘇秦與張儀同學，自以為不及儀，後來回到家中引錐刺股，揣摩期年，加以一番自修的苦功，其學力遂超出張儀之上，說出的話確有眞理。

孟子對齊宣王說：「海內之地，方千里者九，齊集有其一，以一服八，何異於鄒敵楚哉！」這種說法，宛然合縱聲口。孟子譏公孫衍、張儀以順為正，是妾婦之道，獨未說及蘇秦，我們細加研究，公孫衍、張儀教六國事秦，儼如妾婦事夫，以順為正，而蘇秦之反抗強秦，正是孟子所說威武不能屈的大丈夫。

孟子之學說最富於獨立性，我們讀孟子答滕文公「事齊事楚」之間，答「齊人築薛」之間，答「事大國則不得免焉」之間，獨立精神躍於紙上，假令孟子生於今世，絕對不會仰承列強鼻息，絕對不會接受喪權辱國的條件。

宇宙眞理，只要能夠徹底研究，得出的結果，彼此是相同的，所以管仲「尊周攘夷」的政策，律以孔子的《春秋》是合的。蘇秦「合衆弱國以抗一個強國」的政策，律以孟子的學說，也是合的。司馬光著《資治通鑑》，他說合縱六國之利，深惜六國之不能實行，足徵蘇秦的政策是對的。

我講厚黑學有兩句秘訣：「厚黑為裡，仁義為表」，假令我們明告於眾曰：「我們應當師法蘇秦聯合六國之法，組織弱小民族聯盟。」一般人必詫異道：「蘇秦是講厚黑的，是李瘋子一流人物，他的話都信得嗎？信了立即會亡國。」我們一改口說道：「此孔孟遺意也，此諸葛武侯之政策也，此司馬溫公（司馬光）之主張也。」聽者必歡然接受。

大丈夫寧為雞口，無為牛後，寧為玉碎，無為瓦全。我國以四萬萬民眾之國，在國聯中求一理事而不可得，事事惟列強馬首是瞻，亡國之禍迫於眉睫，與其坐而待斃，不若起而攻之；與其在國聯中，仰承列強鼻息，受列強之宰割，不若退而為弱小民族之盟主，與列強為對等之周旋。春秋之義，雖敗猶榮，而況乎斷斷不敗也。

晉代時李特入蜀，周覽山川形勢，嘆說：「劉禪有如此江山，而降於人，豈非庸才？」我國有這樣的土地人民，而受制於東瀛三島，千秋萬歲後，讀史者將謂之何！余豈好講厚黑哉，余不得已也！凡我四萬萬民眾，快快的厚黑起來，一致對外！全世界被壓迫民族，快快的厚黑起來，向帝國主義進攻。

第9章

厚黑學再研究

厚者可以變而為黑，黑者亦可變而為厚。
假令有人在你面前脅肩諂笑，
事事討好，你須謹防他變而為黑，
你一朝失勢，首先落井下石，就是這類人。

我是八股學校的修業生，中國的八股博大精深，眞所謂宗廟之美，百宮之富，我寢饋數十年，只能說是修業，不敢言畢業。

我作八股有兩個秘訣：一是抄襲古本，二是作翻案文字。先生出了一道題，尋一篇類似的題文，略略改換文字，沐手敬書的寫去，是曰抄襲古本。我主張弱小民族聯盟，這是抄襲管仲、蘇秦和諸葛亮三位的古本。

人說冬瓜做不得甑子，我說，冬瓜做得甑子，並且冬瓜做的甑子，比世界上任何甑子還要好些，何以故呢？世界上的甑子，只有裡面蒸的東西吃得，甑子吃不得，惟有冬瓜做的甑子，連甑子都可以當飯吃，此種說法，即所謂翻案文字也。我說厚黑可以救國，等於說冬瓜可以做甑子，所以我的學說最切實用，是可以當飯吃的。

剿察陳言，是作文的大忌，俾斯麥唱了一齣鐵血主義的戲，全場喝采，德皇維廉第二重演一齣，一敗塗地，日本接著再演，將來決定一敗塗地，諸君不信，請拭目以觀其後。

抄襲古本，總要來得高明，諸葛武侯治國師法申韓，外交師法蘇秦，明明是縱橫雜霸之學，後人反說他有儒者氣象，明明是霸佐之才，反說他是王佐之才，此公可算抄襲古本的聖手。

剿察文字的人，每喜歡剿寫中試之文，殊不知應當剿寫落第之卷。鐵血主義四字，俾斯麥中試之文也，我萬不可剿寫；民族自決四字，是威爾遜的落第之卷，如果沐手敬書出來，一定高高中試。

九一八這類事，與其訴諸國聯，訴諸英美，無寧訴諸非洲、澳洲那些野蠻人，訴諸高麗、印度、安南那些亡國民，表面看來，似是做翻案文字，實在是抄襲威爾遜的落第之卷，抄襲日本的落第之卷。

川省未修馬路以前，我每次走路，見著推車的、抬轎的、邀馱馬的、挑擔子的來來往往，如螞蟻一般，寬坦的地方安然過去，一到窄路就彼此大罵，你怪我走得不對，我怪你走得不對。我心中暗暗想道，何嘗是走得不對，無非是路窄了的關係。我國組織，政府集中在上面，任你有何種抱負，非握得政權，否則施展不出來。於是，你說我不對，我說你不對，其實並非不對，而是政治舞台地位有限，容不下這麼許多人，等於走入窄路一般，無怪乎全國中志士和志士，吵鬧不休。

以外交言之，我們當闢一條極寬的路來走，不能把責任屬諸當局的幾個人。什麼是寬路呢？提出組織弱小聯盟的主張，這個路子就極寬了，舞台就極大了，任有若干人，俱容得下。在國外的商人、留學生和遊歷家，可以直接向弱國民族運動；在國內的，無論在朝在野，無論哪一界，都可擔起種種工作。

四萬萬人的目標，集中於弱小民族聯盟之一點，根根力線，不相衝突，不言合作，而合作自在其中。這種寬坦的大路可走，政治舞台只算一小部份，不須取得政權，救國的工作也可表現出來，在朝黨，也就無須吵吵鬧鬧的了。

民主國中，人民是皇帝，無奈我國四萬萬人，不想當英明的皇帝，大家都以阿斗自居，希望出一個諸葛亮把日本打倒、把帝國主義打倒。

四萬萬阿斗，好坐享其成，我不禁大呼道：阿斗是亡國之主也，有阿斗就有黃皓；諸葛亮千載不出一出，且必三顧而後出，黃皓遍地皆是，不請而自來。

我國之所以瀕於危亡，正由全國人以阿斗自居所致。我們何妨自己就當一個諸葛亮，自己就當一個劉先帝。我這個厚黑教主，不揣冒昧，自己就當起諸葛亮來，我寫的《厚黑叢話》即是我的「隆中對」。

我希望讀者諸君，大家都來當諸葛亮，各人提出一種主張，四萬萬人就有四萬萬篇「隆中對」。同時，我們又化身爲劉先帝，成了四萬萬劉先生，把四萬萬篇「隆中對」加意選擇。假令把李厚黑的「弱小民族聯盟」選上了，我們四萬萬劉先帝就親動聖駕，做聯吳伐魏的工作，想出種種法子，去把非洲、澳洲那些野蠻國，以及高麗、印度、安南那些亡國民聯成一氣，向帝國主義進攻。

欲求我國獨立，必先求四萬萬人獨立；四萬萬人獨立，四萬萬根力線，挺然持立，根根力線直射帝國主義者，欲求國之不獨立，不可得矣。

問：四萬萬力線何以能獨立？

曰：先求思想獨立，能獨立乃能合作，我國四萬萬人不能合作，由於厚黑學人不能獨立之故，不獨立則爲奴隸。奴隸者，受驅使而已，獨立何有？合作何有？

野心家辦事包攬把持，視衆人如奴隸，他們所謂抗日，是率奴隸以抗日。既無獨立的能力，哪有抵抗的能力？

所以，我們要想抵抗日本、抵抗帝國主義，當培植人民的獨立性，不當加重其奴隸性。我寫這部《厚黑叢話》，千言萬語，無非教人思想獨立而已。厚黑國的外交，是獨立外交，厚黑國的政策，是合力政策，軍商政學各界的厚黑家，把平日的本事直接向日本行使，是謂厚黑救國。

孔子謂子夏曰：「汝爲君子儒，無爲小人儒。」我則教門下弟子曰：「汝爲大厚黑，無小厚黑。」

請問大小厚黑，如何分別？

張儀教唆六國互相攻打，是小厚黑，孫權和劉備互爭荊州，是小厚黑；要管仲和蘇秦的法子，才算大厚黑。日本佔東北四省，進而想併吞中國，是小厚黑，歐美列強掠奪殖民地，是小厚黑；鄙人主張運動全世界弱小民族，反抗日本和帝國主義者，才算大厚黑。

孟子曰：「小固不可以敵大」，我們的大厚黑成功，日本和帝國主義的小厚黑，當然失敗。我國只要把弱小民族聯盟，明定爲外交政策，政府與人民打成一片，全國總動員，一致去做這種工作，全國目光注射國外，成了方向相同的合力線，不但內爭消滅，並且抵抗日本和帝國主義，也就綽然有餘裕了。

我們一談到弱小民族聯盟，反抗列強，聽者一定懷疑道：列強有那樣的武力，弱小民族如何敵得過？

殊不知戰爭的方式最多，武力只佔很小一部分。以戰爭的進化說，最初只是戈矛弓矢，後來進化，才有槍彈，這是舊式戰爭。再進化有飛機、炸彈，這是日本在淞滬之役用以取勝的，是墨索里尼在阿比西尼亞用以取勝的。再進化則爲化學戰爭，有毒瓦斯、毒菌、死光等等，這是第二次世界大戰，一般人所凜凜畏懼的。再進化就是經濟戰爭，英國對意制裁，就是用這種戰術。

人問：經濟戰爭之上，還有戰術沒有？

我答道：還有，再進化則爲心理戰爭。三國時馬謖曾說：「用兵之道，攻心爲上，攻城爲下，心戰爲上，兵戰爲下。」這就是心理戰爭。

心理戰爭的學說我國發明最早。戰國時代，孟子就曾說：「天時不如地利，地利不如人和。」這是心理戰的說法。

他又說：「……那麼鄰國的人民，敬他像父母一樣，率其子弟，攻其父母，自生民以來，未有能濟者也，如此則無敵於天下。」

這也是心理戰爭之說。我們從表面上看去，這種說法似乎不是極其迂腐的怪話嗎？殊不知，這是戰術中最精深的學說，只是一般人想不到罷了。

現在列強並立的情形，很像春秋戰國時代。春秋戰國，為我國學術最發達時代，賢人才士最多。一般學者所倡導的學說，都是適應環境生出來的，都是經過苦心研究，想實際的解決時局，並不是徒托空談，所以他們的學說很可供我們今日作參考。

就以兵爭一端而論，春秋時各國戰爭劇烈，於是孫子的兵法學說應運而生，他手著的十三篇《孫子》，所談的都是軍事上最高深的學理。這是中外軍事家所公認的。到了戰國時代，競爭更激烈，孫子的學說已經成了普通常識。於是孟子的學說，又應運而生，發明了心理戰爭的原則，說道：「可使制挺，以撻秦楚之堅甲利兵。」

無奈這種理論太高深了，一般人都不了解，以為世間豈有這類的事！哪知孟子死後，未及百年，陳涉揭竿而起，立把強秦推倒，孟子的說法居然實現，難道不是很奇怪的事嗎？

現在全世界兵爭不已，有識之士都認為非到世界大同，人民是不能安定的。戰國時情形也是這樣，所以梁惠王問：「天下惡乎定？」孟子對曰：「定於一」。也就是認為：

非統一是不能安定的。

但是，用何種方法來統一呢？現今的人總是主張武力統一，孟子的學說則恰恰相反。梁惠王問：「怎麼能統一？」孟子說：「不嗜殺人的人能統一。」主張武力統一的，正是用殺征來統一，孟子的學說，難道不又是極迂腐的怪話嗎？後來秦始皇並吞六國，算是用武力把天下統一了，等到漢高祖入關，除掉秦的苛政，約法三章，從「不嗜殺」三字做去，竟把秦的天下奪了。孟子的學說，又居然實現，難道不更奇怪嗎？

楚霸王項羽坑秦降卒二十餘萬人於新安城南，又屠戮咸陽，燒毀秦國宮室，大火三個月不絕，其手段的殘酷，豈不等於淞滬之役，日本用飛機炸彈任意轟炸嗎？豈不等於墨索里尼在阿比西尼亞種種暴行嗎？然而，項羽武力統一的迷夢，終歸失敗，敗在漢高祖手裡。這是什麼道理呢？

因爲漢高祖的謀臣，是張良、陳平，他二人是精於厚黑學的，懂得心理戰爭的學理，應用最高等戰術，因而最把項羽逼死。這是歷史上的事實，很可供我們的研究。

秦始皇和楚項羽，純粹依恃武力，用殺征來統一；漢高祖不嗜殺人，是用一個生字來統一。生與殺二者，極端極反，然而都有統一之可能，這是什麼道理呢？因爲，凡人都怕死，你不服從我，我要殺死你，所以殺字可以統一；凡人都貪生，你如果擁護我，

我可以替你謀生路，所以生字也可以統一。

孟子說的：「不嗜殺的人能統一」，完全是從利害二字立論，從我的厚黑學看是行得通的，所以他的學說，能夠生效。當舉世戰雲密布的時候，各弱小國的人民，正在走投無路，不知死在什麼地方，忽然有一個國家，定出一種大政方針，循著這個方針走去，是唯一的活路，這個國家，豈不等於父母替子弟謀生路嗎？難道不受弱小國的人民熱烈擁戴嗎？

孟子說：「鄰國之民，仰之若父母，率眞子弟，攻其父母，自生民以來，未有能濟者也。」就是基於這種原則生出來的。

不過，我這種說法，道學先生不承認的，他們認爲：「孟子的學說，純是道德化人，若參有利害二字，未免有損孟子學說的價值。」這種說法，我也不敢深辯，只好同我的及門弟子和私塾弟子研究研究！

秦始皇、楚項羽，用殺字鎭懾人民，漢高祖用生字感動人民，人的天性，好生而惡死，故秦皇、項羽爲人民所厭棄，漢高祖爲人民所擁戴。秦項敗，而漢唯獨成功，都是勢所必至，理有固然。

由此，可以知道殺字政策，敵不過生字政策。日本及列強，極力擴充軍備，用武力鎭壓殖民地，是走秦皇、項羽的途徑。大戰爆發在即，全世界弱小民族，正在走投無路，我們趁此時機，提倡弱小民族聯盟，向他們說道：「這是惟一的生路，所謂民族自決，人種平等，就是掃滅帝國主義，惟有走這條路，才能實現，你們如果跟著列強走，將來大戰爆發，還不是和第一次大戰一樣，只有越是增加你們的痛苦。」

我們倡出這種論調，弱小民族還有不歡迎的嗎？我們獲得弱小民族的同情，把弱聯會組織起來，以後的辦法就很多很多，外交方面，就進退自如了。

楚漢相爭，項羽百戰百勝，其力最強，高祖百戰百敗，其力最弱，而高祖終於把項羽打敗，他有句名言：「吾寧鬥智不鬥力。」這就是楚漢成敗的關鍵。漢高祖是厚黑界的聖人，他的聖訓，我們應該細細研究。

日本和歐美列強，極力擴張軍備，是爲鬥力，我們組織世界弱小民族聯盟，採用經濟戰爭和心理戰爭，是爲鬥智。

我們也不是廢去武力不用，只是專門研究經濟和心理兩種戰爭的方法，輔之以微弱的武力，就足以打倒帝國主義而有餘了。

請問：漢高祖鬥智，究竟用的什麼法子呢？

他在彭城大敗而回，問群臣有什麼策略，張良勸他把關中以東之地捐給韓信、彭越、英布三人，韓信爲齊王，彭越爲梁王，英布爲九江王。高祖聯合他們，仍是一種聯軍方式。高祖用主力兵，在滎陽城，與項羽相持，而使韓信、彭越等三人，從他方面進攻，項羽於是陷入重圍。

鴻溝議和後，項羽引兵東還，高祖追他，項羽還擊，高祖大敗，乃用張良之計，把睢陽以北之地劃歸彭越，陳以東之地劃歸韓信，於是諸侯之師，會於垓下，才把項羽殺死。由此知道：漢高祖所謂鬥智者，還不是襲用管厚黑、蘇厚黑的故智，起一種聯軍罷了。

我們從歷史上研究，得出一種公例：「凡是列國紛爭之際，弱國惟一的方法，是糾合衆弱國，攻打強國。」

任是第一流政治家，如管仲、諸葛武侯諸人，第一流謀臣策士，如張良、陳平諸人，都只有走這一條路，已成了歷史上的定例。然而同是用這種法子，其結果則有成有敗，其原因在哪裡呢？我們可再加研究。

我們在前面，曾舉出五個實例：一、管仲糾合諸侯，以伐狄伐戎，伐楚，這是成了功的。二、樂毅合五國之兵以伐齊，這是成了功的。三、蘇秦聯合六國以攻秦，結果六國爲秦所滅，這是失敗了的。四、漢高祖合諸侯之兵以攻項羽，這是成了功的。五、諸葛亮倡吳蜀聯盟之策，諸葛亮和孫權在時，尚能對抗曹魏，他們二人死後，後人沒有秉承遺策做去，而吳蜀二國，最終爲司馬氏所滅，這也算是失敗了的。

我們就這五種實例推求成敗的原因，又可以得出一種公例：「各國聯盟之中，有一國為主幹，其餘各國為協助者，就會成功；各國立於對等地位，不相統屬者，就會失敗。」

齊之稱霸，是齊為主幹，其他諸侯則為協助；燕之伐齊，燕為主幹，其他四國則為協助；漢之滅楚，漢高祖為主幹，眾諸侯為協助，所以都能成功。六國聯盟，六國不能統屬；吳蜀聯盟，二國也不相統屬，所以都被敵人所滅。我國組織弱聯會，我國當然是主幹，當然成功。

現在國際的情形，既然與春秋戰國相似，我們就應該把春秋時管厚黑的方法和戰國時蘇厚黑的方法，融合為一而用之。

管仲的政策，是尊周攘夷，先揭出尊周的旗幟，一致擁護周、天子，把全國力量集中起來，然後才向外夷攻打，伐狄，伐戎，伐楚，各個擊破。蘇秦的政策，是合六個弱國，攻打一個強秦。

我們可把全世界弱小民族，看作戰國時的六國，把英法德美意俄日諸強國，合看為一個強秦，先用管仲的法子，把全國力量集中起來，擁護中央政府，以整個的中國與全世界弱小民族聯合，組織一個聯盟會；等到這種聯盟組織成功，就用堂堂之鼓，正正之旗，向列強一致進攻，他們赤白兩色帝國主義，自然崩潰。

有人問：中國內部這樣的渙散，全國力量，怎能集中起來了呢？

我說：所謂集中者，是思想集中，全國人的心理走在一條線上，不必定要有何種形式。

例如，我李瘋子提出「弱小民族聯盟」的主張，有人說這種辦法是對的，又有人說不對，大家寫些文字，在報章雜誌上討論，結果一致認爲不對，則不用此說；如果一般人認爲對，政府也認爲對，我們就實行下去。如此，則不說擁護中央政府，自然是擁護中央政策，不說全國力量集中，自然是全國力量集中。

所以，我們要想統一全國，應當先統一全國思想。所謂統一思想者，不是強迫全國人之思想必須走入某一條路，乃是使人人思想獨立，從學理上、事勢上徹底研究，大家公認爲某一條路可以走，才稱之爲思想統一。

有人責問我道：你會講厚黑學，聯合弱小民族，向列強進攻，難道列強不能講厚黑學，一齊聯合起來，向弱小民族進攻嗎？

我回答說：這是不足憂慮的，證之以過去的歷史，他們的這種聯合，是絕對不能成功的。戰國時，六國聯盟，有人批評說：「連雞不能俱飛。」六國的失敗，就是這個原因。如果列強想聯合起來，對付弱小民族，恰好犯了連雞不能俱下的弊病。

俗話說：「蛇無頭而不行。」列強不相統屬，尋不出首領，叫做無頭之蛇。我們出來組織弱小民族聯盟，我國是自然的首領，是謂有頭之蛇。

列強與列強，利害衝突，矛盾之點太多，步調斷不能一致，要聯合，是聯合不起來的。弱小民族，利害共同，彼此之間，尋不出絲毫衝突之點，一經聯合，團體一定很堅固。

上次大戰，列強許諾殖民地許多權利，然而戰後食言，不但所許利益不能得，反而增加許多痛苦。殖民地含恨在心，如果大戰重開，斷難得殖民地的贊助，且或乘機獨立，這是列強所擔心的。

日本精研厚黑學，看破此點，所以「九一八」之役，悍然不顧，硬以第二次大戰相威脅，列強相顧失色。其中英國殖民地更寬，怕得更厲害，因此國聯只好犧牲我國的滿洲，任憑日本爲所欲爲。

德國窺破此點，乘機撕毀和約，英法也無可奈何。墨索里尼窺破此點，以武力壓迫阿比西尼亞，英國也無可奈何。惟一的方無非以第二次大戰相威脅而已，無非厚黑學而已。

世界列強，大講其厚黑學，看這個趨勢，第二次世界大戰是斷不能避免的。戰爭結果，無論誰勝誰負，弱小民族總是供他們犧牲的。我們應該應用厚黑哲理，趁大戰將發未發之際，趕緊把弱小民族聯盟組織好，乘機給列強一種威脅。

這個大戰，與其由列強造成，弱小民族居於被動地位，毋寧由弱小民族造成，使列

強居於被動地位。我們要明明白白告訴列強道：「你不接受我們弱小民族的要求，我們就把第二次大戰與你們造起來。」

請問，世界弱小民族當中，哪個敢談這個話呢？這恐怕除了我中華民國，再也沒有第二個。請問，我中國怎敢談這類強硬話呢？那就非得聯合世界弱小民族爲後盾不可。

從前陳涉起事，曾經說過：「逃走也死，起事也死，同是一死，不如起事好了。」弱小民族今日所處地位，與陳涉相同，大戰所以遲遲未發的原因，由於列強內部尚未準備完好；與其坐受宰割，毋寧先發制人，約集全世界弱小民族死中求生。不然等他們準備好了，大戰一開，弱小民族就永無翻身之日了。

全世界已劃爲兩大戰線，一是壓迫者，一是被壓迫者，孫中山講民族主義，已斷定第二次世界大戰是被壓迫者對壓迫者作戰，是十二萬萬五千萬人對二萬萬五千萬人作戰。所以，我們應當秉承孫中山遺教，糾集被壓迫的十萬萬四千萬人，向赤白兩色帝國主義四萬萬六千萬人作戰，才算順應進化的趨勢。

現在這夥強盜，互相火併，乃是全世界被壓迫民族同時起事的好機會，我們平日練習的厚黑本事，正好拿出來行使，以大厚黑破他的小厚黑。不然，第二次大戰仍是列強與列強作戰，弱小民族被牽入漩渦，受無謂的犧牲，豈不違反中山遺訓嗎？豈不違反進化公例嗎？

我講厚黑學，分三步功夫，諸君想還記得，第一步厚如城牆、黑如煤炭；第二步厚而硬、黑而亮；第三步厚而無形、黑而無色。

日本對於我國，時而用劫賊式武力侵奪，時而用娼妓式大談親善，狼之毒，狐之媚，二者具備，所謂厚如城牆，黑如煤炭，他是做到了的，厚而硬，也是做到了，惟有黑而亮的功夫，他卻毫未夢見。

曹操是著名的黑心子，而招牌則透亮，天下豪傑奔集其門，明知其為絕世奸雄，而處處覺得可愛，令人佩服。日本則心子與招牌同黑，成了世界公敵，如蛇蠍一般，任何人看見，都喊「打！打！」所以日本的厚黑學，越講得好，將來失敗越厲害，何以故？黑而不亮的緣故。他只懂厚黑學的下乘法，不懂上乘法，他與不懂厚黑學的人交手，自然處處獲勝，若遇著名手，當然一敗塗地。

我們組織弱小民族聯盟，向帝國主義攻打，用的本是黑字訣，然而這種方法，是從威爾遜的「民族自決」四字抄襲出來，使用之後全世界都歡迎，是之謂黑而亮。聞者必起來爭辯道：「威爾遜主義是和平之福音，是大同主義之初基，豈是面厚心黑的人幹得來嗎？實行這類主義，尚得謂之厚黑嗎？」

李瘋子聞而嘆曰：然哉！然哉！是謂「厚而無形，黑而無色」。

我講的厚黑學之中，不是有鋸箭法和敲鍋法嗎？我們把弱小民族聯盟組織好了，就

應用敲鍋法，手執鐵錘，向某某諸國說道：「信不信，我這一錘敲下去，叫你這鍋立即破裂，再想補也補不起！」口中這樣說，而手中之鐵錘則欲敲下，又不敲下。

這其中有無限妙用，如列強不睬，就略略敲一下，使鍋上裂痕增長一點，再不睬，再敲一下。如果日本和列強要倒行逆施，宰割弱小民族供他們的慾望，我們就一錘下去，把裂痕增至無限長，糾合全世界被壓迫人民，一齊動作起來，十二萬萬五千萬被壓迫者，對二萬萬五千壓迫者作戰，而孫中山先生之主張，於是乎實現。

但是我們著手之初，則在組織弱小民族聯盟，把弱聯會組織好，然後鐵錘在手，操縱自如，在國際上，才能平等自由。

敲鍋要有藝術，輕不得，重不得。敲輕了，鍋上裂痕不能增長，是無益的；敲重了，裂痕太長補不起；要想輕重適宜，非精研厚黑學不可。戲劇中有「補缸」一齣，一錘下去把缸子打得粉碎，這種敲法未免太不高明。我們在國際上，如果這樣幹，豈足以言厚黑學？

我講厚黑學，曾說管仲勸齊桓公伐楚，是把鍋敲爛了來補，他那種敲法是有藝術的。講到楚國的罪名，共有二項，一爲周天子在上，他敢於稱王，二爲漢陽諸姬，楚實盡之。這本是彰彰大罪，但楚國遣使問出師理由，桓公卻讓管仲對使者說：「爾貢包茅不入，王祭不共，無以縮酒，寡人是徵」，又曰：「昭王南征而不復，寡人是問。」

捨去兩大罪，而責問此極不要緊之事，豈非滑天下之大稽？周昭王渡漢水，船覆而死，與楚國何關？況且事隔數百年，更是毫無理由，管子為天下才，這是他親自答覆的，難道不曾斟酌嗎？他是厚黑名家，用敲鍋法之初，已留鋸箭法地步，假令把楚國眞實罪狀宣佈出來，叫他把王號削去，把漢陽諸姬的地方退出來，楚國豈不與齊拚命血戰嗎？你想長勺之役，齊國連魯國那種弱國都戰不過，他敢與楚國打硬戰嗎？只好借周天子的招牌，對楚國輕輕敲一下罷了。

楚是堂堂大國，管仲不敢傷他面子，責問周昭王「南征不復」一事，故意使楚國有抗辯的餘地，楚王可以對臣下說道：「他責問二事，其一事，我與他罵轉去，罵得他啞口無言；包茅只是河邊蘆葦一類東西，周天子是我的舊上司，砍幾綑送他就是了。」

這也是管仲的妙用。口罵無憑，貢包茅則有實物表現。齊桓公於是背著包茅，進謁周天子，作為楚國歸服的實證。古時候國之大事，惟祀與戎，周天子祀祭的時候，把包茅陳列出來，貼一紅紙簽，寫道：「這是楚國進貢的包茅」，助祭的諸侯看見，周天子面上豈不光輝！楚國都降伏了，衆小國敢有異議嗎？

召陵一役，以敲鍋法始，以鋸箭法終，其妙用如此之巨，我們把弱小民族聯盟組織好了，就用鐵錘在列強的鍋上，輕輕敲它一下，到達相當時機，就鋸箭桿了事。到某一時期再敲一下，箭桿出來一截，又鋸一截；像這樣不斷的敲，不斷的鋸，待到終局，箭頭退出來了，輕輕用手拈去，於是鋸箭法告終，而鍋也補起了。

外交上，原是鋸箭法、敲鍋法二者互用，如車之雙輪、鳥之雙翼，不可偏廢。我國外交之所以會失敗，其病根在專用鋸箭法，自五口通商以來，所有外交，無一非鋸箭桿了事，九一八以後尤然顯著。應該添一個敲鍋法，才合外交方式，我們組織弱小民族聯盟即是應用敲鍋法的學理，產生出來的。

現在日本人的花樣層出不窮，殺得我國只有招架之功，並無還兵之力，並且欲招架而不能，我們就應該還他一手，揭示「弱小民族聯盟」的旗幟。日本人會講「大亞細亞主義」，想把中國吞下去，進而侵略亞洲各國，進而窺伺全世界。我們就講「弱小民族聯盟」，以中國為主幹，而琉球，而高麗，而安南、緬甸，而泰國、印度，而澳洲、非洲，一切野蠻民族。日本把一個大亞細亞主義大吹大擂，我們也把一個弱小民族聯盟大吹大擂，這才是旗鼓相當，才足以濟鋸箭法之窮。

一九一三年我在某機關任職，後來該機關裁減員工，我向同鄉陳建人借五十元錢，做回家的打算。他回信說道：「我眼下無錢，好在為數不多，特向某人轉借，湊足五十元給你送來。」信末附一首詩：「五十塊錢不為多，借了一坡又一坡，我今專人送與你，格外再送一首歌。」

我讀了，詩興勃發，不可遏止，立即回覆一封信說：「捧讀佳作，做回家的打算，令我大發詩興，奉和一首，按您的原韻去寫。只要求表達意思罷了，並不顧及作詩的工夫。您若不信，有詩為證。詩中說道：『厚黑先生手藝多，哪怕飯碗滾下坡。討飯就打蓮花落，放牛我會唱山歌。』詩寫成後，餘興未完，又作一首：『大風飛揚啊飯碗滾下坡，收拾行李啊回老窩，哪裡能找到猛士啊守住砂鍋。』我走出東門，來到石橋趕船，望見江水滔滔，詩興又來了，又作一首詩：『風蕭蕭兮江水寒，飯碗一去兮不復還。』」

近來軍政各機關，常常起大風，飯碗一批一批的向坡下滾去。許多朋友向我嘆息道：古今丟了飯碗的人，聽到這些歌，一定會同我一起放聲痛哭。

「哪裡能找到猛士啊守住砂鍋？」

我說道：我的學問現在長進了，砂鍋不需要守，也不需要請猛士，只要把你的手杖向對方的砂鍋一敲，他的砂鍋被打破，你的砂鍋於是嶄然獨存。你如果沒有敲破對方砂鍋的本事，自己的砂鍋也就斷然不能保存。

東北三省及其他地方被日本佔去，國人都有「飯碗一去不復還」的感覺，看見日本在華北華南瘋狂的侵略，又同聲說道：「哪裡能找到猛士啊守住砂鍋？」這都是我前些年的見解，應當糾正。

飯碗與砂鍋是一個事物的二個名字。日本人想把我國的飯碗打破，把裡面的飯倒進他的砂鍋內，國人只知道用雙手掩護住飯碗，眞是幹笨事，我國四萬萬人，各人拿一根打狗棒，向日本的砂鍋敲去，包管發生奇效。

問：「打狗棒怎樣敲法？」答：「組織弱小民族聯盟。」

我對於日本，應該取攻勢，不該取守勢。對於列強應取威脅式，不取乞憐式。我們組織弱小民族聯盟，即是對日本取攻勢，對列強取威脅式。

日本侵略我國，列強抱不平，對我國表同情，難道是懷好意嗎？豈眞站在公理立場上嗎？日本希望是獨佔，列強希望是共管，方式雖不同，其爲厚黑則一致。爲我國前途計，應該極力聯合世界弱小民族，努力促成世界大戰，被壓迫者對壓迫者作戰，全世界弱小民族同齊動作，把列強的帝國主義打破，即是把列強的沙鍋打破，弱小民族的沙鍋才能保存。

最乾脆的辦法，是由我國退出「國際聯盟」，另組一個「世界弱小民族聯盟」，然而我國在這種環境之下，此項辦法或許爲事實不許可，那麼，人民與政府，就不妨分頭辦理。

政府在國聯中，循著外交常軌與列強周旋，人民方面則積極的組織弱小民族聯盟。政府與人民分工合作，政府用鋸箭法應付列強，人民則用補鍋法，給於列強種種威脅：你若不講正義，我就一錘下去，把鍋敲爛，造成世界第二次大戰；由我國領導全世界被壓迫的弱小民族，向全世界的帝國主義進攻。

戰爭種類有三：

一、武力戰爭。

二、經濟戰爭。

三、心理戰爭。

政府領導全國民衆，與日本血戰，專任武力戰爭工作。「弱聯」這個團體，對日本施以經濟制裁，施以道德上的譴責，專任經濟戰爭和心理戰爭工作。威爾遜撒下民族自決的種子，一天一天潛滋暗長，現在快要成熟了，我國出來，當一陳涉，振臂一呼，提出弱小民族聯盟的旗幟，與威爾遜遙遙相應，全世界弱小民族，當然聞風響應。

國人見國勢日危，主張保存國粹，主張讀經，這算是從根本上治療了，八股是國粹的結晶體，我的厚黑學是從八股出來的，算是國粹中的國粹，根本上的根本，我希望讀者諸君，細細研究。

中國的八股有很深的歷史，中國的文人包涵浸潤在裡面如魚得水，所以今天人們的文章，用鼻子聞聞，大都發出八股氣味，酸溜酸溜的。

章太炎的文章是韓慕廬一類的八股；嚴復的文章是管韞山一類的八股；康有爲的文章是「十八科鬧墨」一類的八股；梁啓超的文章是「江漢炳靈」一類的八股；鄙人的文章是小社交場中截答題一類的八股。

當代文豪門則是《聊齋》上的賈奉雉，得了仙人的指點，高中經魁一類的八股。「諸君莫笑八股酸，八股越酸越革命」，黃興、蔡松坡是秀才；吳稚暉、于右任是舉人；譚延闓、蔡元培是進士翰林！我所知道的同鄉同學，幾個革命專家，廖緒初是舉人；雷鐵崖、張列五、謝慧生是秀才，唉呀，八股的功用眞大啊！清朝末年，一夥八股先生起來排滿革命，我非常希望今天的愛國志士，放一把火把西洋八股燒掉，轉過頭來研究中國的八股，才好與日本戰鬥到底。

唐宋八家中，我最喜歡三蘇，因爲蘇氏父子俱懂得厚黑學。蘇老泉之學，出於申韓，申子（申不害）之書不傳，老泉嘉祐集，一切議論極類韓非，文筆之峭厲深刻，亦復相似。老泉喜言兵，他對於孫子也很有研究。

東坡之學，是戰國縱橫者流，熟於人情，明於利害，故辯才無礙，嬉怒笑罵皆成文章，其爲文詼詭恣肆，亦與《戰國策》文字相似。

子由（蘇轍）深於老子，著有《老子解》，明朝李卓吾有言曰：「解老子者衆矣，而子由獨高。」子由文汪洋淡泊，在八家中最爲平易。漸於黃老者深，其文固應爾爾。

《孫子》、《韓非子》，和《戰國策》三部書，可說是古代厚黑學教科書。老子一書，包含厚黑哲理，尤爲宏富。

諸君如想研究孔子的學說，則孔子所研習的詩經、書經、易經，不可不熟讀。萬一想研究厚黑學，只讀我的作品，不過等於讀孔子的《論語》，必須上讀《老子》、《孫子》、《韓非子》和《戰國策》諸書，如儒家之讀詩書易諸書。把這些書讀熟了，參之以廿五史，和現今東西洋事變，融會貫通，那就有厚黑學博士的希望了。

有人問我，厚黑學三字，宜以何字作對？我說，對以道德經三字。李老子的道德經，和李瘋子的厚黑學，不但字面可以相對，實質上，二者原是相通，有朱子之言可證。

《朱子全書》中有云：「老子之學最忍」，並且說，他閒時似個虛無卑弱的人，但到緊要處發出來，更教你支格不住，如張子房是也。

子房習老氏之學，如嶢關之戰，與秦連合了，忽乘其懈擊之；鴻溝之約，與項羽講好了，忽回軍殺之。這個便是他卑弱之發處，可畏！可畏！他計策不須多，只消兩三處如此，高祖之業成矣。

依朱子這樣說，老子一部《道德經》，豈不明明是部厚黑學嗎？我曾說：「蘇東坡的留侯論，全篇以一個厚字立柱」，朱子則直將子房之黑字揭出，並探本窮源，說是出於老子，其論尤為精到。朱子認為，嶢關、鴻溝這些狠心事，是卑弱之發處，足知厚黑二者，原是一貫之事。

厚與黑，是一物體的二面，厚者可以變而為黑，黑者亦可變而為厚。

朱子曰：「老氏之學最忍」，以一個忍字，總括厚黑二者；忍於人之謂黑。忍之於己，故閒時虛無卑弱；忍於人，故發出來教你支格不住。張子房替老人取履，跪而納之，此忍於己也。曉關、鴻溝背盟毀約，置人於死，此忍於人也。觀此，則知厚黑同源，二者可以互相爲變。

我特告訴讀者諸君，假令有人在你面前脅肩諂笑，事事討好，你須謹防他變而爲黑，你一朝失勢，首先落井下石，就是這類人。又假如有人在你面前肆意凌侮，諸多不情，你也不須怨恨，你若一朝得志，他自然會變而爲厚，在你面前事事討好。歷史上這類事很多，諸君自去考證。

我發明厚黑學，進一步研究，得出一條定理：「心理變化，循力學公例而行。」有了這條定理，厚黑學就有哲學上的根據了。

水之變化，純是依力學公例而變化，有時徐徐而流，有物當前總是避之而行，總是向低處流去，可說是世間卑弱之物莫過於水。

有時怒而奔流，排山倒海，任何物不能阻之，阻之則立即被摧毀，又可說，世間凶悍莫過於水。老子的學說，原是基於此種學理生出來的，他說：「天下之物，莫柔弱於水，而攻堅強者，莫之能先。」諸君能把這個道理會通，就知老子的《道德經》和鄙人的厚黑學，是沒什麼區別的。

忍於己之謂厚，忍於人之謂黑，在人如此，在水亦然。徐徐而流，避物而行，此忍於己也。怒而奔流，人物阻擋之，立被摧滅，此忍於人之，避物而行和摧滅人物，現象雖殊，理則一貫。人事與物理相通，心理與力學相通。明白這層道理，而後可以讀李老子的《道德經》，而後可以讀李瘋子的厚黑學。

老子學說，純是取法於水，《道德經》中，言水者不一而足，如：「上善若水，水善利萬物而不爭，處衆之所惡，故幾於道。」又說：「江海之所以爲百谷者，以其善下之，故能爲百谷王。」

水之變化，循力學公例而行，老子深有契於水，故其學說，以力學公例繩之，無不一一吻合，宇宙事事物物，遂逃不出老子學說的範圍，也原是逃不出厚黑學範圍。

老子說：「吾言甚易知，甚易行，天下莫能知，莫能行。」這幾句話，簡直是他老人家，替厚黑學做的讚語。

面厚心黑，哪個不知道？然而，厚黑學三字，載籍中絕未一見，必待李瘋子出來才發明，豈非「天下莫能知」的明瞭嗎？我國受日本和列強的欺凌，管厚黑、蘇厚黑的法子俱在，不敢拿來行使；厚黑聖人勾踐和劉邦對付敵人的先例俱在，也不一加研究，豈非「天下莫能行」的明證？

我發明的厚黑學，是一種獨立的科學，與諸子百家的學說絕不相類，但是會通來說，

又可說諸子百家的學說，無一不與厚黑學相通。

我所謂一切道理，無一不經別人說過，我並沒有新發明。我在厚黑界的位置，只好等於你們儒家的孔子。孔子祖述堯舜，憲章文武，述而不作，信而好古，他也沒有什麼新發明。然嚴格言之，儒家學說與諸子百家，又絕不相類。我的厚黑學，也如此而已。孔子曰：「知我者，其惟春秋乎，非我者，其惟春秋乎。」鄙人亦曰：「知我者其惟厚黑學乎，罪我者其惟厚黑學乎。」

老子也是一個「述而不作，信而好古」的人，他書中如「建言有之」，如「用兵有言」，如「古所謂……」一類話，都是明明白白的引用古書。

依朱子的說法，老子一書確是一部厚黑學。而老子的說法，又是古人遺傳下來的，可見我發明的厚黑學，眞是貫通古今，可以質諸鬼神而無疑，且並以俟聖人而不惑。

據學者的考證，周秦諸子的學說，無一不淵源於老子，因此周秦諸子，無一不帶點厚黑氣味。我國諸子百家的學說，當以老子爲總代表，老子之前，如伊尹、姜太公、管子諸人，《漢書．藝文志》都把他們列入道家，所以前於老子和後於老子者，都脫不了老子的範圍。

周秦諸子中，最末一人是韓非子，與他同時雖有呂覽（《呂氏春秋》）一書，但此書是呂不韋的賓客纂集的，是一部類書，尋不出主名，故而當以韓非爲最末一人。韓非之書有「解老」「喻老」兩篇，把老子的話一句句的解釋，稱呼老子為聖人。他的學問是直接承述老子的，所以說：「刑名原於道德」。由此可知，周秦諸子徹始徹終，都是在研究厚黑學這種學理，不過沒有發明厚黑這名詞罷了。

韓非之書，對於各家學說俱有批評，足知他於各家學說都一一研究過，然後才獨創一派學說。商鞅言法，申子言術，韓非則合法術而一，是周秦時代，法家一派之集大成者。

據我看來，他實是周秦時代，集厚黑學之大成者。不過，其時沒有厚黑這個名詞，一般批評者，只好說他慘烈罷了。

老子在周秦諸子中，如崑崙山一般，一切山脈俱從此處發出；韓非則如東海，為衆河流之總匯處。老子言厚黑之證，韓非言厚黑之用。其他諸子則為一支山脈，或一支河流，於厚黑哲理都有發明。

道法兩家的學說，根本上原是相通。斂之則為老子之清靜無為，發之則為韓非之慘烈。其中騙途，許多人都看不出來。朱子是好學深思的人，獨看破此點，他指出張子房之可畏，是他卑弱的發處，算是一針見血之語。卑弱者，斂之之時是謂厚。可畏者，發之之時是謂黑。厚與黑，原本就是不可歌的一體兩面。

道法兩家，原是一貫，故史遷修《史記》，以老莊申韓合為一傳。後世一孔之儒，只知有一個孔子，對諸子學術源流茫然不解，甚至有謂李耳與韓非同傳，不倫不類，力詆史遷之失，眞是夢中囈語。

史遷父子，是道家一派學者，所著《六家要指》字字是內行話。史遷論大道則先黃老；老子是他最崇拜的人，他把老子和韓非同列一傳，豈是沒有道理嗎？還待後人為老子抱不平嗎？世人連老子和韓非的關係都不了解，豈足以上窺厚黑學？

厚黑這個名詞，古代沒有，而這種學理，則中外古今人人都見得到。有看見全體的，有看見一部分的，有看得清清楚楚的，有看得依稀恍惚的，所見形態千差萬別，所定的名詞亦千差萬別。

老子見之，名之曰道德；孔子見之，名之曰仁義；孫子見之，名之曰廟算；韓非見之，名之曰法術；達爾文見之，名之為競爭；俾斯麥見之，名之曰鐵血；馬克斯見之，名之曰唯物；其信徒威廉見之，名之曰生存。其他哲學家各有所見，各創一名，眞所謂「橫看成嶺側成峰，遠近高低各不同，不見廬山眞面目，只緣身在此山中。」

有人詰問我道：「你主張組織弱小民族聯盟，向列強攻打，這本是一種主義，你何以呼之爲厚黑？」

我說，這無須爭辯，即如天上有兩個日月，從東邊溜到西邊，從西邊溜到東邊，溜來溜去，晝夜不停，這兩個東西，我們國人呼之爲日月，英國人則呼之爲Sun，爲Moon，名詞雖不同，其所指物則一。我們看見英文中之Sun與Moon二字，即譯為日月二字。讀者見了我的厚黑二字，把它譯成正義二字也可，就算譯為道德二字或仁義二字，也無不可。

周秦諸子，無一人不是研究厚黑學理，惟老子窺見至深，所以其言最為玄妙，非有朱子這類好學深思的人，看不出老子的學問，非有張子房這類身有仙骨的人，又得仙人指點，不能把老子的學問，用得圓轉自如。

周秦諸子，表面上衆喙爭鳴，裡子上同是研究厚黑哲理。其學說能否適用，以所含厚黑成分多少而斷。《老子》和《韓非》二書，完全是談厚黑學，所以漢文帝行黃老之術，邦治為三代下第一；武侯以申韓之術治蜀，相業為古今所艷稱。孫子、吳子（吳起）、蘇秦、張儀，於厚黑哲理俱精研有得，因此孫子、吳子之兵戰勝攻取；蘇秦張儀出面遊說，天下風靡。

由此可知，凡一種學說含有厚黑哲理如此，施行出來，社會上立即發生重大影響，儒家高談仁義，仁近於厚，義近於黑，所得者不過近似而已，因此用儒術治國，不癢不痛，社會上養成一種大腫病。

儒家曰：「王道無近功」，請問漢文帝在位不過二十三年，武侯治蜀亦僅二十年，於短時間收大效，何以會有如此近功？難道漢文帝用的是霸術嗎？諸葛武侯豈非後儒稱爲王佐之才嗎？究竟是什麼道理？

厚黑是天性中固有之物，周秦諸子無一不窺見此點。我也不能說儒家沒有窺見，惜乎窺見太少，此其所以「博而寡要，勞而少功」也，此其所以「迂遠而濶於情事」也。

黃老申韓是厚黑學的嫡派，孔孟是反對派。中國二千餘年以來，除漢之文景，蜀之諸葛武侯，明之張江陵而外，皆是反對派執政，無怪治日少而亂日多。

我深恨厚黑之學不明，把好好一個中國鬧得這樣糟，所以奮然而起，大聲疾呼，以期喚醒人世，每日在報紙上寫《厚黑叢話》一二段，等於開辦一個厚黑學的函授學校。

經我這樣的努力，果然生了點效，許多人向我說道：「我把你所說的道理，證以親身經歷的事項，果然不錯。」又有個朋友說道：「我把你發明的原則去讀資治通鑑，讀了幾本，覺得處處俱合。」

我聽見這類話，知道一般已經有了厚黑常識，程度漸漸增高，我講的學理不能不加深點，所以才談及周秦諸子的學說，見得我發明的厚黑學，不但證以一部二十五史處處俱合，就證以周秦諸子的學說，也無一不合。讀者諸君，倘有志於厚黑學，請細細研究。

教授學生要用啓發式、自修式，最壞的是注入式。我發表厚黑學之初，只舉曹操、劉備、孫權、劉邦、司馬懿幾人爲例，其餘的叫讀者自去搜尋，我寫的《厚黑經》和《厚黑傳習錄》，也只簡簡單單的舉出綱要，不一一詳說，恐流於注入式，減少讀者自修能力。此次我說周秦諸子的學說，俱含厚黑哲理，也只能說個大概，讓讀者自去研究。

詩經、書經、易經、周禮、儀經等書，是儒門的經典，凡想研究儒學的，這些書不能不熟讀。周秦諸子的書，是厚黑學的經典，如不能遍讀，可先讀老子與韓非二書。知道了厚黑的作用，再讀諸子之書，自然頭頭是道。凡是研究儒家學說的人，開口即是詩曰、書曰，鄙人講厚黑哲理，不時也要說幾句老子曰、韓非曰。

四書五經，雖是外道的書，苟能用正法眼讀之，也可尋出許多厚黑哲理。即如孟子書上的「孩提愛親」章，豈非儒家學說的基礎嗎？鄙人就此章書，細加研究，反成了厚黑學的哲學基礎，這是鄙人治厚黑學的秘訣，諸君有志斯學，不妨這樣的研究。

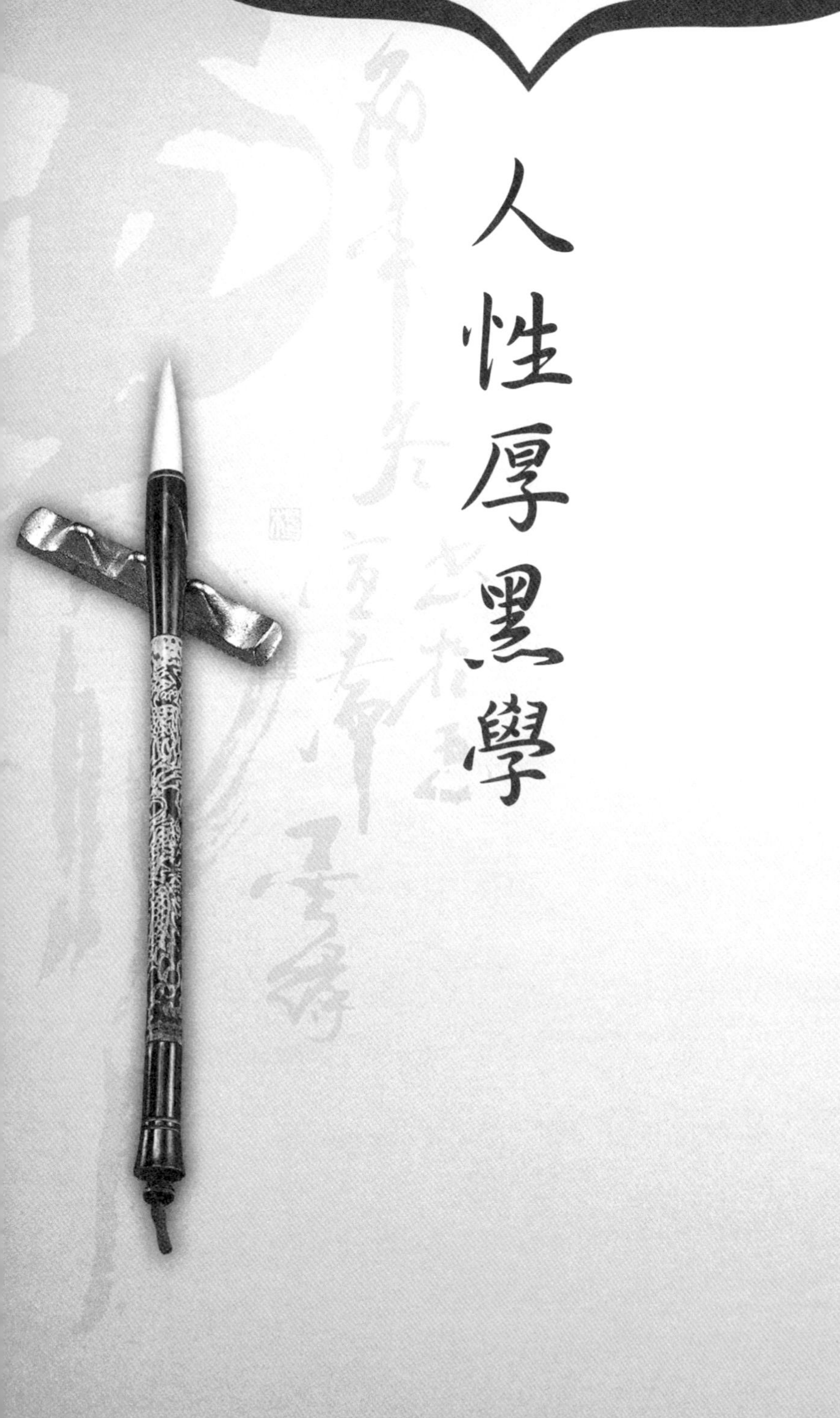

人性厚黑學

第 1 章

怕老婆哲學

厚黑教主不但由歷史上證明了
應當怕老婆的至理名言，
而且他更從政治舞台上的人物去考察，
得出的結論是——官級越高的，
怕老婆的程度越深，
官級和怕的程度，幾乎成為正比。

厚黑教主生平好寫滑稽笑罵文字，有時用雜文體，有時用小說體，沒有一篇不是嬉笑怒罵，語含諷刺。

有人說：「黑主在世，眞是天地間一大諷刺」，我也認爲是這樣。他不僅諷刺世人，有時也諷刺自己。不過，當他諷刺自己的時候，更是惡毒的諷刺世人，這是他一貫的伎倆。例如，他提倡厚黑學，明明是藉此譏罵世人的，但是他偏偏一身獨當，自居爲厚黑教主，而有《厚黑經》、《厚黑傳》、《厚黑傳習錄》……等等厚黑專書流傳於世。

如果有人質問他：「你爲什麼罵人呢？」他必然回答道：「我怎敢罵人？我是罵我自己。」試問你對他又有什麼辦法呢？

本篇首先要介紹的是他所著的《怕老婆的哲學》一文，仍是襲取這種故智，他著此文的動機，想是鑑於我國的倫常日趨乖舛，所謂五倫，幾乎是破壞殆盡的，社會上無非這些「好貨財和妻子」的東西。

但他卻不像道學家們的一貫作風，說什麼「世風不古，江河日下」的慨嘆之詞。他竟然振臂疾呼，喊出「怕老婆」的口號，非但加以提倡，而且著爲專論，名之曰「怕老婆哲學」，未附《怕經》，以比儒家的《孝經》，這種諷刺，眞可說是惡毒極了！

他自己怕不怕老婆，我們不很知道；但他曾極力主張當約些男同志，設立「怕學研究會」，平日共相研討，儼然以「怕學」研究的會長自居，這不又是一種現身說法嗎？

他那自稱怕學的文章，大意是說，大凡一國的建立，必有一定的重心，國號稱禮教之邦，首要的就是五倫。古代的聖人，在五倫中特別提出一個「孝」字，作爲百行之本。所以說，「事君不忠非孝也，朋友不信非孝也，戰陣無勇非孝也。」全國重心，建立在一個「孝」字上，因而產生種種文明，中國雄視東南亞數千年，並不是沒有原因的。

自從歐風東漸，一般學者大呼「禮教吃人」，首先打倒的就是「孝」字，全國失去重心，於是謀國就不忠了，朋友就不信了，戰陣就無勇了。有了這種現象，國家怎能不衰落，外患怎能不侵凌？因此，必須另尋一個字，作爲立國的重心，以替代古之「孝」字，這個字仍當在五倫中去尋。

我們知道，五倫之中的君臣是革了命的，父子是平了等的，兄弟朋友更是早早放棄了的；所幸五倫中尚有夫婦一倫存在，因此我們應當把一切文化，建立在這個倫常上。

天下的孩童，無不知愛其親也，積愛就成孝，所以古時的文化，建立在「孝」字上；世間的丈夫，無不愛少妻也，積愛也會成怕，所以今後的文化，應當建立在「怕」字上。

於是，怕老婆的「怕」字，便不得不成爲全國的重心了。

厚黑教主說，「怕」學中的先進之地，應該首推四川。宋朝的陳季常，就是鼎鼎有名的怕界巨擘，河東獅子吼的故事早已傳爲怕界的佳話了。所以，蘇東坡讚以詩曰：「忽聞河東獅子吼，柱杖落手心茫然。」這是形容他當時怕老婆的老婆的狀態，算是靈魂無主、六神出竅的。但是，陳季常並非等閑之輩，他是有名的高人逸士。像他這樣的高人逸士，都如此地怕老婆，可見怕老婆一事，應當視為天經地義。

蘇東坡又稱述陳季常道：「環堵蕭然，而妻子奴婢，皆有自得之意。」這是證明了陳季常肯在「怕」字上下功夫，所以家庭中才收到這種良好的效果。

時代更早的，還有三國時期久居四川的劉先主，他對於「怕學」一門，可以說是發明家兼實行家。他在新婚之夜，就向孫夫人下跪，後來困在東吳，每遇著不得了的事，就守著老婆痛哭，而且常常下跪，無不逢凶化吉，遇難呈祥。

劉備發明這種技術，眞可說是渡盡無邊苦海的男子。凡遇著河東獅吼的人，可以把劉先主的法寶取出來，包管閨房中頓呈祥和之氣，其樂也融融，其樂也泄泄。

厚黑教主更從史事來證明：東晉而後，南北朝對峙，歷經宋齊梁陳，直到隋文帝楊堅出來，才把南北統一，而隋文帝就是最怕老婆的人。有一天，獨孤皇后發怒，文帝怕極了，跑到山中躲了兩天，經大臣楊素諸人把皇后勸好了，才敢回來。《怕經》曰：「見妻如鼠，見敵如虎。」隋文帝之統一天下，誰說不應該？

隋末天下大亂，唐太宗掃滅群雄，平定海內，他用的謀臣房玄齡也是一位最怕老婆的人，他因為常受夫人的壓迫，無計可施，忽然想到唐太宗是當今天子，當然可以制服她，於是就向太宗訴苦。

唐太宗說：「你喊她來，等我處置她。」

哪知房太太幾句話就說得唐太宗啞口無言，只好私下對房玄齡說：「你這位太太，我見了都怕她，此後好好的服從她的命令就是了。」

唐太宗見了臣子的老婆都害怕，真不愧爲開國明君。

中國歷史上，不但要怕老婆的人，才能統一全國，就是偏安一隅，也非要有怕老婆的人，才能支撐危局。

從前，東晉偏安江左，全靠王導、謝安出來支撐大局，而他們兩人，都是「怕學」界的先進。王導身爲宰相，兼充清談會議的主席。有一天手執麈毛，坐在主席位上，談得正起興時，忽然有人報告：「夫人來了！」他連忙跳上牛車就跑，弄得狼狽不堪。但他在朝廷中的功勞最大，竟獲得天子九錫之寵。推根尋底，便得力於「怕」字訣。

苻堅以百萬之師伐晉，謝安圍棋別墅，不動聲色，把苻堅殺得大敗，也是得力於「怕」字訣。因爲大家知道，謝安的太太，把周公制定的禮改了，拿來約束他的丈夫，謝安在他夫人的名下，受過嚴格的訓練，養成泰山崩於前而色不變的習慣，苻堅怎麼是他的敵手？

厚黑教主如此主張怕老婆的重要，自不免啓人之疑。所以有人問他道：「外患這樣嚴重，如果再提倡『怕學』，養成怕的習慣，敵人一來，以怕老婆的心理怕之，難道不是要亡國嗎？」

厚黑教主回答說：「這卻不然，從前有位大將，生平很怕老婆，有一天憤然說道：『我怕什麼？』於是傳下將令，點集大小三軍，令人喊他夫人出來，打算以軍法從事。他夫人出來，厲聲問：『喊我幹什麼？』他惶恐伏地說道：『請夫人出來閱兵』。」

此事經厚黑教主多方考證，才知道原來是明朝大將戚繼光幹的事。戚繼光雖然行軍極嚴，他兒子犯了軍令，就把他斬首；可是夫人尋他大鬧，他自知理屈，不敢聲辯，就養成怕老婆的習慣；誰知道這一怕反把膽子嚇大了，以後日本兵來，他都不怕，所以他敢於出戰。

凡讀過希臘史的人，想都知道斯巴達每逢男子出征，妻子就對他說：「你如果不戰勝歸來，就不許見我的面！」於是，戰士一個個奮勇殺敵，斯巴達以一個小國，遂崛起稱雄，倘若平日沒有養成怕老婆的習慣，怎能收此效果？

厚黑教主不但由歷史上證明了應當怕老婆的至理名言，而且他更從政治舞台上的人物去考察，得出的結論是——官級越高的，怕老婆的程度越深，官級和怕的程度，幾乎成為正比。於是由古今的事實，又歸納出精闢的定理，而特著《怕經》若干條，垂範後世。

厚黑教主說：怕是天經地義的，人民應該徹底奉行，五刑有三千條罪名，而罪過最大的是不怕。

厚黑教主說：怕妻子而放膽在外面幹壞事的男人不多。人人不做壞事而國家不興旺，是沒有道理的事。君子務本，本立而道生，怕老婆豈不是復興中國的大本嗎？

厚黑教主說：只有大人物有怕老婆的心理，一怕老婆國本就穩固了。

厚黑教主說：怕學之道的極至是至善，做老婆的極至是嚴厲，做丈夫的極至是怕。家裡有個好老公，是因爲老婆嚴厲。妻子在家裡發令，丈夫在外奔忙，是天經地義的事。

厚黑教主說：眞是偉大啊！做妻子的道理，像天那麼高遠，只有妻子有辦法這樣，這種浩浩蕩蕩的樣子，實在無以名狀，所以說，丈夫只要順著妻子的意思去做就對了。

厚黑教主說：怕老婆但感覺不到，是已經成習慣了，終生怕老婆，而不知道自己怕老婆的人很多。

厚黑教主說：君子看到老婆發火，就吃飯不香，聽音樂也不高興，坐立不安，畢恭畢敬，但千萬不要去招惹她。

厚黑教主說：老婆有了錯誤，應該低聲下氣，好言好語地勸告，如果不聽，就再次恭敬地勸告。勸了三次還不聽，就跟在她身後哭個沒完。老婆一發怒打得老公出了血，也不要抱怨，更應加倍地敬畏。

厚黑教主說：做人丈夫的，如果早晨出門不回，妻子就會倚著家門盼望；如果晚上出門不回，妻子也會倚著大門盼望。所以，妻子在不遠遊，遊必有方。

厚黑教主說：君子做事，看上去沒有痕跡，聽不到聲音。到了老婆的房間，恭恭敬敬地，不讓坐就不敢坐，不讓走就不敢走。妻子悲傷時也跟著悲傷，妻子高興時也跟著高興。

厚黑教主說：對國家不忠心謂之不怕，對朋友不誠心謂之不怕，上戰場不勇敢也是不怕的行爲。君子應該一舉足不敢忘了妻子，一說話也不敢忘了妻子。要做好事時，想到會給妻子留個好名聲，就放膽去做。想做惡事時，一想到將給妻子蒙羞，就不要去做。

厚黑教主說：妻子是丈夫終身的依靠。身體髮膚屬於妻子，不敢傷壞，這是怕的開始。丈夫立身行事，揚名於世，讓妻子也顯貴，這是怕的結果。

上面十二條，據厚黑教主說「爲怕學入道之門，其味無窮。爲夫者，玩索而有得，則終身用之，有不能盡者矣」。

最後，厚黑教主對於今後的歷史家，尙有此建議：舊禮教注重「忠孝」二字，新禮教注重「怕」字，我們如果說某人怕老婆，無異譽之爲忠臣孝子，是很光榮的事。

孝親者爲「孝子」，忠君者爲「忠臣」，怕妻者當名「怕夫」。舊日中有「忠臣傳」，有「孝子傳」，將來民國的史書，一定要立「怕夫傳」。

第 2 章

我對聖人之懷疑

堯奪哥哥的天下，舜奪婦翁的天下，
禹奪仇人的天下，商湯、文武以臣叛君，
周公以弟弒兄，我們略加思索，
聖人的內幕也就可以了然了。

世間頂怪的東西要算聖人，三代以上產生最多，層見迭出，同時可以產生許多聖人！三代以下，聖人就絕了種，並無產生一個。

秦漢以後，想學聖人的，不知有幾千百萬，結果沒有一個成爲聖人，最高的不過到了賢人地位就停止了。

請問聖人這個東西，究竟學不學得到？如果說學得到的話，秦漢以後，有那麼多人在學，至少也該出一個聖人才對。如果學不到，我們又何苦朝朝日日讀他的書，拼命的學？

三代上有聖人，三代下無聖人，這是古今最大的怪事。我們通常所稱的聖人，是堯、舜、禹、湯、文、武、周公、孔子，我們把他們分析一下，其中只有孔子一人是平民，其餘的聖人，盡是開國之君，並且是後世學派的始祖，破綻就現出來了。

原來周秦諸子，各人持制一種學說，自以爲尋著眞理了，自信如果見諸實行，立可救國救民，無奈人微言輕，無人信從。他們心想，人類通性，都是悚慕權勢的，凡是有權勢的人說的話，人人都肯聽從，世間權勢之大者，莫如人君，尤莫如開國之君，兼之那個時候的書是竹簡做的，能夠得書而讀的很少，所以新創一種學說的人，都說道：「我這種主張，是見之書上，是某個開國之君遺傳下來的。」

於是，道家託於黃帝，墨家託於大禹，倡農耕的託於神農，著本草的也託於神農，

著醫學的、著兵書的俱託於黃帝。此外，百家雜技與各種發明，無不託始於開國之君。

孔子生當其間，當然也不能違背這個公例，他所託的更多，除堯、舜、禹、湯、文、武之外，更把魯國開國始祖周公也加入，所以他堪稱是集大成的人。

周秦諸子，個個都是用這個辦法，拿些嘉言懿行，與古帝王加上去，使古帝王坐享大名，無一個不成為後世學派之祖。

周秦諸子，各人把各人的學說發佈出來，聚徒講授，各人的門徒都說我們的先生是個聖人。原本聖人二字，在古時並不算高貴，依照《莊子．天下篇》所說，聖人之上，還有天人、神人、至人的名稱，聖人只列在第四等。

聖字的意義，不過是「聞聲知情，無事不通」罷了，本來是聰明通達的人，都可呼之為聖人，猶如古時的「朕」字一般，人人都稱得。後來帝王把朕字聖字，收歸御用，不許凡人冒稱，朕字聖字才高貴起來。

周秦諸子的門徒，尊稱自己的先生是聖人，並不僭妄，也不奇怪，孔子的門徒說孔子是聖人，孟子的門徒說孟子是聖人，老、莊、楊、墨諸人，當然也有人喊他們為聖人。

到了漢武帝的時候，表彰六經，罷黜百家，從周秦諸子中把孔子挑選出來，只承認他一人是聖人，其餘諸子的聖人名號則一齊被削奪，從此孔子就成為御賜的聖人了。孔子既然成為聖人，他所尊崇的堯、舜、禹、湯、文、武、周公等人，當然也就成為聖人。

所以，中國的聖人當中，只有孔子一人是平民，其餘的都是開國之君。

周秦諸子的學說，要依託古代人君，也是不得已的法子，這可以舉後世例子加以證明。

南北朝有個張天簡，把他的文字拿給盧訥看，盧訥痛加詆斥，隨後張天簡把文章改作，託名沈約，又拿給盧訥看，他就讀一句，稱讚一句。

清朝陳修園著了一本《醫學三字經》，起初託名葉天士，及到其書流行了，才改歸己名，有陳修園的自序可以佐證。

從上列兩件事看來，假使周秦諸子不依託開國之君，恐怕他們的學說早就已經消滅，豈能流傳到今日？周秦諸子志在救世，用了這種方法，他們的學說才能進行，後人受賜不少，我們對於他們是應該感謝的，但是爲了研究眞理起見，內幕不能不揭穿。

孔子之後，平民之中也出了一個聖人，此人就是人人盡知的關羽！凡人死了，事業就完畢，惟有關羽死亡了過後還幹了許多事業，竟掙得聖人的名號，又著有《桃園經》、《覺世眞經》等書流傳於世。

孔子以前，那些聖人的事業與典籍，恐怕也與關羽差不多。

現在窮鄉僻壤之區，偶然有一人享了小小富貴，講因果的，就說他陰功積德多；講堪輿的，就說他墳地葬得好；看相的、算命的，就說他的面貌、生辰八字與衆不同。

我想，古時的人心，與現在差不多，大約也有講因果的人，看見那些開基立國的帝王，一定說他品行如何好、道德如何好，這些說法流傳下來，就成爲周秦諸子著書的材料了。

此外，凡人皆有成見，心中有了成見，眼中所見東西，就會改變形相。帶綠色眼鏡的人，見凡物皆成綠色，帶黃色眼鏡的人，見凡物皆成黃色。周秦諸子創了一種學說，用自己的眼光去觀察古人，古人自然會改變形相，變得恰與他的學說符合。

我們權且把聖人中的大禹提出來研究一下。他「腓無胈，脛無毛，憂其黔首，顏色黎黑」，宛然是摩頂放踵的兼愛家；韓非子說：「禹朝諸侯於會稽，防風氏之君後至，而禹斬之。」他又成了執法如山的大法家。

孔子說：「禹吾無間然矣，菲飲食而致孝乎鬼神，惡衣服而致美乎服冕，卑室而盡力乎溝壑。」把他說得儼然是一位恂恂儒者，又帶點栖栖不已的氣象。

讀魏晉以後的禪讓文章，他的行徑又與曹操、劉裕諸人相似。

宋儒說了他惟精惟一的心傳，他又成了一個析義理於毫芒的理學家。

雜書上說他娶的塗山氏女，是個狐狸精，他又彷彿是《聊齋》上的公子書生。說他替塗山氏造敷面的粉，又彷彿是畫眉的風流張敞。又說他治水的時候，騙賺神怪，這又有點像《西遊記》的孫行者、《封神傳》的姜子牙。

據厚黑教主李宗吾的眼光看來，他始而忘親事仇，繼而奪仇人的天下，終而把仇要逼死蒼梧之野，簡直是厚黑學中的重要人物。

他這個人光怪陸離，眞是莫名其妙；其餘的聖人，其神妙也與大禹差不多。我們略加思索，聖人的內幕也就可以了然了。因爲聖人是後人幻想結成的人物，各人的幻想不同，所以聖人的形狀有種種不同。

我做了一本《厚黑學》，從現在逆推到秦漢是相合的，又逆推到春秋戰國，也是相合的，可見從春秋以至今日，一般人的心理是相同的。再追到堯、舜、禹、湯、文、武、周公，就覺得他們的心理神妙莫測，盡都是天理流行、惟精惟一，厚黑學是不適用的。

大家都說三代以下人心不古，彷彿三代以上的人心，與三代以下的人心斷成兩截，豈不是很奇怪的事嗎？

其實並不奇怪，假如文景之世，也用漢武帝的辦法，把百家罷黜了，單留老子一人，說他是個聖人，那麼老子推崇的黃帝，當然也是聖人，於是乎平民之中只有老子一人是聖人，開國之君只有黃帝一人是聖人；老子的心「微妙玄通，深不可測」，黃帝的心也是「微妙玄通，深還不可識」，「其政悶悶，其民淳淳」，黃帝而後，人心就不古了。

堯奪哥哥的天下，舜奪婦翁的天下，禹奪仇人的天下，商湯、文武以臣叛君，周公以弟弒兄，我那本《厚黑學》，直可逆推到堯舜而止。三代以上的人心，三代以下的人心就融合一片了；無奈再追溯上去，黃帝時代的人心，與堯舜而後的人心，還是要斷成兩截的。

假如老子果然像孔子那樣際遇，成了御賜的聖人。我想孟軻那個亞聖名號，一定會被莊子奪去，我們讀的四子書，一定是老子、莊子、列子、關尹子，所讀的經書，一定是靈樞、素問；孔孟的書與管、商、申、韓的書，一齊成為異端，束諸高閣，不過遇著好奇的人，偶爾翻來看看，大學、中庸還在禮記之內，與王制月令並列，「人心惟危」十八字，混在「日若稽古」之內，也就沒什麼精微奧妙了。

後世講道學的人，一定會向《道德經》、玄牝之門埋頭鑽研，一定又會造出天玄人玄，理牝欲牝……種種名詞言論。依我想，聖人的眞相，不過如是（著者按：後來我偶翻太玄經，見有天玄地玄人玄等名詞，惟理牝欲牝的名詞，我還未看見）。

儒家的學說，以仁義爲立足點，定下一條公例：「行仁義者昌，不行仁義者亡」，因此，古今成敗能合這個公例的，就引來當做證據，不適合這個公例的，就置諸不論。

舉個例來說，太史公殷本記說：「西伯歸乃陰修德行善」，周本記說：「西伯昌陰行善」，連下兩個陰字，其作用就可想見了。齊世家更直截了當的說道：「西伯之脫歸義理，與呂尚陰謀修德，以傾商政，其事多兵權與奇計」，可見周文王推行道義，明明是一種權術，何嘗是眞心爲民？

儒家見周文王成了功，就把他推尊得不得了。徐偃王行仁義，漢東諸侯朝者三十六國，荊文王惡其害己之利，舉兵滅之，這是行仁義失敗了的例子，儒學就絕口不提。他們的論調，完全與鄉間講因果報應一樣，見人富貴，就說他積有陰德，見人觸電、氣死了，就說他忤逆不孝，其本心固然是勸人為善，其實眞正的道理，並不是那樣。

古人的聖人，眞是怪極了。虞、芮二國國君為了解決領土糾紛，而前去找周文王仲裁，雙腳一踏上聖人的土地，便立即洗心革面；聖人感人化人的功力，竟有如此的神妙！我不理解的是，管侯、蔡侯的父親是聖人，母親是聖人，哥哥弟弟是聖人，四面八方被聖人圍住了，何以中間會產生鴟鴞？清世宗稱呼他的弟弟允禮為阿其那，允禟為塞思赫，翻譯出來便是豬狗二字。鴟鴞豬狗，會與聖人錯雄而生，也就可以想見了。

李自成是個流賊，他進了北京，尋著崇禎帝后的屍首，載以宮扉，盛以柳棺，放在東華門，聽人祭奠。周武王是個聖人，他走至紂王死去的地方，射他三箭，取黃鉞把頭斬下來，懸在太白旗上；他們爺兒，曾在紂名下稱過幾天臣，做出這種舉動，他的品行，公然也成為「惟精惟一」的聖人，眞是妙極了！

假使沒有陳圓圓那場公案，吳三桂投降了，李自成豈不成為太祖高皇帝嗎？豈不成為聖人嗎？他的行為恐怕比周武王要高尚幾倍！

周太王開始翦商，王季（周文王的父親）、文王繼之，孔子稱讚武王、太王、王季、文王之緒，其實與司馬炎稱讚司馬懿、司馬師、司馬昭之緒何異？所異者，一個生在孔子之前，得了世世聖人之名，一個生在孔子之後，得了世世逆臣之名。

後人見聖人做了不道德的事，就千方百計替他開脫，到了證據確鑿，無從開脫的時候，就說以上的事跡出於後人附會。

這個例是孟子開的。他說：「以至仁伐至不仁」，斷不會有流血的事，因此斷定楚呈上「血流漂杵」那句話是假的。但是，我們從殷民三叛、多方大誥，那些文字看來，可知伐紂之時，血流漂杵不假，只怕孟子所說「以至仁伐至不仁」那句話有點假。

子貢說：「紂之不善，不如是之甚也，是以君子惡居下流，而天下之惡皆歸焉」。我也要說：「堯舜禹湯文武周公之善，不如是之甚也，是以君子顯居上流，而天下之善皆歸焉。」若把下流二字改作失敗，把上流二字改作成功，那就更爲貼切了。

古人神道設教，祭祀的時候，叫一個人當尸，向衆人指說：「這就是所祀之神」，衆人就朝著他磕頭禮拜；同時又以聖道設教，對衆人說：「我的學說，是聖人遺傳下來的。」

有人問：「哪個是聖人？」他就順手指著堯、舜、禹、湯、文、武、周公說道：「這就是聖人。」衆人也把他當如尸一般，朝著他磕頭禮拜。

後來進化了，人民醒悟了，祭祀的時候，就把尸撤消，惟有聖人的迷夢，數千年未醒，堯、舜、禹、湯、文、武、周公，竟受了數千年的崇拜。

講因果的人說有個閻王，問閻王在何處？他說：「在地下。」講理學的人說有許多聖人，問聖人在何處？他說：「在古時。」這些怪物，都是只可意為想像，不能目睹，不能證實；就因為不能證實，他的道理就越是玄妙，信從的人就越是多。創造這種議論的人，本是勸人為善，其意固然可嘉，但是，事實不眞確，就會生出流弊。因果之弊，流為拳匪；聖人之弊，使眞理不能出現。

漢武帝把孔子尊為聖人過後，天下的言論，都折衷於孔子，不敢有所違背。孔融對於父母問題，略略討論一下，曹操就把他殺了；稽康非薄湯武，司馬昭也把他殺了。

儒教能夠推行，全是曹操、司馬昭一班人維持之力，後來開科取士，讀書人若不讀儒家的書，就莫得進身之路。

一個死孔子，他會左手拿官爵，右手拿鋼刃，哪得不成為萬世師表？

宋元明清學案中人物，他們的心坎上，都是孔聖人馬蹄腳下人物，受了聖人的摧殘，他們的議論，焉得不支離穿鑿，焉得不迂曲難通。

中國的聖人，是專橫極了。他沒有說過的話，後人就不敢說，如果說出來，衆人聽說他是異端，就要攻擊他。

朱熹發明了一種學說，不敢說是自己發明的，只好把孔門的「格物致知」四字加一

番解釋，說他的學說是孔子嫡傳，然後才有人信從。

王陽明發明一種學說，也只好把「格物致知」加一番解釋，以附會己說，說朱子講錯了，他的學說，才是孔子嫡傳。

本來朱王二人的學說，都可以獨樹一幟，無須依附孔子，無奈處於孔子勢力範圍之內，不依附孔子，他們的學說萬萬不能推行。他二人費盡心力去依附，當時的人還說是僞學，受重大的攻擊，聖人專橫到了這種地步，怎麼能把眞理研究傳出來？

韓非子說過一個笑話。郢人致書於燕相國，寫書的時候，天黑了，喊：「舉燭」，寫書的人就寫上「舉燭」二字，把書送去，燕相得書後想了許久，說道：「舉燭是尚明，尚明是任用賢人的意思」，便以此說進諫燕王，燕王用他的話，國遂大治，雖是收了效，卻非原書本意。

所以韓非說：「先王有郢書，後世多燕說。」

究竟格物致知四字，具體作何解釋，恐怕只有手著《大學》的人才明白，朱王二人中，至少有一人免不脫「郢書燕說」的批評。

豈但格物致知四字，恐怕十三經註疏、皇清經解、宋元明清學案裡面許多妙論，也逃不脫「郢書燕說」的批評。

學術上的黑幕，與政治上的黑幕是一樣的，聖人與君王，是一胎雙生的，處處狼狽相依。聖人不仰仗君王的威力，聖人就無法那麼尊崇，君主不仰仗聖人的學說，君主也無法那麼猖獗。於是，君主把他的名號分給聖人，就稱起王來了；聖人把他的名號分給君主，也稱起聖來了。

君主箝制人民的行動，聖人箝制人民的思想，君主下一道命令，人民都要遵從，如果有人違背了，就算是大逆不道，爲法律所不容。聖人隨便發一種議論，學者都要信從，如果有人批駁了，就算是非聖無法，爲清議所不容。

中國的人民，受了數千年君主的摧殘壓迫，民意不能出現，無怪政治紊亂。中國的學者，受了數千年聖人的摧殘壓迫，思想不能獨立，無怪學術消沉。因爲學說有差誤，政治才有黑暗，所以君主之命該革，聖人之命尤其該革。

我不敢說孔子的人格不高，也不敢說孔子的學說不好，我只說除了孔子，還有其他人格，也還有其他學說。

孔子並沒有壓制我們，也未發言禁止我們別創異說，無奈後來的人，偏要抬出孔子壓倒一切，使學者的意思不敢出孔子範圍之外。學者心坎上，被孔子盤踞久了，理應把他推開，思想才能獨立，宇宙眞理才研究得出來。

前些時候，有人把孔子推開了，同時達爾文、杜威、羅素……諸人就闖進來，盤踞學者心坎上，天下的言論，又折衷於達爾文諸人，成一個變形的孔子，執行聖人的任務。

有了違反他們的學說，又算是大逆不道，就要被報章雜誌罵個不休。如果達爾文諸人去了，又會有人出來執行聖人的任務，他的學說也是不容許人違反的。

依我想，學術是天下公務，應該聽人批評，如果我說錯了，改從他人之學說，於我也無傷，何必取軍閥態度，禁止別人批評？

凡事以平爲本，君主對於人民不平等，因此政治上生糾葛，聖人對於學者不平等，因而學術上生糾葛。

我主張把孔子降下來，與周秦諸子平列，我與閱者諸君，一齊參加進去，與他們平座一排，把達爾文諸人歡迎進來，分庭抗禮。發表意見，大家磋商，不許孔子、達爾文諸人高踞我們之上，我們也不高踞孔子、達爾文之上，人人思想獨立，才能把眞理研究得出來。

我對於聖人既已懷疑，所以每讀聖人之書，無任懷疑，因定下讀書三訣，爲自己功讀步驟，茲附錄於下：

第一步，以古為敵：讀古人之書，就視此人是我的勁敵，有了他，就沒有我，非與他血戰一番不可，逐處尋他縫隙，一有縫隙，即便攻入；又代古人設法抗拒，愈戰愈烈，愈攻愈深。必定要如此，讀書方能入理。

第二步，以古為友：我若讀書有見地，即提出一種主張，與古人的主張對抗，把古人當如良友，相互切磋，如我的主張錯了，不妨改從古人，如古人主張錯了，就依著我的主張，向前研究。

第三步，以古為徒：著書的古人，學識膚淺的很多，如果我自信學力在那些古人之上，不妨把他們的書拿來評閱，當如評閱學生文字一般，說得對的，與他加幾個密圈，說得不對的，與他劃幾根槓子。

世間俚語村言，含有妙趣的，尚且不少，何況古人的書，自然有許多至理，存乎其中，批評越多，智識自然越高，這是普通所說的教學相長了。如遇一個古人，智識與我相等，我就把他請出來，以老友相待，如朱晦庵、蔡元定一般。如遇有智識在我上的，我又把他認爲勁敵，尋他的縫隙，看攻擊得進不進。

我雖然定三步功夫，其實並沒有做到，自己很覺得抱愧，我現在正做第一步功夫，想進第二步，還未達到，至於第三步，自量終身無達到之一日，譬如行路，雖然把路徑尋出，無奈路太長了，腳力有限，只好努力前進，走一截，算一截。

第3章

人事興衰成敗的軌道

唐太宗取代隋朝，明太祖取代元朝，
在起事的初期，與漢朝一樣，
事成之後，唐朝就是兄弟相互殘殺，
明朝就是功臣整族的被殺死，
都與漢朝沒有什麼兩樣。

我先前已經說過「心理按照力學規律而變化」，力的變化，可用數學來說明，所以心理的變化，也可用數學來說明。

力的變化，可繪出圖來，尋求它的軌道。一部二十五史，是人類心理留下的影像，我們取歷史上的事，按照力學規律，把它繪出圖來，就知人事紛紛擾擾，都有一定的軌道。

孔子說：「吳人和越人關係惡劣，但當他們同坐一條小船過河，遇到風浪時，他們會共同想辦法求生，關係處理得好像一個人的左右手。」

這是因爲小船將要沉沒下去，吳人和越人都想把小船搶救出來，成了方向相同的合力線。所以平時的仇人，都會變成患難相救的好友。

凡是歷史上的事，都可以本著這種方法，把它繪圖研究。

韓信的背水布陣，置之死地而後生，是因爲漢兵被陳餘的士兵所壓迫，前面是大河，是死路一條，只有轉身來，奮力把陳餘的士兵推開，才有一條生路。

人人都這樣想，就成了方向相同的合力線。所以烏合之衆可以團結爲一個整體，它的合力線的方向與韓信相同，韓信就坐收成功了。

張耳和陳餘稱爲刎頸之交，可以算是最好的朋友。後來張耳被秦兵圍困，向陳餘求救，陳餘害怕秦軍，不肯前去援救，二人因此結下深仇。這時張耳將秦兵向陳餘方面推去，陳餘又將秦兵向張耳方面推來，力線方面相反，所以最好的朋友會變成仇敵。結果，張耳幫助韓信把陳餘殺死在泜水上。

秦朝末年，天下百姓忍受不了秦王朝的苛政，陳勝振臂一呼，山東的英雄豪傑立即群起響應，然而，當時陳勝並沒有派人從中聯絡，他們爲什麼會一齊響應革命呢？這是因爲衆人受到秦王朝的壓迫久了，人人心中都想把它打倒，這時候彼此利害相同，因此心理相同，成爲方向相同的合力線，不用去聯合，自然而然就會聯合。

劉邦、項羽剛起事的時候，大家的志向都消滅秦王朝，目的相同，成爲合力線，所以異姓的人可以結爲兄弟。後來，他們合力把秦王朝消滅了，目的物已除掉，眼前顯現出了一座江山，劉邦想把它搶過來，項羽也想把它搶過來，彼此的力線相反，這對異姓兄弟就開始血戰起來了。

再從劉邦與韓信、彭越等人的關係來看。

當項羽稱霸的時候，劉邦心想，只要把項羽殺掉就好了！韓信、彭越也想，只要把項羽殺死就好了。他們思想相同，自然成了合力線，所以垓下會師，立刻把項羽撲滅了。

項羽被消滅後，他們君臣便沒有合力的必要了，彼此的心思就趨向到權力上去。但權力這個東西，你多占了，我就要少占，我多占了，你就要少占，力線是相互衝突的，所以漢高祖就殺起功臣來了。

唐太宗取代隋朝，明太祖取代元朝，在起事的初期，與漢朝一樣，事成之後，唐朝就是兄弟相互殘殺，明朝就是功臣整族的被殺死，都與漢朝沒有什麼兩樣。大凡天下平定之後，君臣的力線就產生衝突，國君不消滅臣子，臣子就會消滅國君，全看兩個力量的大小，決定彼此的存亡。

五代十國時期，李嗣源輔佐唐莊宗消滅梁王和契丹，後來莊宗的力量控制不住他，他就把莊宗的天下奪去了。趙匡胤輔佐周世宗，攻破後漢和後唐，小皇帝的力量控制不住他，他也把周國的天下奪去了。

這些例子便是如果劉邦不殺韓信、彭越等人的反面下場。

漢光武帝劉秀平定天下之後，鄧禹、耿弇等人把兵權交出，閉門讀書，這是看清了劉秀的路線，自己先行讓開。宋太祖杯酒釋兵權，這就是把自己要走的路線明白說出，叫他們自己走開。

追究這個實質，漢光武帝和宋太祖的心理，與漢高祖是一樣的。我們不能說漢高祖性情殘忍，也不能說漢光武和宋太祖度量寬宏，只能說這是一種力學公理。

到了南宋，岳飛想把中原淪陷地區解放過來，秦檜想把中原之地推給北方少數民族；岳飛想把被扣押的宋徽宗、宋欽宗解救回南宋，宋高宗想把徽、欽二帝推給北方少數民族。這樣一來，高宗與秦檜成了方向相同的合力線，它的方向與岳飛的力線相反，岳飛

一人的力量敵不過高宗、秦檜合力，所以「莫須有」三字獄的禍害便釀成了，岳飛不得不死。

歷史上凡是阻礙別人路線的人，沒有不遭禍害的。

劉備要殺張裕之時，諸葛亮爲張裕求情，劉備說：「芳草和蘭草長在門口，把門堵住了，不得不清除！」

芳草和蘭草有什麼罪？罪就在生長得不是地方。

宋太祖趙匡胤討伐南唐李煜，李昱派徐弦請求暫緩用兵，太祖說：「臥榻之側，豈容他人酣睡？」

酣睡有什麼罪？罪在睡得不是地方。

古代還有一件奇事：狂人的後代花士、昆弟二人，對上不向周天子稱臣，對下不同諸侯結交來往，自己在原野上耕種，吃從它上面長出來的東西；自己在原野上鑿了口井，喝從它裡面汲上來的水，這明明是空谷幽蘭，明明是酣睡在自家榻上，似乎可以免掉禍害了；但周太公來到營丘後，首先就把他們殺了。這是什麼道理呢？

因爲太公在那個時候，正想用官爵奉祿驅使豪傑，偏偏有兩個不肯接受官爵奉祿的人橫空攔阻在前面。這仍然是阻礙了路線，如何容得他們？

太公是聖人，花士兄弟二人是高級士人，高級士人阻礙了路線，聖人也容他不過，這可以說是普通公理了。

逢蒙殺死后羿，是先生阻礙了學生的路；吳起殺死妻子，是妻子阻礙了丈夫的路；漢高祖分杯羹，是父親阻礙了兒子的路；樂羊子吃兒子的肉做的肉羹，是兒子阻礙了父親的路；周公殺管侯叔鮮、蔡侯叔度，唐太宗殺李建成、李元吉，是哥哥阻礙了弟弟的路。由此可見，彼此路線衝突了，即使是父子兄弟夫婦，都要起殺機的。

王猛明白這個道理，所以他見了桓溫，馬上到苻秦那兒做官。殷浩不那麼做，就遭到失敗。范蠡明白這個道理，所以，他在幫助勾踐消滅了吳國後，立即買了條船去泛遊五湖，文種不那麼做，就被殺掉了。

此外，例如韓非在秦國囚禁、被殺，伍子胥自刎而死，稽康被殺，阮籍差點掉腦袋，我們試著把韓非等人的事蹟、言論研究一番，又把陷害韓非的李斯，殺害子胥的夫差，以及寬容阮籍、誅殺稽康的司馬氏，各人心中的注意點找出來，考察他們路線的經過，就可以知道有的衝突、有的不衝突，這裡面確實有一定不變的公理。

王安石說：「自然界的災變運行不必害怕；人們的流言蜚語不要理睬；祖宗的現成法規不值得效仿。」

道理本來是對的，但他在當時，因為這三句話受到很重的誹謗。我們今天讀了這三句話，也覺得他是盛氣凌人，心中有些不舒服。假使我們生在當時，未必不與他發生衝突。

陳宏謀說：「正確或錯誤可由自己來判斷，毀謗或讚譽只好聽任別人，面對得失，自己處之泰然。」

這三句話的意思本來與王安石的一樣，但我們讀了，就覺得這個人和藹可親。這是什麼道理呢？因爲王安石彷彿是橫空阻礙在路上，凡是有「天變」、「輿論」、「祖宗」，從路上經過，都被他拒絕而去。陳宏謀是把「自己」、「別人」、「泰然」等字列爲三根平行線，彼此不互相衝突。

我們聽了王安石的話，不知不覺置身到「人們的流言蜚語不要理睬」的那個「人」字中；聽了陳宏謀的話，不知不覺置身到「毀謗或贊譽只好聽任別人」的那個「人」字中。我們心中的力線，也是喜歡人家謙讓，不喜歡人家阻攔，所以不知不覺，對於王陳二人的感情就不同了。如果領會到這個道理，那麼待人接物，必定會有很大好處。

力學中有一種偶力，也值得研究。

宋朝王安石維新，排斥舊黨，司馬光守舊，排斥新黨，兩黨主張相反，其力又復相等。從力學角度看，「兩力線平行，強度相等，方向相反，是爲偶力作用」，磨子的旋轉不已，就是這種力的表現。宋朝從神宗以來，新舊兩黨迭掌政權，相爭至數十年之久，宋室政局就如磨子一般，旋轉不已，致令金人侵入，釀成南渡之禍。

我國辛亥而後，各黨各派，抗不相下，其力又不足相勝，成爲偶力作用，政局也如磨子般旋轉，日本也就乘機而入。

人世間的一切事變，都是人與人接觸後產生的。我們可以把「人」與「我」假設爲數學上的二元，一個Y，一個X，依解析幾何，可以得到五種線：

一、直線。

二、圓。

三、拋物線。

四、橢圓。

五、雙曲線。

人事千變萬化，總不外人與人互相接觸，所以無論如何也逃不出這五種軌道。前面所舉歷史上的例子，都是屬於「二直線」，由「我」爲中心所繪的三個圓圈圖，就是屬於「圓」，此外還有拋物線、橢圓、雙曲線三種。

茲說明如下：

什麼是拋物線呢？我們向外拋出一塊石頭，這是一種離心力；地心吸力吸引這塊石頭，這是一種向心力。

石頭的離心力衝石破地心吸引力，終於落下來。這塊石頭所走的路線，就是拋物線。

弱小民族對於列強所走的路線，就是拋物線。例如，印度人民想要獨立，這是對於英國產生出的一種離心力；而英國用強力把他們壓伏下去，印度衝不破英國的勢力範圍，這等於拋出的石頭衝不破地心的吸引力，終於落下來一樣。

作爲地球環繞太陽運行的狀態，這種路線叫做橢圓，是離心加上向心力二者結合而成的。從數學說，由一點到兩定點的距離，它們的和恆等，這一點的軌道名叫橢。所謂它們的和恆等，也就是它們的值恆等。

例如買賣之間，顧客交出金錢，店主交出貨物，二者的值相等，就可看作是一個事物。這是顧客拋一個物體，繞過店主，回到它的本位；在店主方面看，也是拋出一個物體，繞過顧客，回到它的本位；成爲一個橢圓形，買賣二家就心滿意足了。

顧客手中的金錢，不必一定向某商店購買，這是離心力；但某商店的貨物，足以引動顧客，又具有引力。店主有貨物，不一定賣給顧客，這是離心力，但某顧客懷中的金錢足以引動店主，又具有引力。由引力離心力的結合，顧客出金錢，店主出貨物，各人滿足了自己的慾望，交易就成功了，這就是橢圓狀態。

又如自由結婚，某女不必嫁某男，而某男的愛情，足以繫引她；某男不必定娶某女，而某女之愛情，足以繫引他。

引力和離力，保持其平等，也是橢圓狀態。

地球繞日，引力和離力，兩相平衡，成爲橢圓狀態，所以宇宙萬古如新。社會上一切組織，必須取法這種狀態，才能永久無弊。

我國婚姻舊制，由父母主持，一與之齊，終身不改，缺乏了離力，所以男女兩方，就時常感覺痛苦。外國資本家專橫，工人不入工廠做工，就會餓死，離不開工廠，缺乏了離力，所以要社會革命。

至於只有離力而無引力，更是不可。上古男女雜交，子女知有母而不知有父，這是缺乏了引力。我國各種團體，有如散沙，也是缺乏了引力，所以政治家創一制度，不可不把離心向心二力配置均平。

由一點到兩定點的距離，其差恆等，這種軌跡，名曰雙曲線，其形狀，有點像兩張弓反背相向一般。凡兩種學說，成兩種方式，背道而馳，可稱爲走入雙曲線軌道。

例如，性善說和性惡說，二者恰相反對，雙方都持之有故，言之成理，越講得精微，相差越遠，猶如雙曲線越引越長，相離越遠一樣，究其實，無非性善性惡之差，是謂其差恆等。又如入世間法和出世間法，二者是背道而馳的，利己主義和利人主義，二者也是背道而馳的，凡此種種，都屬於雙曲線。

橢圓繪出圖來有兩個心，以曲線繪出圖來也有兩個心，橢圓的圖是兩心相向，雙曲線圖是兩心相背，所以我與人走入橢圓軌道，彼此相需相成，若走入雙曲線軌道，心理上就無處不背道而馳。

我們把各種力線詳加考察，就知我與人相安無事的路線有四：

一、不相交的線。我與別人目的物不同，路線不同，各人向著各自的目的物進行，彼此不生關係。平行線，是永遠不相交，有時雖然不平行，而尚未接觸，也不生關係。

二、合力線。我與人利害相同，向著同一目的進行，如前面所說吳越同舟共濟是也。

三、圓形。宇宙事事物物，天然是排得極有秩序的。凡事都有一定範圍，我與人有一定的界限，倘使能各守界線，你不侵我的範圍，我不侵你的範圍，彼此自然相安。

四、橢圓形。前面所說自由貿易、自由結婚等，凡屬權利義務等等的事，皆屬於此種。

四線之中，第一、第三兩條線的結果，是利己而無損於人，或利人而無損於己。第二、第四兩種線的結果，是人己兩利。我們每遇一事，應當熟察人己力線的經過，如果走此四線，人與我絕對不會發生衝突。

我們把上述四種線求出，就可評判各家學說和各種政令之得失。

我國古人所謂「萬物並育而不相害，道並行而不相悖」者，符合第一種線；有所謂「通力合作」者，符合第二種線；有所謂君君臣臣，父父子子者，符合第三線；有所謂「通功易事」者，符合第四種線。西人說「人人自由」，以他人之自由為界限，符合第三種線，都是對的。

尼采的超人主義，其病在損人，托爾斯泰的不抵抗主義，其病在損己，從四種看，都不符合，所以都不可行。

二直線、圓、拋物線、橢圓、雙曲線，這五條線，是人與人相遇的路線，而五種路線是變動不羈的，只要心理一變，其線即變。

例如，東吳的孫權和蜀漢的劉備，各以荊州為目的物，孫權把荊州向東拖，劉備把荊州向西拖，力線相反，故郎舅決裂，夫婦生離，關羽被殺，七百里的連營被燒，吳蜀兩國儼然成不共戴天的仇敵。

後來，諸葛亮提出以曹魏為目的物，約定共同伐魏，就成了方向相同的合力線，兩國感情立即融洽，合作到底，後來司馬昭伐蜀，東吳還起兵相救，直到聽說劉禪降了，方才罷兵。

這就是心理改變，力線即改變的明證。

我國從前閉關自守，不與外國相通，是不相交的二直線，五口通商之後，受帝國主義的壓迫，欲脫離其勢力範圍而不能，走的是拋物線，一旦起而抗戰，與帝國主義成一反對形勢，彼此背道而馳，就成為兩心相背的雙曲線。

假如，我們聯合被侵略者，向帝國主義進攻，即成為合力線。帝國主義，經過一番重懲之後，幡然悔悟，工業國和農業國通功易事，以其所有，易其所無，就成爲兩心相向之橢圓狀態。將來再進化，世界大同了，合全球而爲一個國家，就成爲一個圓心之圓形了。

由此可知，這幾種路線的軌道，是隨時可以加以改易的，只看各人心理狀態如何罷了。

性善說、性惡說，二者背道而馳，是雙曲線狀態，倘若知道人生是渾然一體，無所謂善，無所謂惡，就成爲渾然的圓形了。

我們做一切事，與國家制定法令制度，定要把路線看看清楚，又要把引力離力二者支配均平，才不至發生窒礙。

我們詳考世人的行事和現行的法令制度，從力學規律去看，許多地方都不符合，無怪乎紛紛擾擾，大亂不止。

孟子曾經說：「規矩，方圓之至也，聖人，人倫之至也。」第一句是對的，第二句就不對。我們執規來畫圓，執矩來畫方，聚五洲萬國的人來觀察，不能說不圓，不能說不方。但聖人就不那樣，孔子、釋迦、耶穌、穆罕默德，都是所謂聖人，諸聖人定下規律，各不相同，用這些聖人的規律，衡量另一些信徒，立即發生衝突，原因在哪裡？

大概聖人的規律，是尺、斗、秤，不是畫圓的規，畫方的矩；各位聖人的尺斗秤，長短大小輕重，各不相同，只在本鋪適用。而今世界大通，天涯比鄰一市之中，有了幾種尺斗秤，這是世界文化衝突的原因。

所以，法令制度，如果根據聖人的學說制定出來，當然不能通行世界。力學規律，爲五洲萬國所公認，本章所述五種線，是從力學規律出來的，是規矩，不是尺斗秤，按照它制定法令制度，一定通行五洲萬國。

第4章

孟子與荀子的人性爭論

孟荀的爭論，只是性善性惡名詞上的爭論，
實際他二人所說的道理，都不錯，都可以在實際中看到。
何苦將性善性惡這類的名詞，沒完沒地爭論不休。

孟子的性善說，荀子的性惡說，是我國學術史上，未曾解除的懸案，兩個學說對峙了兩千多年，相持不下。

孟子說人性皆善，主張以仁義教化萬民；宋儒承襲他的學說，開出理學一派，創出不少迂謬的議論。

荀子生在孟子之後，反對他的學說，說人性本惡，主張用禮制裁它；他的學生韓非，認爲禮的制裁力弱，不如法律的制裁力強，於是變而爲刑名之學，其弊流於刻薄寡恩。於是，儒法兩家，互相排斥，在學說上、政治上衍生許多衝突。究竟孟荀兩說，孰得孰失？我們非把他徹底研究清楚不可。

孟子說：「孩提之童，無不知愛其親也，及其長也，無不知敬其兄也。」這個說法，是有破綻的。

我們任喊一個當母親的，把她的親生孩子抱出來當衆試驗。母親抱著他吃飯，他就伸手來搶母親的碗，如果稍不提防，碗就會落地打爛。

請問這種現象，是否愛親？

又母親手中拿一塊糕餅，他見了，就伸手來搶，如果母親不給他，放在自己口中，他立刻會伸手從母親口中取出，放在他的口中。

又請問這種現象，是否愛親？

小孩在母親懷中，吃乳吃糕餅，哥哥一走近前，他就用手推他打他。請問這種現象，是否敬兄？

五洲萬國的小孩，無一不如此。既然每個小孩都有這種現象，孟子的性善說，難道不是顯然露出破綻，所有基於性善說所發出的議論、訂出的法令制度，就有不了少流弊。

但是，孟子所說「孩提愛親，少長敬兄」，究竟從什麼地方生出來？我們要解釋這問題，只好用研究物理學的法子去研究。

大凡人的天性，都是以「我」為本位，我與母親相對，小兒只知有我，所以從母親口中將糕餅取出，放在自己口中。

母親是哺乳我的人，哥哥是分我食物的人，把母親與哥哥比較，便會覺得母親與我更接近，所以小兒就愛母親。稍微長大後，我與鄰人相遇，把哥哥與鄰人比較，覺得哥哥與我更接近，自然就愛哥哥。

由此推論，走到別鄉，就愛鄰人；走到別省，就愛本省的人；走到外國，就愛本國的人。我們細加研究，就知道孟子所說的「愛親敬兄」，都是從為「我」之心流露出來的。

可見，孟子所說愛雙親敬兄長，內部藏了一個「我」字，不過沒有說出來；假若補個「我」字進去，繪圖一看就自然明白了，第一圈是我，第二圈是親，第三圈是兄，第四巤是鄰人，第五圈是本省人，第六圈是本國人，第七圈是外國人。這個圖，就是人心的現象。這個現象，很像物理學上所講的磁場一樣，所以牛頓所創造的公理，可運用於心理學。

但這個圖是否正確，還須加以考驗。假如暮春三月，我們邀約二、三個友人出外遊玩，看見山明水秀，心中非常愉快，走到山水粗俗的地方，心中就不免煩悶，這是什麼緣故呢？

這是因為山水是物，我也是物，物我本是一體，所以物的樣子好，心中就愉快，物的樣子不好，心中就不愉快。

又走到一地方，見地上有許多碎石頭，碎石之上，落花飄零，我心中對於落花不勝悲傷，而對於碎石頭就不怎麼注意。這是什麼緣故呢？

這是因為石頭是無生命的物體，花則與我同樣是有生命的物體，所以常常有人作落花詩、落花賦，而不作碎石歌、碎石行；古今詩詞中，吟詠落花的詩詞中寫得動人心絃的，沒有一首不是連同人生來描寫的。

假如落花的上面橫臥著一條即將死去的狗，發出哀鳴宛轉的嗚咽聲，令人震耳驚心，立刻就會把悲感落花的心緒打斷。這是什麼緣故呢？這是因為花是植物，而狗與我則同是動物，所以不知不覺間，我對於狗會特別表示同情。

又假如，我們在路途中看到一條凶惡的猛狗攔著一個人狂咬，那個人拿著木棍亂打，面對著人與狗相爭的情況，我們只有幫人的忙，絕對不會幫狗的忙。這是什麼緣故呢？這是因爲狗是犬類，我們與那人同是人類，所以不知不覺之間，對於人會更表示同情感。

我與友人分手回家，剛走進家門，便有人跑來報告：你先前那個友人，走在街上，同一個人在打架，正打得難分難解。我聽了，立即奔往營救。本來同是人與人打架，因爲友誼的關係，所以我只能營救友人。

我把友人拉到我的書房，詢問他打架的原因，正在傾耳細聽之時，忽然房子倒下來，我搶先急忙逃出門外，然後回頭再喊友人說：「你還不跑出來嗎？」

請問一見房子倒下，爲什麼不喊友人跑，必定等待自己跑出門了，才回頭喊友人呢？這就是人的天性，以「我」爲本位的證明。

我們把上述事實再繪成圓圖：第一圈是我，第二圈是友，第三圈是他人，第四圈是狗，第五圈是花，第六圈是石。

這中間的規律是：距離我越遠，愛的情感越減少，愛的情感和距離成反比。此圖與前圖是一樣的。此圖所設的境界與前圖完全不相同，但得出的結果還是一樣，足以證明自然的道理實在是如此。

現在再總括的說，大凡有兩個物體同時呈現於我的面前，我心裡一時來不及安排，自然會以「我」爲本位，看距離我的關係的遠近，自決定愛的情感的厚薄，這正和地心吸引力沒有區別。

力有離心、向心兩種，圖一層層向外發展，是離心力現象；圖二層層向內收縮，是向心力現象。孟子站在圖一裡面，向外看去，見到凡人的天性，都是孩提愛親，稍長愛兄，再進則愛鄰人，愛本省人，愛本國人，層層放大；如果再放大，還可放至愛人類愛物類爲止，因此斷定人的本性是善良的。

所以他會說：「老吾老，以及人之老，幼吾幼，以及人之幼。」又說：「舉斯心，加諸彼。」總是叫人把這種固有的性善擴而充之。

孟子喜言詩，詩是宣導人的意志的，凡人只要習於詩，自然把這種善性發揮出來。這就是孟子立說的本旨，所以圖一可看爲孟子的性善圖。

荀子站在圖二外面，向內看去，見得凡人的天性，都是看見花就忘了石，看見犬就忘了花，看見人就忘了犬，看見朋友，就忘了他人，層層縮小，及至房子倒下來，赤裸裸的只有一個我，連最好的朋友都忘掉了，因此斷定人的性惡。所以他會說：「妻子具而孝衰於親，嗜欲得而信衰於友，爵祿盈而忠衰於君。」又說：「拘木待檃括蒸矯然後直，鈍金待礱厲然後利。」總是叫人把這種固有的惡性抑制下去。

荀子喜言禮，禮是規範人的行爲的，凡人只要習於禮，這種惡性自然不會發展出來。

這就是荀子立說的本旨，故圖二可看爲荀子性惡圖。

一、二兩圖，本是一樣，但從孟子荀子眼中看來，就成了性善和性惡，兩種極端相反的說法，難道不是很奇怪的事嗎？並且有時候，同樣的一件事，孟子看來是善，荀子看來是惡，那就更奇怪了。

例如，我聽見我的朋友同一個人打架，我總願我的朋友打贏，請問這種心理是善是惡？

假如我們去問孟子，孟子一定說：這明明是性善的表現。

怎麼這樣說呢？友人與他人打架，與你毫無關係，而你希望他打贏，此乃愛友之心，不知不覺，從天性中自然流出，古代聖賢民胞物與，無非基於一念之愛而已。所以你這種愛友之心，務須把它擴充起來。

假如我們去問荀子，荀子一定說道：這明明是性惡的表現。

怎麼這樣說呢？你的朋友是人，他人也是人，你不救他人而救友人，此乃自私之心，不知不覺，從天性中自然流出。德皇威廉二世造成第一次世界大戰，德、義、日造成第二次世界大戰，無非起於一念之私而已。所以你這種自私之心，務須把它抑制下去。

上面所舉，同是一事，卻有極端相反的兩種說法，而且兩種說法都頗有道理，這是什麼原因呢？

我們要解釋這個問題，只須繪圖一看，就自然明白了：第一圈是我，第二圈是友，第三圈是他人，請問友字這個圈，是大是小？孟子在裡面畫一個我字之小圈，與之比較，就說他大圈。荀子在外面畫一個人字之大圈，與之比較，就說他是小圈。

若問二人的理由，孟子說：「友字這個圈，乃是把畫我字小圈的兩腳規張開來畫成的，怎麼不是大圈？順著這種趨勢，必會越張越大，所以應該擴充之，使它再畫大點。」荀子說：「友字這個圈，乃是把人字大圈的兩腳規收攏來畫成的，怎麼不是小圈？順著這種趨勢，必定越收越小，所以應該制止它，不使它再畫小。」

孟荀之爭，就是這樣。

營救友人一事，孟子提個我字，與友字相對，說是性善的表現；荀子提個人字，與友字相對，說是性惡的表現。我們繪圖觀之，友字這個圈，只能說它是個圈，不能說它是大圈，也不能說它是小圈。

所以，營救友人一事，只能說是人類天性中一種自然現象，不能說它是善，也不能說它是惡。孟子說性善，荀子說性惡，乃是一種詭辯，二人生逢戰國，染得有點策士詭辯氣習，我輩不可不知。

荀子以後，主張性惡者很少。孟子的性善說，在我國占有很大勢力，我們可把他的學說再加研究。

他說：「今人乍見孺子將入於井，皆有怵惕惻隱之心。」這個說法，也是性善說的重要根據。但是，我們要請問，這章書，上文明明是怵惕惻隱四個字，何以下文只說「無惻隱之心，非人也」，「惻隱之心，仁之端也」，平空把怵惕二字摘來丟了，是何道理？性善說之所以會有破綻，就出在這個地方。

怵惕是驚懼之意，譬如我們共坐談天的時候，忽然見到前面有一個人，提一把白亮亮的刀，追殺另一個人，我們一齊吃驚，各人心中都要跳幾下，這就是怵惕。因為，人人都有怕死的天性，看見刀彷彿是殺我一般，所以心中會跳，所以會怵惕。

我略一審視，曉得不是殺我，而是殺別人，登時就把怕死的念頭放大，化我身為被追之人，對於他起一種同情心，想救護他，這就是惻隱。

由此知道，惻隱是怵惕的放大形，孺子是我身的放大形，沒有怵惕，就不會有惻隱，可以說，惻隱二字，仍是發源於我字。

見孺子將入井的時候，共有三物：一是我，二是孺子，三是井，繪之為圖四，第一圈是我，第二圈是孺子，第三圈是井。

我與孺子，同是人類，並是無生物。見孺子將入井，突有一「死」的現象呈於我們面前，所以會怵惕，登時對於孺子表同情，生出惻隱心，想去救護他。所以孟子說：「惻隱之心，仁之端也。」

我們須知，怵惕是自己畏死，惻隱是憐憫他人的死，所以惻隱可稱之爲仁，怵惕不能稱之爲仁，所以孟子把怵惕二字摘下來丟了。但是，有一個問題，假如我與孺子同時將入井，請問此心作何狀態？

不消說，這剎那間，只有怵惕而無惻隱，只能顧及我的生死，而不能顧及孺子。不是不愛孺子，是變生倉卒，兼顧不及。一定我身離開了危險，神志略定，惻隱之心才能發出。

可惜孟子當日，未把這一層提出來研究，留下破綻，才生出宋儒理學一派，創出許多迂謬的議論。

孟子所說的愛親敬兄，所說的怵惕惻隱，內部都藏有一個我字，但他總是從第二圈說起，對於第一圈的我，則略而不言。

楊子提出「爲我」，算是把第一圈明白揭出了，但他卻專在第一圈上用功，第二以下各圈則置之不管；墨子摩頂放踵，是拋棄了第一圈的我，他主張兼愛等，是不分大圈小圈，統畫一極大之圈了事。

楊子有了小圈，就不管大圈；墨子有了大圈，就不管小圈。他們兩家，都不知道：天然現象是大圈小圈，層層包裹的。孟荀二人，把層層包裹的現象看見了，但孟子性善說是層層放大，荀子性惡說是層層縮小，就不免流於一偏了。倘使我們取楊子的我字，作爲中心點，在外面加一個差等之愛，就與天然現象相合了。

我們綜合孟荀的學說而斷之曰：孟子所說「孩提之童，無不知愛其親子，及其長也，無不知敬其兄也」一類話，其實沒有錯，但不能說是性善，只能說是人性中的天然現象；荀子說「妻子具而孝衰於親，嗜欲得而信衰於友」一類話，也沒有錯，但不能說是性惡，也只能說是人性中的天然現象。

但學者服從誰呢？

我說：我們知道，人的天性，能夠孩提愛親，稍長敬兄，就把這種心理擴充了，適用孟子「老吾老，以及人之老，幼吾幼，以及人之幼」的說法。我們又知道，人的天性，能夠減少對父母的孝，減少了對朋友的誠信，就把這種心理糾正過來，適用荀子「拘木待檃括蒸矯然後直，鈍金待礱厲然後利」的說法。

孟荀的爭論，只是性善性惡名詞上的爭論，實際他二人所說的道理，都不錯，都可以在實際中看到。

我以爲，我們無須問人性是善是惡，只須創一公例：「心理依力學規律而變化」，把牛頓的吸力說，愛因斯坦的相對論，應用到心理學上，心理物理，打成一片而研究之，豈不簡便而明確嗎？何苦將性善性惡這類的名詞，沒完沒地爭論不休。

第5章 宋儒對人性的扭曲

大凡去了恐懼的人，必定流於必殘忍。
程子是去了恐懼的人，
所以發出「婦人餓死事小，失節事大」的議論，
難怪戴東原會說：宋儒以理教殺人。

戰國是中國學術最發達的時代，當時遊說之風最盛，說客往往立談而取卿相之榮，他們遊說各國之君，頗類似後世人主臨軒策士，只不過當時是口試，不是律試罷了。一般策士，習於揣摹之術，先用一番功夫，把事理研究透徹了，然後出而遊說，總是把眞理蒙著半面，只說其餘半面，成爲偏激之論，愈偏激則愈新高，愈足以聳人聽聞。例如，蘇秦說和六國，講出一個道理，風靡天下；張儀解散六國，反過來講出一個道理，也是風靡天下。

孟子和荀子生當其時，也染有此種氣習。本來人性是無善無惡，也即是「可以爲善，可以爲惡」，孟子從整個人性中截半面加以立論，曰性善，其說新奇可喜，於是在學術界獨樹一幟；荀子出來，把孟子遺下的那半面，揭出來說性惡，又成一種新奇的學說，在學術界又樹立一幟。從此，性善說和性惡說，遂成爲對峙的二說。

宋儒篤信孟子的說法，根本上就發生錯誤了。然而孟子尚不甚誤，宋儒則大誤，宋儒談論性，完全與孟子違反。

有人會問，宋儒的學說乃是以孟子所說「孩提之童，無不知愛其親」，「乍見孺子將入於井，皆有怵惕惻隱之心」，兩個根據爲出發點，何至會與孟子的說法完全違反？

現在，我特地說明如下。

小孩與母親之間的互動關係，共有三種情形：

一、一個小孩、一個母親、一個外人同在一處，小孩對於母親，特別親愛，這個時候，可以說子孩愛母親。

二、一個小孩，一個母親同在一處，小孩對於母親依戀不捨，這個時候，可以說子孩愛母親。

三、一個小孩、一個母親，同在一處，發生了利害衝突，例如有一塊糕餅，母親吃了，小孩就沒得吃，母親把它放在口中，小孩就伸手取來，放在自己口中。這個時候，斷不能說小孩愛母親。

孟子言性善，捨去第三種情形不說，單說前兩種，講得頭頭是道。荀子言性惡，捨去前兩種不說，單說第三種，也講得頭頭是道。所以他二人的學說，基本上是不發生衝突的。但是，宋儒把前兩種和第三種一塊講，又不能把貫通爲一，於是他們的學說，本身上就發生衝突了。

宋儒篤信孟子「孩提愛親」之說，忽然發現了小孩會搶母親口中糕餅，而且世間小孩無一不是如此，不能不說是人的天性，求其故而不得，遂創一名詞叫做：「氣質之性」。

假如有人問道：小孩何以會愛親？他們說道「義理之性」也。有人問：即愛親矣，何以會搶母親口中糕餅？他們則說道「氣質之性」也。

好好一個人性，無端把它剖而為二，因此全部宋學就荊棘叢生，迂謬百出了。朱子出來，注孟子書上天生蒸民一節，簡直明明白白說道：「程子之說，與孟子不同，以事理考之，程子更嚴密。」他們自家就這樣說，難道不是顯然違反孟子嗎？

孟子知道，一般人有怕死的天性，見孺子將入井，就會發生恐懼心，跟著就會把恐懼心擴大，而生惻隱心，因教人把此心再擴大，推至於四海，這是孟子立說的本旨。恐懼是自己怕死，不能說是仁，惻隱是憐憫他人的死，方能說是仁，所以下文摘去恐懼二字，只說「惻隱之心，仁之端也」。在孟子本沒有錯，不過文字簡略，少說了一句「惻隱是從恐懼擴大出來的」。

不料，宋儒讀書不求甚解，見了「惻隱之心，仁之端也」一句，以為人的天性一發出來，就是惻隱之心，忘卻上面還有恐懼二字，把凡人有怕死的天性一筆抹殺。我們試讀宋儒全部作品，所謂語錄也、文集也、集注也，只是發揮惻隱二字，對於恐懼二字置之不理，這是他們最大的誤點。

但是，宋儒畢竟是好學深思的人，心想：小孩會奪母親口中糕餅，究竟是什麼道理呢？一旦讀《禮記》上的「樂記」，見有「人生而靜，天之性也，感於物而動，性之欲也」……等語，恍然大悟地說道，糕餅就是物，從母親口中奪出是感於物而動。於是創出「去物欲」之說，叫人切不可為外物所誘惑。

宋儒又繼續研究下去，研究我與孺子同時將入井，發出來的第一念頭，只是赤裸裸一個自己怕死之心，並無所謂惻隱之心，於是詫異道：明明看見孺子將入井，爲什麼惻隱之心發不出來，反發出一個自己畏死之念？要說此念是物欲，此時並沒有外物來引誘，完全是從內心發出的念頭，這是什麼道理？

宋儒繼而又醒悟道：怕死之念，是從「爲我」二字出來的，搶母親口中糕餅，也是從「爲我」二字出來的，我就是人，遂用人欲二字代替物欲二字。告其門弟子說：人之天性，一發出來，就是惻隱，堯舜和孔孟諸人，滿腔子是惻隱，無時無地不然，我輩有時候與孺子同時將入井，發出來的第一念，是怕死之心，不是惻隱之心，此氣質之性爲之也，人欲掩蓋它了，你們須用一番「去人欲存天理」的功夫，才可以成爲孔孟，成爲堯舜。天理是什麼？是惻隱之心，就是所謂仁也。

這種說法，即是程朱全部學說的主旨。於是，程子門下的第一個高足弟子謝上蔡，就照著程門教條做法，每日在高石階上跑來跑去，練習不動心，以爲我不怕死，人欲去盡，天理自然流行，就成爲滿腔子是惻隱了。

像他們這樣的「去人欲，存天理」，明明是「去恐懼，存惻隱」。

試想，惻隱是恐懼的放大形，恐懼既無，惻隱何有？我身既無，孺子何有？我既然不怕死，就叫我自己入井，也是無妨，如此一來，見孺子入井，哪裡會有惻隱之心呢？

程子的門人，專做「去人欲」的工作，即是專做「去恐懼」的工作。門人中有個叫呂原明的，乘轎渡河，跟從的人溺死，他安坐轎中，漠然不動；他是去了恐懼的人，所以見從者溺死，不生惻隱心。

程子這派學說傳至南宋，朱子的好友張南軒的父親張魏公，在符離之戰，喪師十數萬，但他卻睡得安穩，終夜鼾聲如雷，張南軒還誇其父心學很精。張魏公也是去了恐懼的人，所以死人如麻，不生惻隱心。

孟子說：「同室之人鬥者救之，雖被髮纓冠而救之可也。」呂原明的隨從、張魏公的兵士，豈非同室之人？他們這種舉動，豈不是顯然違孟子家法？

大凡去了恐懼的人，必定流於必殘忍。殺人不眨眼的惡賊，往往身臨刑場，談笑自若，是其明證。

程子是去了恐懼的人，所以發出「婦人餓死事小，失節事大」的議論，難怪戴東原會說：宋儒以理教殺人。

有人問道：「恐懼心不除去，遇著大患臨頭，我只有個怕死之心，怎能幹救國救民的大事呢？」

我說，這卻不然，在孟子是有辦法的，他的方法，只是培養仁義二字，平日專用培養仁義的功夫，見之眞，守之篤，一旦身臨大事，義之所在，自然會奮不顧身。所以他說：「生，亦我所欲也，義，亦我所欲也，二者不可得兼，捨生而取義者也。」

孟子平日培養仁義，把這種至大至剛的浩氣養得完全全的，並不像宋儒去人欲，平日身蹈危階，把那種怕死之念去得乾乾淨淨的。

孟子不動心，宋儒也不動心。孟子的不動心，從積極的培養仁義得來；宋儒的不動心，從消極的去欲得來，所走途徑，完全相反。

孟子的學說，以我字爲出發點，所講的愛親敬兄和恐懼惻隱，內部都藏有一個我字。他說：「老吾老，以及人之老，幼吾幼，以及人之幼。」又說：「人人親其親長其長，而天下平。」吾是我，其也是我，處處不脫我字，孟子因爲重視我字，才有「民爲貴君爲輕」的說法，才有「君之視臣如草芥，則臣視君如寇仇」的說法。

程子倡「去人欲」的學說，專作剝削我字的工作，所以有「婦人餓死事小，失節事大」的說法。

孟子說：「賊仁者謂之賊，賊義者謂之殘，殘賊之人謂之一夫。聞誅一夫紂矣，未聞弒君也。」這是孟子業已判的了的定案。韓愈說：「臣罪當誅兮，天王聖明。」程子極力稱賞此語，公然推翻孟子定案，難道不是孟門叛徒？他們還要自稱繼承孟子道統，眞百思不解。

孔門學說，「己欲立而立人，己欲達而達人」，利己利人，合爲一事。楊子爲我，專講利己，墨子兼愛，專講利人；這都是把一整個道理，蒙著半面，只說半面。正符合學術界的公例——學說愈偏則愈新奇，愈受人歡迎。

孟子說：「天下之言，不歸楊，則歸墨。」孔子死後，不到百年，他講學的地方，全被楊朱和墨子奪去，孟子因此奮臂而起，力辟楊墨，發揮孔子推己及人的學說。在我們看來，楊子爲我，只知自利，墨子兼愛，專門利人，墨子的價值，似乎在楊子之上。等到孟子說「逃墨必歸於楊，逃楊必歸於儒」，反把楊子放在墨子之上，認爲離儒家更近，於此可見孟子之重視我字。

楊子拔一毛而有利天下不做也，極端尊重我字，但是，楊子同時也尊重他人的我。其言曰：「智之所貴，存我爲貴，力之所賤，侵物爲賊。」既不許他人拔我一毛，同時我也不拔他人一毛，其說最爲精闢，所以孟子認爲他高出墨子之上。但是，由楊子的學說，只能做到利己而無損於人，與孔門的仁字不合。仁字從二人，是人與我中間的工作。楊子的學說失去人我之間的關聯，所以被孟子所駁斥。

墨子摩頂放踵以利天下，其要點是損己利人，與孔門義字不合。

義字從羊從我，故義字之中有個我字在；羊者祥也，美善二字皆從羊。由我擇其最美最善者行之，是之謂義。事在外，選擇的人是我，故曰義內也。墨子兼愛，知有人不知有我，所以孟子極端排斥之。

但墨子的損我，是犧牲我一人，以救濟普天下之人，知有衆人的我，不知自己的我，這是菩薩心腸。其說只能行於少數聖賢，不能行之於人人，與孔門中庸之道、人己兩利的宗旨有異，自孟子觀之，其說反在楊子之下。爲什麼呢？因爲他失去了中心點。孟子說：「生之生物也，使之一本。」一本是什麼？就是中心點。

墨子的損我，是我自願損之，非他人所能夠干預的；墨子善守，公輸般九攻之，墨子九禦之，我不想自損，他人就無奈我何也。

墨子摩頂放踵，與「腓無胈，脛無毛」的大禹有什麼區別？與「棲棲不已，席不暇暖」的孔子有什麼區別？孟子極力貶斥他的原因，無非學術上門戶之見而已。但墨子摩頂放踵，所損者外形也，宋儒去人欲，則損及內心矣，其說豈不更在墨子之下？

孔門之學，推己及人，宋儒也推己及人，無如其所推而及之者，則爲我甘餓死以殉夫，於是希望天下的婦人，皆餓死以殉夫，我甘誅死以殉君，遂欲天下之臣子，皆誅死以殉君，仁不如墨子，義不如楊子。孟子已斥楊墨爲禽獸矣，倘使見了宋儒，未知他會作何評語？綜而言之，孟子言性善，宋儒也言性善，實際上宋儒的學說，完全與孟子相違反，其區分之點在於：「孟子之學說，不損傷我字，宋儒之學說，損傷我字。」

再者，宋儒還有去私欲的說法，究竟私是個什麼東西？去私是怎麼一回事？也非把它研究清楚不可。

私字的意義，許氏說文解字，是引韓非的話來解釋的。韓非原文：「倉頡作書，自環者謂之私，背私謂之公。」

環即是圈子，私字古文作厶，篆文作厶，畫一個圈。公字從八從厶，八是把一個東西破為兩塊的意思，故八者背也。「背私謂之公」，就是說把圈子打破了，才稱之為公。

假使我們只知有我，不顧妻子，環自身畫一個圈，妻子必說我徇私，我於是把我字這個圈撤去，環妻子畫一圈；但弟兄在圈之外，又要說我徇私，於是把妻子這個圈撤去，環弟兄畫一個圈；但鄰人在圈之外，又要說我徇私，於是把弟兄這個圈撤去，環鄰人畫一個圈；但國人在圈之外，又要說我徇私，於是把鄰人這個圈撤去，環國人畫一個圈；但他國人在圈之外，又要說我徇私，這只把本國人這個圈子撤了，環人類畫一個大圈，才可謂之公。

但是，這還不能謂之公，假使世界上動物、植物、礦物都會說話，禽獸一定說：「你們人類為什麼要宰殺我們？未免太自私了。」

草木一定會問禽獸道：「你為什麼要吃我們？你也未免自私。」

泥土沙石一定會問草木道：「你為什麼要在我們身上吸收養料？你草木未免自私。」

並且，泥土沙石也可以問地心道：「你為什麼把我們向你中心牽引？你未免自私。」

太陽又可問地球道：「我牽引你，你為什麼不攏來，時時想向外逃走，並且還暗暗

地牽引我？你地球也未免自私。」

再反過來說，假令太陽怕地球說它循私，他不牽引地球，地球早不知飛往何處去了。地心怕泥土沙石說他徇私，也不牽引了，這泥土沙石，立即灰飛而散，地球就立即消滅了。

我們這樣的推想就知道，遍世界尋不出一個公字，通常所謂公，是畫了範圍的，範圍內人謂之公，範圍外人仍謂之私。

由此又可知道，人心之私，通於萬有引力，私字之除不去，等於萬有引力之除不去，如果除去了，就會無人類，無世界。宋儒去私之說，如何行得通？

或許有人會問說，私字既是除不去的，可是私字留著，又未免會害人，應當如何處治？我回答說：這是有辦法的。人心的私，既是通於萬有引力，我們用處治萬有引力的法子，處治人心的私就是了。

我們應當把人世一切事安排得秩序井然，像天空中衆星球相維相繫一般，而人世就相安無事了。

人類相爭相奪，出於人心的自私；人類相親相愛，也出於人心的自私。阻礙世界進化，固然由於人有私心，但是世界能夠進化，也全靠人有私心。由漁獵而遊牧，而耕稼，而工商，造成種種文明，也全靠人有私心，在暗中鼓蕩。

我們對於私字，應當把他當如磁電一般，詳細研究它的性質，因而利用之，不能光用鏟除的法子。

假使物理學家，因爲電氣能殺人，朝朝日日，只埋頭研究除去電氣的法子，我們哪得有電話、電燈來使用？私字的不可去，等於地心吸力的不可去，我們只好承認其私，使人人各遂其私，你不妨害我的私，我也不妨害你的私，這可以說是私到極點，也即是公到極點。

有人問：「人性究竟是善是惡？」

我回答說：「請問地心吸力是善是惡？請問電氣是善是惡？你把這個問題答覆了再說。」

孟子全部學說，就是確定我字爲中心點，擴而充之，層層放大，親親而仁民，仁民而愛物。他不主張除去利己之私，只主張我與人一同實現內心的私：我有好貨之私，則使居者有積倉，行者有裹糧；我有好色之私，則使內無怨女，外無曠夫。

宋儒的學說，恰好相反，不但想除去一己之私，而且想除去衆人之私，無奈人心之私，通於萬有引力，欲去之而終於不可去，而天下從此紛紛矣。

我們讀孟子之書，藹然如春風之生物；讀宋儒之書，凜然如秋霜之殺物。故曰：宋儒學說，完全與孟子違反。

揭開人性的善惡真相

恐懼與惻隱，同是一物，天理與人欲，也同是一物，
把好貨之心連根去盡，人就不會吃飯，豈不餓死嗎？
把好色之心連根去盡，
就不會有男女居室之事，人類豈不滅絕嗎？

人性本來是無善無惡，也就是可以為善，可以為惡。告子的說法，任從哪方面考察，都是符合人性的。

他說：「性猶湍水也。」湍水的變化，就是力的變化。

我們說：「心理依力學規律而變化」，其實告子在二千多年以前，早用「性猶湍水也」五字把它包括盡了。

告子說：「性猶湍水也，決諸東方則東流，決諸西方則西流。」意思是說，導之以善則善，誘之以惡則惡。這種說法，無疑就是《大學》上「堯舜倡導仁義，人民就奉行仁義，而桀紂推行暴政，人民也變得惡劣」的說法。

孟子的駁論，是一種詭辯，宋儒不體察孟子的錯誤，反而極力貶斥告子。請問上引《大學》數語，與告子之說有何區別？

孟子書上，有「人民的本質是喜歡好的品德」之語，宋儒極口稱道，作為他們學說的根據，但是《大學》在堯舜桀紂幾句話之下，卻續之曰：「皇上的命令，違反了百姓的喜好，百姓就不聽從。」請問，民之天性，如果只喜好好的品德，那麼桀紂施行暴政，是反其所好，人民應該不從了，今既從之，豈不成了「人民的本質是喜歡壞的品德」？

宋儒極力批判告子，而對於《大學》卻不予以駁正，怎能服人？

孟子全部學說都很精粹，唯獨性善二字，理論上不圓滿。宋儒的偉大處，在於把中

國學術與印度學術溝通為一，以釋氏之法研究心理，以孔氏之法研究社會，把入世出世打成一片，為學術上開創新紀元，是千古不磨之功績。

宋儒能建此種功績，當然發現了眞理；告子所說，是顚撲不破的眞理，何以宋儒反倒極力貶低呢？

其病根在誤信孟子。宋儒怎麼會誤信孟子呢？那是由韓愈造成的。

韓愈這麼說：「堯把衣缽傳給舜，舜把它傳給禹，禹把它傳給湯，湯把它傳給文武、周公，文武、周公把它傳給孔子，孔子又把它傳給孟子，孟子死後就傳不下去了。」

這本來是無稽之談。這是由於唐時佛教大行，有衣缽眞傳之說，我們看《五燈會元》一書，就知韓愈所處之世，正是此說盛行時代，他是反抗佛教之人，因創造出這個「想當然耳」的說法，好像是說：「我們儒家，也有一種衣缽眞傳。」不料宋儒信以為眞，據此創造出道統五說，自己想上承孟子；告子、荀子之說，既然與孟子不同，因此便加以痛詆。至於曾子是得孔子衣缽之人，他把衣缽傳給子思，轉授孟子，所以《大學》上的話，雖與告子相同，宋儒也不予以駁正。

韓昌黎做文章，喜歡戛戛獨造。程頤說：「軻之死不得其傳，似此言語，非是蹈襲前人，又非鑿空撰得，必有所見。」

既然說「非是蹈襲前人」，那便是無稽之談。既然說「必有所見」，那便是「想當然耳」。韓昌黎的話，連程頤都尋不出來源，宋儒道統之說，根本上發生動搖，所以創出的學說，留下不少破綻。

程頤立意要尋「孔子傳給孟子」那個東西，初讀儒書，茫無所得，求之於佛老幾十年，仍無所得，返而求之於六經，忽然得之。

請問程頤所得，究竟是什麼東西？

我們須知：「人心之構成，與地球之構成相似；地心有引力，能把泥土沙石，有形有體之物，吸收來成爲一個地球；人心也有引力，能把耳聞目睹，無形無體之物，吸收來成爲一個心。」

程頤出入儒釋道三教之中，不知不覺，把這三種原素吸收胸中，融會貫通，另成一種新理，是爲三教的結晶體，是最可寶貴的東西。程頤不知自己創獲了至寶，反而歸功於孔子，在六經上尋出些詞句，加以重新解釋，藉以發表自己所獲的新理，這便是宋學全部的眞相。

宋儒最大功績在這裡，其荊棘叢生也在這裡。

孟子倡談性善之時，還舉出許多證據，如孩提愛親、孺子入井……等等。宋儒則不另尋證據，只在四書五經上尋出些詞句來研究，於是滿紙天理人欲、人心道心、義理之性、氣質之性……等名詞，鬧得世人目迷五色，不知所云。

我們讀宋元學案、明儒學案諸書之時，應當用披沙揀金的辦法，把他們這類名詞全部掃蕩了，單看內容的實質，然後他們的偉大才看得出來，謬誤之處也才看得出來。

孟子的性善說和荀子的性惡說，合而爲一，就合乎宇宙眞理了。二說相合，就是告子「性無善無不善」之說。

有人會問：「孟子的學說怎能與荀子相合？」

我說：「孟子說人少則慕父母，知好色則慕少艾，有妻子則慕妻子。」荀子說：「妻子具而孝衰於親。」二人之說，難道不是一樣？

孟子說：「大孝終身慕父母，五十而慕者，予於大舜見之矣。」據孟子所說，滿了五十歲的人，還愛慕父母的，他眼睛只看見大舜一人。請問，人性的眞相，究竟是怎樣？難道孟荀之說，不能相合？由此可知，孟荀的爭論點，只在善與惡的兩個形容詞上，至於對人性的觀察，二人並無不同。

根據宋儒的解釋，孩提愛親是性之正，少壯好色是形氣之私，此等說法，未免流於穿鑿附會。殊不知孩提愛親，並不是愛親也，愛他乳我哺我罷了。如果孩子生下地，就交由乳母撫養，那麼他就只愛乳母，不愛生母，這便是明證。

愛乳母與喜歡少女、喜歡妻子，心理原是一貫，無非是爲我而已。爲我是人類天然現象，不能說它是善，也不能說它是惡。因此告子「性無善無不善」之說，最爲合理。

告子說：「食，色，性也。」孩提愛親者，食也；喜歡少女、喜歡妻子，色也。食、色為人類生存所必需，求生存是人類的天性，所以告子又說：「生存就是性」。

告子觀察人生，既是這樣，則對於人性的處治，又是怎樣呢？

告子比喻說：「性猶湍水也，決諸東方則東流，決諸西方則西流。」他又說：「人性如同柳木，仁義如同柳木做的杯子，說人性就是仁義，如同說柳木就是柳木做的杯子一樣錯誤。」告子這種說法，是很對的，人性原本無善無惡，也就是可以為善，可以為惡，譬如深潭之水，平時水波不興，看不出何種作用，從東方決一口，可以灌溉田畝，利於行舟，從西方決一口，可以淹沒禾嫁，漂流房舍，我們就選擇從東方決口好了。又譬如一塊木頭，可以製為棍棒拿來打人，也可製為碗盤拿來裝食物，我們就選擇製為碗盤好了。

這種說法，眞可以說合孟荀而為一了。

宋儒稱人心為人欲，大致指飲食男女而言，稱道心為天理，大致指愛親敬兄而言。朱子〈中庸章句序〉說：「人都有形體，所以就是聖人也不能沒有人心」，無異於說，當小孩的時候，就是孔子也會搶母親口糕餅；我與孺子同時將入井，就是孔子也是只有恐懼而無惻隱。假如不是這樣，小孩生下地就不會吸母親身上之乳，長大來，看見井就會跳下去，世界上還有人類嗎？

這道理本是對的，無奈已侵入荀子範圍去了。並且「人生而靜」數語，據後儒考證，是文子引用老子之語，河間獻王把他採入《樂記》的。

《文子》一書，有人說是僞書，但也是老氏學派中人所著，可見宋儒天理人欲之說，不但侵入告子、荀子範圍，簡直是發揮老子的學說。

然而，宋儒錯了嗎？

我說，不但沒有錯，反而是宋儒最大的功績。假使他們立意要將孔孟的學說與老荀告諸人融合爲一，反而看不出宇宙眞理，正因爲極力反對老荀告諸人，而實質上恰好與諸人融合爲一，才足以證明老、荀子、告子諸人的學說不錯，才足證明宇宙眞理確實如此。

朱子在〈中庸章句序〉又說：「一定要仁道之心成爲人的主宰，人心才會聽命於道心」。主是對僕而言，道心爲主，人心爲僕；道心是聖賢之心，人心是好貨好色之心；聽命是僕人職供奔走，只有主人的話是聽也。仔細分析朱子之語，等於說：我想爲聖爲賢，人心就把貨與色藏起，我想吃飯，抑或想及「男女屋室，人之大倫」，人心就把貨與色獻出來。然而，這種說法未免迂曲難通。

總之，宇宙眞理、人性眞相，宋儒是看清楚了的，只因要想繼承孟子道統，不得不擁護性善說。一方面要顧及眞理，一方面要兼顧傳承孟子道統，以致觸處荊棘，因此愈解釋愈迂曲難通。我輩厚愛宋儒，把他表面上這些渣滓掃去了，裡面的精義，自然出現。

告子說：「食色性也，仁內也，非外也，義外也，非內也。」

孟子只駁他義外二字，於食色二字，沒有一句說到，可見「食色性也」之說，孟子是承認了的。

他對齊宣王說道：「王如好貨與民同之，於王何有？」「王如好色，與民同之，於王何有？」並不叫他把好貨好色之私除去，只叫他推己及人，使人人順遂其好貨好色的私念。

後儒就不這樣，王陽明《傳習錄》說：「無事時，將好貨好色好名等私，逐一追究搜尋出來，定要拔去病根，永不復起，方始爲快。常如貓之捕鼠，一眼看著，一耳聽著，才有一念萌動，即與克去，斬釘截鐵，不可姑容，與它方便，不可窩藏，不可施它出路，方能掃除廓清。」這種說法，彷彿是說，見了火會燒房子，就叫人以後一看見星星之火，就必須立即撲滅，斷絕火種，方始爲快，從孟子學說看，未免大相徑庭了。

《傳習錄》又記載：「一友問：欲於靜坐時，將好色好貨等根逐一搜尋出來，掃除廓清，恐怕是剜肉做瘡吧？先生正色說：這是我醫人的方子，眞是去得人病根。更有大本事人，過了十餘年，也還用得著，你如不用，且放起，不要作壞我的方法。這個朋友很惶恐。不一會兒王陽明說：這大約不是你的過失，一定是我的弟子知道意思的人說的，誤導你的。在坐的人都很吃驚。」

我們試想，王陽明是極有涵養的人，平日講學，任如何問難，總爲誠誠懇懇地講說，何以門人這一問，他就動氣，始終未把道理說出？又何以承認說這話的人，是稍知意思者呢？這就很值得研究了。

恐懼與惻隱同是一物，天理與人欲也同是一物，猶如燒房子的是火，煮飯的也是火；宋明諸儒不明白這層道理，竟把天理人欲看爲截然不同的二物。

王陽明能把知行二者合而爲一，能把明德親民二者合而爲一，能把格物、致知、誠意、正心、修身五者看作一事，惟獨不能把天理人欲二者看作一物，這是他學說上的缺點，門人這一問，正好擊中他的要害，所以就攪起氣來了。

究竟剜肉做瘡四字，怎樣講呢？

肉比喻天理，瘡比喻人欲，剜肉做瘡是說誤天理爲人欲，去人欲即傷及天理也。門人的意思，就是說：「我們如果見了一星之火，就把它撲滅，自然不會有燒房子的事，請問拿什麼東西來煮飯呢？換言之，把好貨之心連根去盡，人就不會吃飯，豈不餓死嗎？把好色之心連根去盡，就不會有男女居室之事，人類豈不滅絕嗎？」

這個問法，何等厲害！所以王陽明無話可答，只好岔然作色。這是由於王陽明沿襲宋儒的說法，極力排斥告子學說，對「生之謂性」和「食色性也」二語，缺乏體會的原故。

王陽明研究孟荀兩家學說，也不夠徹底。《傳習錄》記載王陽明的話說：「孟子從源頭上說來，荀子從流弊上說來。」

我們試拿孟子所說「怵惕惻隱」四字來研究，由怵惕而生出惻隱，怵惕是「為我」之念，惻隱是「為人」之念，「為我」擴大，則為「為人」。怵惕是源，惻隱是流。

荀子學說，是否流弊，姑且不深論，怵惕之上，是否尚有源頭，我們也不必深考，只有孟子所說惻隱二字，實在不是源頭。王陽明說出這類話，也是由於讀孟子書，忘卻惻隱上面還有怵惕二字的原故。

《傳習錄》是王陽明早年講學的語錄，到了晚年，他的說法，又不同了。

《龍溪語錄》記載，錢緒山說：「無善無惡心之體，有善有惡意之動，知善知惡是良知，為善去惡是格物四語，是師門定本。」王龍溪則說：「若悟得心是無善無惡之心，意即是無善無惡之意，知即是無善無惡之知，物即是無善無惡之物。」

當時，王陽明出征廣西，一天晚上坐天泉橋上，二人於是問他。

陽明說：「汝中（龍溪字）所見，我久欲發，恐人信不及，徒增躐等之弊，故含蓄到今，此是傳心秘藏，顏子問道所不敢言。今既說破，亦是天機該發泄時，豈容復秘！」

王陽明到洪都，門人三百餘人前來請教，王陽明說道：「吾有向上一機，久未攻發，以待諸君之自悟，近被王汝中拈出，亦是天機該發泄時。」第二年廣西平定，王陽明歸來，死在途中。

王龍溪所說，即是將天理人欲打成一片，王陽明直到晚年，才揭示出來。因此，我們不難知道，門人提出剜肉做瘡之問，王陽明正色斥之，並非說他錯了，乃是恐他走入歧途。

錢德洪很像五祖門下的神秀，王龍溪很像慧能。錢德洪所說，就是神秀「時時勤拂試」的意思，就是漸修。王龍溪所說，就是慧能「本來無一物」的一意思，就是頓悟。王陽明說：「汝中須用德洪工夫，德洪須透汝中本旨，二子之見，止可相取，不可相病。」這是頓悟漸修的意思。

《龍溪語錄》，所講的道理，和《六祖壇經》無異。這是因爲心性之說，只有佛氏講得最精闢，因此王門弟子多歸佛氏，程門高徒，如謝上蔡、楊龜山諸人，後來也歸入佛氏。

佛家言性，也說無善無惡，與告子之說相同。

宇宙眞理，只要研究得徹底，彼此所見雖不盡相同，而結果必定是相同的。王陽明雖信奉孟子性善說，終於倡出「無善無惡心之體」的話，仍走入告子途徑。儒家爲維護門戶起見，常說「無善無惡，是爲至善」，這又流於詭辯了，然則我們何嘗不可說「無善無惡，是為至惡」呢？

有人責問我：告子說「性無善無不善」，王陽明說「無善無惡心之體」，一個言人之性，一個言心之體，為什麼混為一談？

我回答說道，性就是心之體，有王陽明之言可證。王陽明說：「心統性情，性心體也，情心用也，夫體用一源也。知體之所以為用，則知用之所以為休矣。」性就是心之體，這是王陽明自己加的解釋，所以我說，王陽明的說法，就是告子的說法。

中國談論人性的人很多，以告子「無善無不善」的學說最為合理。以醫病喻之，「生之謂性」和「食色性也」二語，是病源，杞柳湍水二喻，則是治療之方。孟、荀、楊、墨、申、韓諸人，俱是實行療病的醫生，有喜用熱藥的，有喜用涼藥的，有喜用溫補的，藥方雖不同，用得合適，都能起死回生。

只要我們平日把病源研究清楚，各種治療技術都學會，看病情如何變，施以何處治療就是了。

治國的人，首先用仁義化之，這就是使用孟子的方法，把一般人可以為善那種天性誘導出來。善心生則惡心消，猶如治水的人，疏導下游，自然不會有橫溢的禍患。

但人的天性，又可以為惡，萬一感化無效，敢於破壞一切，就用申韓之法嚴繩之，這就等於治水的人修築堤防。

治水之時，疏導與堤防二者並用，因而治國之時也應仁義與法律二者並用。孟子言性善，是勸人爲善，荀子言性惡，是勸人去惡。爲善去惡，原本是一貫的事，我們融和在一塊看就可以了。

持性善說的人，主張以仁義教化人民；持性惡說的人，主張用法律約束人民。孟子原本是主張仁義化民的，但是他又同時說道：「只有善不能統治人民，只有法律也不完備。」則又是仁義與法律二者並用，可見他是研究得很徹底的，不過是在講學方面，想要獨樹一幟，特別標識性善二字，以表示獨特罷了。

我們讀孟子書，如果除去性善二字，再除去罵楊墨爲禽獸等語，和批評告子論性數章，那麼他的全部學說都很糟。

世界學術分三大支，一中國，二印度，三西洋。最初印度學術傳入中國，與固有學術發生衝突，彼此相推相蕩，經過了一千多年，程明道（顥）出來，把它們打通爲一，以釋氏的說法研究心性，以孔子的方法研究社會，另成一種新學說，即所謂宋學。

這是學術上一種大發明。不過，這種學說剛一成立，而流弊跟著發生，因爲程顥死後，他的的學說立即分爲兩派，一派爲程（頤）朱，一派爲陸王。程顥早死，程頤則享高壽，宋學中許多不近人情的議論，大致屬於程頤這一派。

中國是尊崇孔子的國家，朱子發現了一個道理，不敢說是自己發現的，只好就《大學》「格物致知」四字解釋一番，說他的這種說法，是為孔門眞傳。王陽明發現了一個道理，也不敢說是自己發現的，又將《大學》「格物致知」四字加一番新解釋，說朱子解釋錯了，他的說法才是孔門眞傳。

所以，我們研究宋明諸儒的學說，最好的辦法，是把他們所用名詞及一切術語掃蕩了，單看他的內容。如果拿淺俗的話來說，宋明諸儒的意思，都是說：「凡人要想為聖為賢，必須先將心地弄好，必須每一動念，就就自己考察，善念就存著，惡念就克服掉，久而久之，心中所存者，就純是善念了。」

關於這層，宋明諸儒的說法都是相同的。但是念頭之起，是善是惡，自己怎能判別呢？

在程朱這一派人說道：「你平居無事的時候，把自家的心打掃得乾乾淨淨，如明鏡一般，無纖毫渣滓，以後任一事來，自然可以分別非善惡。」這就是兩派相爭之點。在我們想來，一面把自家心地打掃得乾乾淨淨，一面把外面的事研究得清清楚楚，豈不是合程朱陸王而一之？然而，兩派務必各執一詞，各不相下。這種情形正如孟荀性善性惡之爭，從整個道理中，各截取半面以立論，就成為對峙的兩派，這就是門戶之見。

孫中山先生曾說，馬克思的信徒進一步研究，發明了「生存為歷史重心」的說法，而告子在二千多年以前，已有「生之謂性」一語，這是頗値得研究的。

達爾文生存競爭之說，也符合告子所說「生之謂性」。達爾文學說本身沒有錯，錯在因生存競爭而倡導弱肉強食，成了無界域之競爭，已經達到生存點了，還競爭不已，導至歐洲列強掠奪弱小民族生存的資料，以供其無厭之慾壑。

尼采則由達爾文的學說更推進一步，倡導超人主義，愛別人是奴隸道德，剿滅弱者是強者天職，因而產生德皇威廉二世，造成第一次世界大戰；產出墨索里尼、希特勒和日本軍閥，又造成第二次世界大戰。

推原禍始，實由達爾文對於人性欠缺研究的原故。假使達爾文多說一句話：「競爭以達到生存點爲止」，何至於這種流弊？

中國的哲學家不這樣，告子「食色性也」的說法，孟荀都是承認了的，荀子主張限制，孟子對於食字，只說到不饑不寒、養生喪死無憾爲止，對於色字，只說到無怨女、無曠夫爲止，達到生存點就截然止步，隨即提倡禮義，因之有「衣食足而義興」的說法。這是中國一貫的主張，絕沒有西洋學說的流弊。

想要世界文明，不能在西洋現行學說中尋找，當在中國固有學說中尋找。中國改革經濟政治，與一切制度，絕對不能師法歐美各國。

就拿憲法一端而論，美國憲法，算是制定得頂好的了，但根本上就有問題。美國制憲之初，有說人性是善的，主張地方分權，有說人性不能完全是善，主張中央集權。兩派爭執，經過許久，最終後一派戰勝，定為中央集權。這是政爭上的戰勝，不是學理上的戰勝，怎能足為我國師法？

據我的研究，人性乃是無善無惡的，應當把地方分權與中央集權融合為一，制出來的憲法，從地方看之，就是地方分權，從中央看之，就是中央集權，這就好像渾然的整個人性，自孟子看之，則為性善，自荀子看之，則為性惡。

古今中外，討論人性的，聚訟紛紜，莫衷一是，只有告子性無善無不善的說法，證以印度佛氏之說，是合理的。

他說：「生之謂性」，從達爾文生存競爭之說看是合理的，從馬克思信徒「生存為歷史重心」之說看，也是合理的。

至於他說「食色性也」，現在的人，正瘋狂向這二字奔去，更證明他的觀察沒有錯。

我們說：「心理依力學規律而變化」，而告子說：「性猶湍水也」，水的變化，就是力的變化，我們這條臆說，也逃不出他的範圍。性善性惡的爭執，是中國二千多年未曾解的的懸案，我們可下一斷言說：告子的說法是合理的。

第7章 心理與力學

世界紛亂極了，
我們在人事上如能尋出規律，
則世界學說，可歸一致，
人世的糾紛，可以免除，而文明自必大進步。

一九一二年，我在成都《公論日報》上發表一文，題目叫《厚黑學》，說：「古今成功的英雄，沒有一個不是面厚心黑的人」。

這本是一種遊戲文字，不料自此以後，厚黑學三字，遂傳播四川，成了一個普通名詞。我自己也莫名其妙，心裡揣想這等說法能受一般人歡迎，一定與心理學有關係。

繼續研究下去，才知厚黑學是淵源於性惡說，在學理上是有根據的。但私心終有所懷疑，遍尋中外心理學諸書讀之，均不足解開我的懷疑，乃將古今人說法盡行掃去，另用物理學的規律來研究心理學，覺得人心的變化，處處是跟著力學規律走的。

從古人事跡上、政治權謀上、日常瑣事上、自己心上坎、理化數學上、中國古書上、西洋學說上，四面八方，印證起來，處處可通，於是就創一臆說：「心理按照力學規律而變化。」一九二〇年，寫一文章叫《心理與力學》，藏在箱子中不敢發表，一九三七年方刊入拙著《宗吾臆談》內。

我這《心理與力學》一書，淵源於厚黑學。

我的思想，好比一株樹。厚黑學是思想的出發點，等於樹根；因厚黑學而生出一條臆說：「心理依力學規律而變化」，等於樹身；其他所寫之書，都是以「心理依力學規律而變化」這條臆說為根據，等於樹上生出的枝葉花果。所以，我所寫的文字，雖種種不同，其實是一以貫之。

去年遇川大教授、福建的江超西先生，是專門研究物理的，並且喜歡研究易學，是博通中外的學者。我把稿子全部拿給他看，把所有疑點提出請教。承蒙一一指示，認爲我這種說法講得通，並賜序一篇，我是非常感激。但我終不敢自信，請讀者不客氣地賜教。

我研究這個問題，已經鬧得目迷五色，文中種種說法，對與不對，自己無從知道。我重在解釋心中疑團；讀者指駁越嚴，我越是感激，絕不敢答辯一字。

我發表此書後，得到不少批評，使我獲益匪淺，很是感謝。除全部贊成和全部否認者外，有認爲大致不差，某某點尚應該改者，我已遵照修改。有些地方，雖經指示，而我認爲尙應商酌的，則暫仍其舊，請讀者再加指正。以便再加修改。

讀者常常反駁我說：「人的心理，變化不測，哪裡會有規律？」

我說：物理也是變化不測，何以又有規律？

現在的科學家，研究物理，可謂極爲精密了。我們試取一瓷杯，置於地上，手執一鐵錘，請問：此錘擊下去，此杯當成多少塊？每塊形狀如何？恐怕聚世界科學家研究之，無一人能預知，所可知的，鐵錘擊下，此杯必破裂罷了。

爲什麼呢？杯子內部分子的構造，無從推測，我們不能因此就說，物理變化，無有規律。人藏其心，不可測度，與瓷杯之分子相同，所以心理變化，如珠走盤，棋斜曲直，不可得知，所可知者，必不出此盤而已。

人持弓箭，朝東射，朝西射，我們不能預知，但一射出來，其箭必依拋物線進行，這就是力的規律。我所謂心理變化有規律可尋，也就是這個意思。

我說：「心理依力學規律而變化」，原是一種臆說，不能說是公例。公例者，無一例外之謂也。

當初牛頓發明萬有引力，定出三例，許多人都不承認，後來逐漸證明，逐漸承認，最後宇宙各種現象，都皆合牛頓規律，惟天王星不合，有此例外，仍不能成爲公例。

直到一九四六年，有某天文家，將天王星符合牛頓規律這部分提出，將其不合規律的部分加以研究，斷定天王星之外，另有一個行星，其形狀如何，位置如何，加入此星的引力，天王星就符合規律了。

此說一發表出來，衆天文家，依其說以搜求之，立即把海王星尋出，果然絲毫不差錯，牛頓的學說，就成爲公例。

心理的變化，較物理更複雜，更奇妙。我的說法，不爲一般人所承認的原因，是因爲例外的事太多。

我不認爲我的臆說有錯，而認爲人心中的海王星太多。我們也只能握著大原則，以搜求各人心中的海王星。

有人說，你想把人事與物理溝通爲一，從前許多人都做過這種工作，無奈這條路走不通。我說：蘇彝士運河，從前許多人都說鑿不通，最後終於鑿通。巴拿馬運河，許多人都說鑿不通，最後也終於鑿通。

我認爲自然界以同一原則生人生物，物理上的規律，必定可以適用於人事，只不過是我個人學識不夠，不能把它溝通爲一罷了。學術是世界公物，應當全世界研究，不是一個人的力量所能勝任。尙望讀者諸君共同研究，如我這種方式走不通，希望讀者也原諒我的愚蠢，儘管教導我！

物理紛繁極了，牛頓尋出規律之後，紛繁的物理，清楚地有了規律，而科學因此大進步。世界紛亂極了，我們在人事上如能尋出規律，則世界學說，可歸一致，人世的糾紛，可以免除，而文明自必大進步。這是作者希望諸君共同研究的。

科學上有許多定理，最初都是一種假設，根據這種假設，從各方面試驗，都是符合的，這假設就成爲定理了。

比如，地球這個東西，自開天闢地以來就有的，經過了若干萬萬年，人民生息其上，視爲自然，但對於地球的構成，則不求甚解。

距今二三百年前，出了一個牛頓，發明萬有引力，說：「地心有引力，把泥土沙石吸成一團，成爲一個地球。」

究竟地心有無引力，無人看見，牛頓這個說法，本來就是假定的。不過，根據他的說法，任憑如何試驗，都是符合的，於是他的假說，就成了定理。從此一般人都知道：凡是有形有體的東西，都要受地心引力的吸引。

到愛因斯坦出來，發明相對論，把牛頓的學說擴大，說：「太空中的星球發出的光線，經過其他星球，也要受其吸引，由於天空中衆球互相吸引之故，於是以直線進行的光線，就變成彎彎曲曲的形狀。」

這也是一種假說，但經過實地測驗，證明不錯，於是也成了定理。從此一般人又知道：有形無體的光線，也要受引力的吸引。

我們研究心理學，不妨把愛因斯坦的學說再擴大，說：「我們的心中也有一種引力，能把耳聞目睹，無形無體之物吸引來成爲一個心，心的構成，與地球的構成相似。」

我們這樣設想，那牛頓三例和愛因斯坦的相對論，就可以適用到心理學方面，而且人事上的一切變化，就可按照力學規律去考察了。

通常所稱的心，是由於一種引力，經過五官出去，把外邊的事物牽引進來，集合而成的。例如，有一物在我面前，我注目看它，引力就從眼睛透射出去，與那個物體連結。我將眼睛一閉，能夠回憶那物的形狀，就是引力把那物體拖進來縮住了，由於這種方式，把耳聞目睹，與身所經歷的事項，一一拖進來，集合爲一團，就成爲一個心，所以心的

構成，與地球的構成，完全相似。

一般人都說自己有一個心，佛家極力駁斥此說，說人沒有心，通常所謂心，是假的，乃是六塵的影子。譬如，《圓覺經》便說：「一切衆生，無始以來，種種顚倒，妄認四大，爲自身相，六塵緣影，爲自心相。」

我們試想，假使心中沒有引力，那六塵影子的經過，好像秋雁掠過長空，影子落在湖心一般，秋雁一去，雁影即絲毫不留了。而我們見到秋雁經過，能記憶雁的影相的原因，就是心中有一種引力，能把雁影縮住的緣故。

佛家說：「六塵影子，落在八識田中，成爲種子，永不能去。」這正如穀子、豆子落在田土中，成爲種子一般。

我們知道，穀子豆子，落在田土中，是由於地心有引力，就知道六塵影子落在八識田中，是由於人心有引力。因爲有引力縮住，所以穀子豆子落在田土中，永不能離去，六塵影子，落在八識田中，也永不能去。

我們如把心中所有的知識，一一考察最初來源，就知道無一不從外面進來，它們經過路線，不外眼、耳、鼻、舌、身，雖說人能發明新理，但仍得靠外面收來的知識作基礎。比如修房子的，必須購買外面的磚瓦木料，才能建築新房子一樣。

我們如果把心中各種知識的來源，一一清理出來，從眼睛進來的，仍令從眼睛退出去，從耳朵進來的，仍令從耳朵退出去，其他的也一一從來路退出去，那麼心即空無所有了。

人的心如果眞能夠空無所有，對於外物便無貪戀，便無嗔恨，有如湖心雁影，過而不留，這就是佛家所說的「還我本來面目」。

地球的構成源於引力，意識的構成則源於種子。試由引力再進一步，推究到天地未有以前，由種子再進一步，推究到父母未生以前，那就只有所謂寂兮寥兮的狀況，而二者就會歸於一了。

由寂兮寥兮生出此力，而後有地球，而後有萬物。由寂兮寥兮生出種子，而後有意識，而後有人類。

我們經過這樣的研究，便會覺得心的構成，其實與地球的構成相似，那麼物理的規律，就可適用於人事了。

第8章 心理按照力學規律

我們的心中，藏得有一個平字，
為衡量萬事萬物的標準，
不過自己習慣而不察覺罷了。
心中的力，與宇宙的力，是相通的，
所以我的一顆心，可以衡量萬物。

宇宙之內，由於離心向心兩種力量互相作用，才生出萬有不齊的事事物物，表面上看去，似乎參差錯亂，其實有一定不移的軌道。

人與物，造物是用一種大力，同樣鼓鑄之，所以人事與物理相通。離心力與向心力，二者互相爲變，所以世上有許多事，我們用人力強之使合，它反轉相離，有時想讓它們分離，他又自行結合了。

瘋狂的人，想逃走的心，與禁錮的力量成正比例，越禁錮得嚴，越是想逃走，有時不禁錮他，他反不想逃走了。父兄約束子弟，要明白這個道理，官吏約束百姓，也要明白這個道理。秦政苛刻暴虐，群盜蜂起，漢朝文景兩個皇帝寬大，民風反轉渾樸起來，其間確有規律可尋，並非無因而至。

我們手搓泥丸，是增加向心力，越搓越緊，若是緊到極點，就是向心力到了極點，再用大力搓之，泥丸立即破裂，呈一種離心現象。水遇冷則收縮，是向心現象，越冷越收縮，到了攝氏四度，再加冷也會呈離心現象，越冷越膨脹。由於可知離心向心，本是同一種力量的變化。

比方我們拿一根針向紙刺去，愈前進距紙愈近，這是向心現象，刺破了紙，仍前進不止，愈前進距紙愈遠，變爲離心現象，這根針進行的方向，並未改變，卻會生出兩種現象。這是因爲凡物都有極限，水以攝氏四度爲極限，紙以紙面爲極限，超過了極限，

就會生反對的現象。父兄約束子弟，官吏約束百姓，必須察知極限點在什麼地方。

從上面的原理推論出去，地球的形成和毀滅，也就可知了，地球越冷越收縮，到了極限點，呈反對現象，自行破裂，散爲飛灰，迷漫太空，現在的地球，於是告終。又由於引力的作用，經過若干年，又生出新地球。我們身體上的物質，將來是要由現在這個地球介紹到新地球去的。人身體的物質，世世生生，隨力學規律旋轉，所以往古來今的人們的心理，都是隨力學規律旋轉。

萬物有引力，萬物有離力，引力勝過離力，則其物生存，離力勝過引力，則其物毀滅。目前存在之物，都是引力勝過離力的，故有萬有引力之說，其離力勝過引力之物，早已消滅，沒有人看見，所以萬有離力一層，沒有人注意。

地球是現存之物，所以把地面外的東西向內部牽引；心是現存之物，所以把六塵緣影向內部牽引；小兒是求生存之物，所以看見外面的東西，就取來放入自己口中。人類是求生存的動物，所以一看見有利己之事，就牽引到自己身上去。天然的現象，無一不向內部牽引，地球、心性、小兒、人類將來本是要由萬有離力作用，消歸烏有的，但是未到消滅的時候，他那向內部牽引的力量，無論如何是不能除去。

既然如此，宋儒去私的說法，怎能辦得到？

人心的私欲，既不能除去，我們只好承認私欲，把人類畫爲一大圈，使人各遂其私，人人能夠生存，世界才能太平。

我們人類，當同心協力，把圈外的禽獸、草木、地球當作敵人，搜取它們的寶物，與人類平分，這才是公到極點，也可以說是私到極點。但如果不那樣，只向人類奪取財貨，世界是永遠得不到太平的。

心理變化，等於水的變化，水可以成爲雲雨，成爲霜露，成爲冰雪，成爲江湖，成爲河海，時而浪靜波恬，時而崩騰澎湃，變化無方，幾於不可思議，而科學家用力學規律加以觀察，無不一一有軌道可循。

人的心理，不外相斥相吸兩種作用，自己覺得有利的事，就引之使近，自己覺得有害的事，就推之使遠。

人類因爲有這種心理，所以能夠相親相愛，生出種種福利；又因爲有這種心理，所以會相爭相奪，生出種種慘禍。

主持政教的人，應當用治水的方法，疏鑿與堤防二者並用。方法得當，那麼就可以行船舟、灌田畝，其利無窮。要是方法不當，那麼就會漂房舍、殺人畜，其害也無窮。

宋儒不明此理，強分義理之性、氣質之性，創出天理人欲種種說法，無畢於說，行船舟、灌田畝之水，其源出於天，出於理；漂房舍、殺人畜之水，出於人，出於氣。我不知道一部宋元明清學案中，天人理氣等字，究竟是什麼東西，只好說它迂曲難通。

我們仔細研究自己的心靈，種種變化，都是依著力學規律走的，狂喜的時候，力線就向外發展，恐懼的時候，力線就向內收縮。遇到意外事變，想向東，東方有阻，想向西，西方有礙，一旦力線轉折不穩定，心中就呈慌亂態狀。

對於某種學說，如果承認它，自必引而受之，如果否認它，自然會推而去之，要是遇一到種學說，好像有理，又好像無理，接受不可，拒絕不能，那就成爲狐疑態度。

我們研究事理，如果依直線進行之例，一直前進，推至甲處，理不可通，就會折向乙處，又不可通，就會折向丙處。人心的曲折，與流水的迂迴相似。水本是以直線進行的，雖是迂迴百折，仍不外力學規律；我們的心，也是如此。

此外，尚有種種現象，仔細研究，終不外推之、引之兩種作用。有時潛心靜坐，萬緣寂滅，無推引者，亦無被推引者，如萬頃深潭，水波不興，就呈一種恬靜空明的狀態。這時的心，雖不顯何作用，其實千百種作用，都蘊藏在內。

人的心理，與磁電相通，電氣中和的時候，毫無作用，一作用起來，其變化就不可思議。我們明白磁電的原理，人的心理就可了然了。

水雖是按直線進行，但把水放在容器中，它就隨容器變化形狀，器方就方，器圓就圓；人的心理，也是如此。

人有各種嗜欲，其所以不任意發露，實際上是由於有一種拘束力，把他制住。拘束力各人不同，有的受法律的拘束，有的受清議的拘束，有的受金錢的拘束，有的受父兄師長朋友的拘束，有的受因果報應及聖賢學說的拘束。只要把他心中的拘束力除去，他的嗜欲，立即呈露，如貯水的容器，一有了罅漏，水就會向外流出一般。

貪財好色的人，身臨巨禍，旁人看得清清楚楚，而他本人往往茫然不知，因爲他的思想感情，按照直線進行公例，視線在目的物上，兩旁的事物，全不能見。譬如寒士想做官，做了官還嫌小，要做大官，做了大官，還是向前不止。袁世凱做了大總統，還想做皇帝；秦始皇、漢武帝，做了皇帝在中國稱尊，還嫌不足，要起兵征伐四夷，四夷平服了，又要想做神仙。這就是人類嗜欲按照直線進行的明證。

基督教志在教人，以博愛爲主旨，其教條是：「有人打我的左臉，就拿右臉獻上。」但新舊教之爭，釀成血戰慘禍，處置異教徒，有焚燒酷刑，竟與教旨顯然違背，請問這是什麼道理？

法國革命，以自由平等博愛相號召，乃竟殺人如麻，稍有反對的，或形跡可疑的，即加誅戮，與所標主旨全然違反，這又是什麼道理？

我們要解釋這個理由，只好求之力學規律。耶穌、盧梭的信徒，只知追求他心中的目的物，熱情而又剛烈，猶如火車開足了馬力向前奔走一般，途中人畜無不被其碾斃。

凡信各種主義的人，都可本著此公例加以印證。

凡事都有變例，如本書先前所舉例子，是指常例而言，是指靜的現象而言，是指沒有增加外力而言。如果從變例來看，那就有幫助外人攻擊其兄的，就有愛花，愛石，愛山水，而忘其身命的。俗話說：「忠臣不事二君，烈女不嫁二夫」，心中加了一個忠字、烈字，往往自甘殺身而不悔。

俗話又說：「慷慨赴死易，從容就義難。」慷慨是動的現象，從容是靜的現象。中日戰爭，我國許多無名戰士，身懷炸彈，見日本坦克車來，就奔臥道上，己身與敵人同歸於盡，他們既不爲利，也不爲名，而有此等壯烈的舉動，是什麼原因？

孟子曰：「所欲有甚於生者，所惡有甚於死者。」因在我之外，另有一物，爲他的視線所關注。耶穌、盧梭信徒，爲求達到目的，忘卻信條；我國志士，爲求達成目的，忘卻已身，此其間確有一定的軌道。所以老子說：「民不畏死，奈何以死懼之。」

目的可以隨時轉變，因此表現出來的，遂有形形色色的不同，然而，世間的種種變化終究離不開力學規律。我們只有認識到這個道理，才可以處理事變，才可以教育民眾。

人的思想感情，本是按照直線進行，但表現出來，卻有許多彎彎曲曲、奇奇怪怪的狀態。其原因是人群眾多，力線交互錯綜，相推相引，又加以境地時時變遷，各人立足點不同，觀察點不同，所以明明是直線，轉變成曲線。

例如，我們取一塊直線板，放在黑板上，用白墨順著直線板畫一線，這條線當然是直線，假使畫直線之時，黑板任意移動，結果所畫出的線，就成為曲線了。我們如果把愛因斯坦的相對論，運用到人事的變化之上，就可把這個道理解釋明白。

人人有一顆心，就是人人有一條力線，各力線都向外發展，導致處處衝突，何以平常時，衝突的事不多見？

因為力線有種種不同，有力與力不相交的，譬如這個人做甲事，那個人做乙事，各不相涉。有力與力相消的，例如有人起心，想害某人，但又想他的本事也大，我怕敵他不過，因而中止。

有力與力相合的，例如抬轎的人，舉步快慢，自然一致。

有力與力相需的，例如賣布的和縫衣匠，有布無人縫，有人縫無布賣，都是不行，相需為用，自然彼此相安。

又有大力制止了小力的，例如子孩玩得正高興的時候，父母命他做某事，他心中雖是不願，仍不能不做，這是父母之力把他的反對力制服了。

又如交情深厚的朋友，小有違忤，能夠容忍，因為彼此間的凝結力很大，小小衝突之力，不能有所表現。

諸如此類，只要我們仔細考察，就知人與人相接，力線交互錯綜，如網一般，有許多線，不但不衝突，反而相需相成，人類能夠維繫，以生存於世界，就是這個原因。

通常的人，彼此的力相等，個個獨立，本事大的人，他的力量大，能夠把他前後左右幾個人吸引來成一個團體，成爲團體以後，由於合力作用，其力更大，又向外面吸引，越吸引越大，最後勢力就遍於天下。東漢黨人，明季黨人，就是這種現象。

如果同時有一人，力量也相當強大，不受他的吸引，並且把自己前後左右幾個人吸引成一團體，也是越吸引越大，就成爲對峙的兩黨。宋朝王安石派的新黨，司馬光派的舊黨，也是這種現象；現在各黨的對峙，也是這種現象。

兩黨相遇，其力線的軌道，與兩人相遇一樣。凡當首領的人，關鍵在於把內部衝突的力量減消，一致對外，如果不那樣，他那團體，就會自行解散。有些團體，越受外界壓迫，越是堅固，有些團體一受壓迫，就立即解體，其根本原因就在那個當首領的人，能否統一內部的力線，而不在於外力之大小。

有人說，群衆心理與個人心理不同，個人獨居的時候，常有明瞭的意識，正當的情感，一遇群衆動作，身入其中，這種意識情感，就完全消失，隨衆人的動作而動作。往往有平日溫良謙讓的人，一加入群衆之中，忽變而爲獷厲囂張、橫豎不講道理的暴徒。又有平日柔懦卑鄙的人，一入群衆之中，忽然變而爲熱心公義犧牲身命的志士。

法國人黎朋著《群衆心理》一書，歷舉各種事實，認爲群衆心理，不能用個人的心理加以解釋，其實並不是這樣，我們如果應用力學的規律，就可把這個道理清楚說明。

人人有一顆心，就是人人有一個力，一人的力，不敵衆人之力、群衆動作，身入其中，我一己的力，被衆人的力力相推相蕩，不知不覺，隨同動作，以衆人的意識爲意識，衆人的情感爲情感，自己的腦筋，就完全失去自主的能力了。

因爲這個道理，所以當主帥的人，才能驅策千千萬萬的平民效命疆場，當首領的人，才能指揮許多黨徒作殺人放火的暴行。

個人獨居的時候，以自己的腦筋爲腦筋，群衆動作時，是以首領的腦筋爲腦筋。當首領的人，只要意志堅強，就可指揮如意。史書曾稱：「李光弼入軍，號令一施，旌旗變色」，俗話也說：「強將手下無弱兵」，就是這個道理。

水的變化，按照力學規律而變化，我們心理的變化，也是按照力學規律而變化。每每會議場中，平靜無事，忽有一人登台演說，慷慨激昂，群情立即奮發，釀成重大事變，這個會議場中的衆人，猶如深潭的水一般，堤岸一崩，水就洶湧而出，漂房舍，殺人畜，勢所不免。

所以，我們應付群衆暴行的方法，要取治水的方法，其法有三：

一、如果是堰塘裡的水，就登高以避之，等他流乾了，自然無事；

二、如果是有來源的水，就設法截堵，免其橫流；

三、或疏通下游，使之向下流去。

水的動作，就是力量的動作，我們採取治水的方法來應付群衆，斷然不會錯。兩種力量平衡，才能穩定，萬事萬物以平衡爲歸，水不平衡則流，物不平衡則鳴，資本家之對於勞工，帝國主義之對於弱小民族，不平等太厲害，可斷定它終歸失敗。

處順利之境，心要想著危機，處憂危之境，又要有一種豪邁之氣，使發散收縮二力保持平等，才不失敗。發達而在上的人，態度要謙遜，窮困而在下的人，志氣要高亢，不這樣就不平等。如果在上又高亢，我們一定說他驕傲，在下又謙遜，我們一定說他卑賤。

這是由於我們的心，是一種力結成的，力以平衡爲歸宿，所以我們的心中，藏得有一個平字，爲衡量萬事萬物的標準，不過自己習慣而不察覺罷了。心中的力，與宇宙的力，是相通的，所以我的一顆心，可以衡量萬物，王陽明的學說，就是從這個地方生出的。

第9章

人性與獸性

——對達爾文學說的八點修正

達爾文講競爭，一開口就是豺狼、虎豹，

鄙人講厚黑，一開口就是曹操、劉備、孫權。

曹劉諸人，是千古人傑，

其文明程度，不知高出豺狼虎豹若干倍。

我同友人談到達爾文，友人規勸我說：「李宗吾，你講你的厚黑學好了，切不可涉及科學範圍。達爾文是生物學專家，他的種源論，是積數十年的實驗，把昆蟲草木、飛禽走獸，一一考察遍了，證明不錯了，才發表出來，是有科學根據的。你不是科學家，最好不涉及，免得鬧笑話。」

我說道：「達爾文可稱作科學家，難道我李宗吾不可稱作科學家嗎？二者相較，我的學力還在達爾文之上，什麼原因呢？他的種源論，是說明禽獸社會情形，我的厚黑學，是說明人類社會情形，他研究禽獸，只是從旁視察，自身並未變成禽獸，與之同處，對禽獸社會情形，未免有些隔膜。我不但居然變成人，而且與人同處了數十年，難道我的學力，不遠在達爾文之上嗎？」

達爾文在禽獸社會中，尋出一種原則，如果用之於禽獸社會，我們盡可不管，而今公然用到人類社會來了，我們當然可以批駁他。人類社會中，尋得出達爾文這類科學家，禽獸社會中，尋不出達爾文這類科學家，足以證兩種社會截然不同，故達爾文的學說，不適用於人類社會。

今人動輒提科學家三字，恐嚇我們普通人，殊不知科學家聰明起來，比普通人聰明百倍，糊塗起來，也比普通人糊塗百倍。

牛頓堪稱是獨一無二的科學家，他養有大小二隻貓，有一天，他讓匠人在門上開大小二洞，以便大貓出入大洞，小貓出入小洞。

任何人都知道，只要開一個大洞，大小二貓都可以出入，而牛頓竟然沒想到這層，這不是比普通人湖塗百倍嗎？

牛頓說，地心有吸力，我們固然該信從，難道他說「大貓出入大洞，小貓出入小洞」，我們也相信嗎？

所以，我們對科學家的學說不能不愼重選擇，謹防他們的學說裡面藏著牛頓的貓洞。因爲科學家有時比普通人糊塗百倍，所以專門家的學說，往往不通。例如亞當．斯密難道不是經濟家？而他的學說就不通。我們的話不足爲證，難道專家的批評都不可信嗎？——唉呀！諸君算了吧，舉世紛紛擾擾，鬧個不休，都是達爾文、亞當．斯密……諸位科學家的恩賜啊！

達爾文講競爭，一開口就是豺狼、虎豹，鄙人講厚黑，一開口就是曹操、劉備、孫權。曹劉諸人，是千古人傑，其文明程度，不知高出豺狼虎豹若干倍。

其他姑且不論，單是我採用的標本，已比達爾文採用的標本高得多了。所以，基於達爾文的學說造出的世界，是虎狼世界，基於鄙人的學說造出的世界，是極文明的世界。

達爾文可稱爲科學家，鄙人當然可稱爲科學家，只不過達爾文是生物的科學家，鄙人是厚黑的科學家罷了。

達爾文研究生物學數十年，幾把全世界的昆蟲、草木、飛禽、走獸，都研究完了，唯獨他實驗室中有個高等動物未曾乎加以研究，所以他的學說，就留下破綻。請問是什麼高等動物？答曰：就是達爾文本身，他把人類社會忽略了，把自己心理和行爲忽略了，所以創出的學說，不能不有破綻。

達爾文實驗室中，有個高等動物，他既沒有研究，我們不妨替他研究。達爾文一生下地，我們就用採集動物標本的法子，把他連兒帶母活捉到中國來，用中國的白米飯把他餵大，然後我們用達爾文研究動物的法子，從旁觀察，一直到他老死，就可發現他的學說是自相矛盾的。

達爾文一生下地，就拖著母親之乳來吃，把母親的膏血吸入腹中，如不給他吃，他就大哭不止，哭鬧著要吃，這可說是生存競爭，從這個地方視察，達爾文的學說沒有錯。

長大點能吃東西了，母親手中拿一糕餅，他見了伸手來要，母親不給他，放在自己口中，留半截在外，他立刻會伸手，把糕餅從母親口中取出來，放在他的口中。母親抱著他吃飯，他就伸手來拖母親的碗，如不提防，就會墜地打爛。這種現象，也是生存競爭，達爾文的學說也沒有錯。

若是再大點，自家能端碗吃飯了，他一上桌，就遞一個空碗，請母親給他盛飯，吃了又請母親盛，母親面前放著滿滿一碗飯，他再也不去搶了，競爭的現象忽然減少，難道不是很奇怪的事嗎？

再大點，他自己會往碗中盛飯，再不要母親與他盛，有時碗中飯不夠，他沒吃飽，守著母親哭，母親把自己的飯分半碗給他吃，他這才好了，母親不分給他，他斷不能去搶。

更大點，飯不夠吃，母親把自己碗中的飯分與他吃。到了此時，競爭的現象，一點沒有，豈不奇怪嗎？

這是小孩下地時，只看母親身上的乳，大點即看母親碗中之飯，再大點即看見甑中之飯，更大點即看見街上之食物。

不只這些，達爾文長大成人，學問弄好了，當大學教授了，有窮親友向他告貸，他就慨然給多，後來金錢充裕，還拿錢來做慈善事業，或謀種種公益。這種現象，與競爭完全相反，豈非奇之又奇？於此，我們可以定出一條原則：「同是一個人，知識越進步，眼光越遠大，競爭就越減少。」

達爾文著書立說，只把當小孩時搶食母親之乳、搶奪母親口中糕餅這類事告訴衆人，不把他當教授時施捨金錢、周濟親人、做慈善事業這類事告訴衆人，這是達爾文學說應該修正的第一條。

達爾文當子孩時搶奪食物，有一定的規律，就是「餓了就搶，飽了就不搶」，飽了不但不搶，並且讓他吃，他都不吃。但有一個例外，見了好吃的東西，叫他不要多吃，他不肯聽，結果多吃了不消化，得下一場大病。由此知道食物以飽爲限，過飽就有弊害。於此，我們可以定出第二條原則：「競爭以適合生存需要爲準，超過需要以上，就有弊害。」

達爾文只說當小孩時會搶奪食物，因而長得很肥胖，並不說因爲食物多了，反得下病，於是達爾文的競爭，成了無界域的競爭，歐人崇信他的說法，而世界於是紛紛大亂，這是達爾文學說應該修正的第二點。

達爾文說：「萬物都是互相競爭，異類則所需食物不同，競爭還不激烈，惟有同類之越相近者，競爭越激烈。虎與我競爭，不如虎與虎競爭之激烈，狼與羊競爭，不如狼與狼競爭之激烈，歐洲人與他洲土人競爭，不如歐洲各國互相競爭之激烈。」

他這個說法，證以第一次歐洲大戰，誠然不錯，但是達爾文創出這種學說，他自己就把他破壞了。

達爾文的本傳上說：「一八五八年，他的好友荷理士，從南美洲寄來一篇論文，請他代爲發表，達爾文讀這篇論文，恰與自己十年來苦力思索得出的結果完全相合，自己非常失望。要是落在別人，爲爭名譽起見一定起嫉妒心，或者會漂沒他的稿子，但達爾文不這樣，直把這篇論文交與黎埃兒和富伽二人發表。二人知道達爾文平日也有這樣的研究，力勸他把平日研究所得寫成論文，於一八五八年七月一日，與荷理士論文同時發表，於是全國學者，盡都聳動。」

傳記上是這樣說，在替他作傳的人，本是極力讚揚他，實際上是攻擊他，無異於說他的學說，根本不能成立。何以故呢？

他與荷理士同是歐洲人，較之他洲人更相近，同是英國人，較之其他歐洲人更相近，他二人是相好的朋友，較之其他英人更相近，並且同是研究生物學的人，較之其他朋友更相近。荷理士的著作宣佈出來，足以奪去達爾文的名聲，對他最有妨害，達爾文不壓抑他，反替他宣布，豈不成了同類中越相越近越不競爭嗎？達爾文是英國人，對於同類能夠這樣退讓，那何以歐戰中，那些英國人競爭那麼激烈？

因此，我們可以定出第三條原則：「同是一國的人，道德低下者，對於同類，越近越競爭，道德高尚者，對於同類，越近越退讓。」

達爾文不把自己讓德可風的事指示衆人，偏把他本國侵奪同洲同種的事指示衆人，這是達爾文學說應該修正的第三點。

達爾文說：「競爭愈激烈，則最適者出焉。」這個說法，又是靠不住的。第一次歐戰之激烈，爲有史以來所未有，請問達爾文，此次大戰結果，哪一國足以稱得上「最適」二字？

究其實，不管戰敗者和戰勝者，無一非創痛巨深。他這個說法，難道不是毫無徵驗？

而再看達爾文不和荷理士競爭，反享千古大名，足當「最適」二字，他這個公例，又是他自己破壞了。他的論文，與荷理士同時發表後，他又繼續研究，於一八五九年發佈《神源論》，從此名震全球。

荷理士之名，幾乎無人知道，這是由於達爾文返而自奮，較荷理士用力更深之故。由此，我們可以定第四條原則：競爭的途徑有二：進而攻人的，處處衝突，常遭失敗；返而自奮的，不生衝突，常占優勝。

達爾文不把自己戰勝荷理士的秘訣教導衆人，偏把英國掠奪印度的方法誇示下天，這是達爾文學說應修正的第四點。

有人問：我不想與人競爭，但別人偏偏要用強權競爭的策略向我進攻，我將怎麼辦？

這是有辦法可以解決的，我們可以定出第五條原則：「凡事以人己兩利爲主，二者不可得兼之時，那就應當利人而無損於己，或者利己而無損於人。」

有了這條原則，人與我雙方兼顧，有人來侵奪，我抱定「不損己」三字做法，他能攻，我能守，他又豈奈我何？

這是達爾文學說應修正的第五點。

達爾文說，人類進化，是由於彼此競爭；我們從各方面考察，覺得人類進化，是由

於彼此相讓。因為人類進化，是由於合力，彼此能夠相讓，這樣每根力線，才能向前直進，世界才能進化。

比如，我要趕路，在路上飛步而走，見有人對面撞來，我應當側身讓過，方能不耽誤行程。照達爾文的說法，見人對面撞來，就應該把他推翻在地，沿途有人撞來，就沿途推翻，遇著行人擠做一圈，我就從中間打出一條路，向前而走。

請問世間趕路的人，有這種辦法嗎？我們如果要講「適者生存」，必須懂得這種彼此相讓的道理，這才是適者，才能生存。

由達爾文的眼光看來，生物界充滿了相爭的現象，由我們的眼光看來，生物界充滿了相讓的現象。

試入森林一看，就看見各樹都是枝枝相讓，葉葉相讓，所有樹枝樹葉，都向空處發展，秩序井然。

樹木是無知之物，都能彼此相讓，可見相讓乃是生物界的天性，因為不相讓，就不能發展，凡屬生物都這樣。深山禽鳥相鳴，百獸聚處，都是相安無事之時多，彼此鬥爭之時少。

我們可以定出第六條原則：「生物界相讓者其常，相爭者其變。」

達爾文把變例認為常例，似乎不對，事實上遇著兩相衝突的時候，我們就該取法樹枝樹葉，向空處發展。

王猛見了桓溫，就改而到苻秦做官，惲壽平見了王石谷的山水，而改習花卉，都是所謂向空處發展。

大宇宙之中，空處甚多，也就是生存的方法甚多，人與人無須相互爭奪，這是達爾文學說之應修正的第六點。

按照達爾文的說法，凡是強有力的，都該生存，我們從事實上看來，反是強有力者先消滅。洪荒之世，遍地是虎豹，牠的力比人更大，似乎人戰牠不過了，爲什麼到頭來虎豹反而面臨絕跡？

第一次世界大戰以前，德皇勢力最大，似乎稱雄世界，爲什麼反會失敗？袁世凱在中國勢力最大，似乎可以復辟成功，爲什麼最後會失敗？

有了這些事實，所以達爾文的學說，就發生疑點。我們細加推究，就知虎豹之被消滅，是由於全人類都想打牠，德皇之失敗，是由於全世界都想打他，袁世凱之失敗，是由於全中國都想打他。

思想相同，就成爲方向相同的合力線，虎豹、德皇、袁世凱，都是被合力所打敗的。

因此，我們可以定出第七條原則：「進化由於合力。」

懂得合力就生存，違反合力就消滅；懂得合力就優勝，違反合力就劣敗。像這樣的觀察，則那些用強權欺凌人的，反在天然淘汰之列。這是達爾文學說之應修正的第七點。

達爾文的誤點，可再用比喻來說明。假如我們向人說道：「生物進化，猶如小兒身體一天一天的長大。」

有人問：「小兒如何會長大？」

我們答道：「只要他不死，能夠生存，自然會長大。」

問：「如何才能生存？」

答：「只要有飯吃，就能夠生存。」

問：「如何才有飯吃？」

我們還未回答，達爾文從旁答道：「你看見別人有飯，就去搶，自然就有飯吃，越吃得多，身體越長得快。」

諸君試看，達爾文的答案，有沒有錯？我們這樣的研究，就知達爾文說生物進化沒有錯，說進化由於生存沒有錯，說生存由於食物也沒有錯，只有最末一句，說食物由於競爭就錯了。我們只把他最末一句修正一下，就對了。怎樣修正？就是通常所說的：「有飯大家吃。」

平情而論，達爾文教人競爭，沒有限度，固然有流弊，我們教人相讓，沒有限度，也有流弊。怎樣才能沒有流弊？我們可以定出第八條原則：「對人相讓，以讓至不妨害我之生存爲止，對人競爭，以爭至我能夠生存即止。」

這是達爾文學說應修正的第八點。

總而言之，人類由禽獸進化而來，達爾文以禽獸社會的公例施之於人類，則是把人類返回到禽獸，這自然違背進化之說，又何況禽獸相處，也未必完全是相互競爭。

他的學說，可分兩部分看。他說「生物進化」，這部分是指出事實。他說「生存競爭，弱肉強食」，這部分是解釋進化的理由，事實沒有錯，但是理由錯了。一般人因爲事實不錯，遂誤以爲理由也不錯，殊不知，進化的原因多端，相爭能進化，相讓能進化，不爭不讓，返而致力於內部，也能進化。又爭又讓，改而向空處發展，也能進化。其或具備他種條件，如克魯泡特金所謂互助，我們所謂合力，也未嘗不能進化。

達爾文置諸種原因於不顧，單以競爭爲進化的唯一原因，觀察未免疏略。於是我論言說，達爾文發明「生物進化」，等於牛頓發明「地心吸力」，是學術界千古功臣，但是他說「生存競爭」，因而倡言「弱肉強食」，流弊無窮，我們不得不加以修正。

心理厚黑學

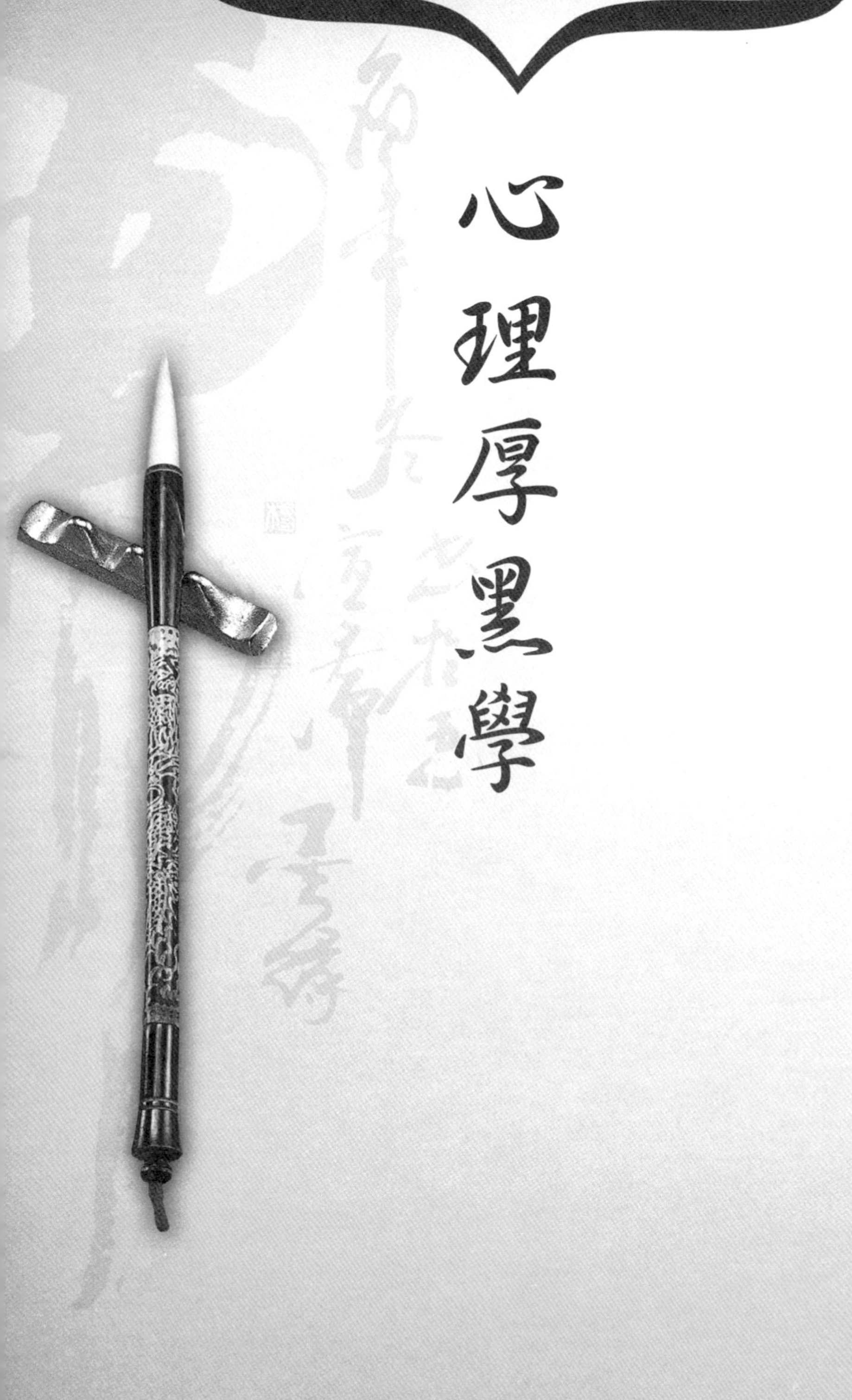

第1章

厚黑學淵源史

書就是世事，世事就是書。
我受過此種庭訓，所以沒事時，
就把書與世事兩相印證，
因而著出《厚黑學》與《心理與力學》等書。

我從發明厚黑學以來，一般人稱我爲教主。

孟子曾說：「歌詠他的詩，讀他的書，不知道那個人是誰，可以嗎？」所以，許多人都讓我寫一篇「自傳」，而我卻不敢，爲什麼呢？

傳者傳也，謂其傳之於當世，傳之於後世也。傳不傳，聽憑他人，而自己豈能認爲可傳？你們的孔子，和我家的聃大公，都是千古傳人，而自己卻述而不作。所以鄙人只寫「自述」，而不寫「自傳」。衆人既殷勤地問我，我只得據實詳述，或者人不問我，我也要絮絮叨叨，向他陳述，是之謂自述。

張默生君，經常與我通信，至今尙未識面，他叫我寫「自傳」，情詞殷摯，我因而寫《迂老隨筆》，把我的身世，夾雜寫在其中，已經寫了許多，寄交上海《宇宙風》登載。現在變更計劃，關於我的身世者，寫爲《迂老自述》，關於厚黑學哲理，寫入《迂老隨筆》。我的事跡已見之《迂老隨筆》及《厚黑叢話》的，此處則從略。

我出生在偏僻地方，幼年所受的教育很不完全，做學問不得門徑，東撞西撞，空勞心力的地方很多很多，而精神上頗受我父親的影響，所以我的奇怪思想，淵源於師友的少，淵源於我父親的多。

樂山公生我父一人，父親名高仁，字靜安，先祖去世後，即歸家務農，帶著我母親工作，勤苦一如先祖。家境漸裕之後，購置田地，滿四十歲那年，得病，請佘姓醫生診

斷，余與我家有瓜葛親戚，握脈大驚說：「李老表，你怎麼得下此病？此爲勞瘁過度所致，趕急把家務放下，當如死了一般。安心靜養，否則非死不可。」

我父親於是把家務全交我母親，一事不管。我父生二女，長女未出閣即死，次女年十餘歲，專門侍疾，靜養三年，病情終於痊癒。

父親養病時，尋找些《三國演義》、《列國演義》這類書來看，看完後沒有書，家有四書的講書，也尋來看。我父親胞叔溫山公學問很好，一旦見父親問道：「你在家作些什麼？」答說：「看四書的講書。」溫山公大大誇獎，我父很高興，益加研究。

我父親生於道光乙未年八月，光緒乙亥年八月，滿四十。我生於己卯年正月，正是我父閉門讀書時所生的，所以我天性好讀書。

蘇老泉二十七歲才發憤讀書。蘇老泉出生於宋眞宗祥符二年己酉，仁宗明道二年乙亥，滿二十七歲。蘇東坡生於丙子十二月十九日，蘇子由生於己卯年二月二十二日，他弟兄二人，正是老泉發憤讀書時代所生的。

蘇老泉二十七歲發憤讀書，生出兩位文豪；我父親四十歲發憤讀書，生出一位教主，豈非奇事？

我父親同蘇老泉發憤讀書，都是乙亥年；我生於己卯，與子由同，事也巧合。東坡才氣縱橫，文章豪邁，子由則人很沉靜，爲文淡泊汪洋，喜好黃老之學，所注《老子解》，被認爲是古今傑作。大約是蘇老泉發憤讀書，初時奮發踔厲，以後則入理漸深，日漸歸於沉靜，所以東坡、子由二人，稟賦不同。

我生於父親憤讀書的末年，故我性沉靜，喜讀老子，頗像子由。可惜我生於農家，無名師指點，爲學不得門徑，因此有愧於子由罷了。

我父親病癒時，近鄰有一產業，想賣給我父，索價很高，我父想要買下而苦其價格太高，故意說無錢買，彼此勾心鬥角，鄰人聲言，想去告我父，說我父當買不買，甚至把我家的出路挖了，我父只有由屋後繞道而行。終於這份產業爲我父所買，買時又生種種糾葛。

我七弟生於辛巳年正月廿五日，正是我父同鄰人勾心鬥角時生的，所以他的爲人，精幹機警，我家父母死、哥嫂死，喪事都由他一手操辦。據此看來，古人所謂胎教，眞是不錯。

我父所看的書，只有三本：

一、《聖論廣訓》（此書是乾隆所頒行天下，童生進場考試要默寫，名為默寫，實則照書寫），錢塘《朱柏廬治家格言》。這是我父親養病時，請徐老師寫的，字很工整。

二、《劌心要覽》，我查其卷數，是全部中之第三本。中載古人名言，分修身、治家、貽謀、涉世、寬厚、言語、勤儉、風化、息訟九項，我父親呼之爲格言書。

三、楊椒山參嚴嵩十惡五奸的奏摺，後隨遺囑，是椒山赴義前一晚上，書以訓子者，所說都是居家處世之道。

此外還有一本《三字經注解》，但不怎麼看。椒山奏摺及遺囑也少有看，所常常不離者，則在前二種，此外絕不看其他之書。

我細加研究，才知我父讀書，注重實用。《三字經注解》及椒山奏摺，只可供談助，椒山遺囑雖好，但說得太具體，一覽無遺，不如前二種的意味深長。我父常常讀之，大約是把它當作座右銘。我父親緒癸卯年正月初九日得病，十五日去世，初九日還在看這二書。

最奇怪的是，我生平從未見我父親寫過一個字，他讀的《聖論廣訓》及《朱柏廬治家格言》，是徐老師用朱筆圈點斷句，其他三書都是白本，我父未圈點一句。所以，我生平不但未見我父親寫過一字，就連墨筆畫的圈圈，都未見過一個。我們弟兄六人，隨時都有人在側，無論寫什麼，他都喊兒子動筆，我看他吃飯捏筷子，手指很僵硬，而且有點發顫，大約是提筆寫不起字。

我父親常說：「唐翼修著有《人生必讀書》。」我考試到敘府，買得這本書，送在他面前，他也不看，還是喊我拿《聖論廣訓》和格言書來。揣摸他的心理，大約是說只此二書已夠用了，其他都是沒用的。

我父常常說道：「你的書讀竄皮了，書是拿來應用的。書就是世事，世事就是書。你讀書讀得『書還是書，我還是我』去了。」

我受過此種庭訓，所以沒事時，就把書與世事兩相印證，因而著出《厚黑學》與《心理與力學》等書，讀者有說我熟透人情的。其實不然，我等於趙括談兵，與人發生交涉，無不受其愚弄，依然是「書還是書，我還是我」。

我父又說：「書讀那麼多做什麼？每一書中，自己覺得哪一章好，就把它死死記下，其餘不合我心的，可以不看。」

所以我父親終身所讀之書，只得三本，而三本中，還有許多地方，絕未過目。常聽他慢聲唸道：「人子不知孝父母，獨不思父母愛子之心乎？」（《聖論廣訓》中語）「貧賤生勤儉，勤儉生富貴，富貴生驕奢，驕奢生淫佚，淫佚生貧賤」（《劇心要覽》中語），「應箕應尾，你兩個……」（《椒山遺囑》中語，應箕應尾，是椒山之子）我父常常喊我到跟前，講給我聽，我當了秀才，還是要講給我聽，我聽得津津有味。

我這次回來，將《劇心要覽》尋出細讀，眞是句句名言，我生平做事，處處和它違反，以致潦倒終身，後悔莫及。

我讀書的方式，純是取法我父，任何書，我都跑馬觀花的看去，只將愜心的地方記著。得著新書，把序文看了，前面看幾頁，就隨便亂翻，中間看，後面看。每頁也不細

看，尋著一二處合我的意，就反覆咀嚼，將書拋去，一而二、二而三推究下去。

我以為，世間的道理，我心中所固有，讀書不過借以引起心中的道理而已。世間的書讀不完，譬如，聽說某家館子菜好，我進去取菜牌子來，點幾道菜來吃就是了，豈能按著菜牌子逐一吃完？

又好像在成都春熙路、東大街、會府等處遊玩，今日見一合意之物，把它買回來，明日見一合意之物，又把它買回來，久之則滿室琳琅，樣樣都合用，豈能把街上店子之物，全行購歸？

我這種說法，純是出自我父，因此，我看書，入理不深，而腦子裡又很空虛。我在親友家玩不慣，但只要有幾本書，有一架床，我拿著書，臥在床上，不管多久，我都住得慣。其書不論看過的、沒看過的，或是曾經熟讀的，我都拿在床上翻來覆去的看。我一到別人室內，見桌上有書，就想翻來看，不過怕人討厭，不好去翻罷了。

但是我雖這樣喜歡書，而家中儲幾書櫃的書，成都有幾書櫃的書，許多都沒有仔細看過，這是由於我讀書是跑馬觀花，每本打開來，隨便看一下就丟了，看了等於沒看。

我幼年苦於無書可看，所以喜歡購書，而購得來又不細看，徒呼負負，近年立誓不購書，而性之所近，見了就要買，買來又不看，將來只好把家中的書及成都的書，搬來作個宗吾圖書館，供眾人閱讀好了。

亡弟的兒子澤新，對我說：「我見著書，心中就糊塗，一進生意場中，心中就開朗。」我的性情，恰恰和他相反，提著家中事務，心中就厭煩，一打開書，心中就開朗。我請客開不起菜單子，而家中小孫兒，小孫女都開得起。赴人宴會歸來，問我：「吃些什麼菜？」我無論如何記不全。身上衣服尺寸長短，至今不知道，告訴我跟著就忘了。上街買東西，分不出好歹，不敢還價，想買書就買得來，而買筆又買不來。

別人讀我《厚黑學》，以為我這個人很精明，殊不知我是糊塗到了極點。到而今迂夫子的狀態，還沒有變化，朋友往來，我得罪了人，還不知道。

音樂一門，我完全不懂，戲曲中，有所謂西皮二簧，我至今弄不清楚，我當省視學的時候，學生唱歌按風琴給我聽，我只好閉目微微點頭，假充內行；名人字畫，我分不出好歹，別人評得津津有味，我不敢開腔，不敢說好，怕人追問好處在哪裡。

我幼年和古姓姑娘訂親，他的叔叔古威侯，是威遠秀才，以善於寫字聞名。我家接一位關老師，見著我的字說道：「你這筆大揮，將來怎麼見你叔丈人？」好在，此女未過門就死，我未在古府獻醜。

後來跟劉建侯先生讀，他一日進我房中，見案上寫的卷格小字，堆有寸多高，他取來一看，嘆息道：「你可算勤快了，怎麼字還是這樣？」我聽了淒然泣下。閱卷的人常常批：「字太劣」或「字宜學」。雷鐵崖常說我：「你那個手爪印確該拿來宰！」我天

性上，有這大缺點，難道眞是古人所謂「予之齒者去其角，傅之翼者兩其足」耶？

我從師學作八股，父親命我拿給他看，他看了說道：「你們開腔說：恨不生逢堯舜禹湯之世，那個時候，有什麼好？堯有九年之水患，湯有七年之旱災（二語出《幼學瓊林》，是蒙塾中讀本）。我們農家，如果幾個月不下雨，或幾個月不晴，就喊不得了，何況九年七年之久！我才深深慶幸未生堯舜禹湯之世，你們怎麼朝朝日日的希望？」

我聽了很詫異，心想：「父親怎麼發怪議論？」總想，他的話也有道理，我把這個疑團，存在胸中，久之久之，忽然想道：「我們所謂聖人者是堯舜禹湯文武周公孔子諸人，爲什麼都是開國之君，只有孔子一人是平民？又爲什麼三代以上有許多聖人，孔子而後，不再出一個聖人？」

由此追尋下去，才知道聖人的構成，有種種黑幕。因此著了一篇《我對於聖人的懷疑》，才把疑團打破，可惜那時我父已死，未能向他請問。

我父常說：「書就是世事，世事就是書。」

我把書與世事，兩相印證，何以書上說的「有德者昌，無德者亡」證諸實事，完全相反？懷疑而得不到解釋，就成了發明厚黑學的根苗。

我的思想，分破壞與建設兩部分，《我對於聖人的懷疑》及《厚黑學》，是屬於破壞的，厚黑學破壞一部二十四史，《我對於聖人的懷疑》破壞一部宋元明清學案。所著

《中國學術的趨勢》、《考試制之商榷》、《社會問題之商榷》及《制憲與抗日》等書，計包括經濟、政治、教育、學術等五項，各書皆以《心理與力學》一書爲基礎，這是屬於建設的。破壞部分的思想，淵源於我父，建設部分的思想，也淵源於我父。

我父一天問我說：「孟子說：『令人看見孺子將入於井，皆有怵惕惻隱之心。』這是孺子入井，我站在旁邊，才是這樣，假令我與孺子，同時入井，我當如何？」

我聽了，茫然不能答，他解釋說：「此時應先救自己，第二步，才來救孺子。」我聽了很詫異，心想：「我父怎麼沒有惻隱心，純是爲己之私？這是由於鄉下人書讀少了，才發出這種議論，如果說出去，豈不爲讀者所笑？」但是，當面不敢駁斥他，退後思之，我父親的話也很有道理，惟苦思不得其解。

一九二〇年，我從成都辭職回家，關門讀了一年的書，把這個問題，重新研究，才知孟子之書，上文明明是「怵惕惻隱」四字，下文「無惻隱之心非人也」，「惻隱之心，仁之端也」，平空把怵惕二字摘去，這就是一種破綻。

蓋怵惕者，我怕死也，惻隱者，怕別人之死也。乍見孺子將入井，恍如死臨頭上，我心不免跳幾下，是爲怵惕。仔細一看，這是孺子將死，不是我將死，立把我身擴大爲孺子，怵惕擴大爲惻隱，這乃是人類天性。

孟子教人把此心再擴大，以至於四海，立論未嘗不對，只是著書時，爲行文簡潔起見，沒有狀怵惕二字加以解釋，少說了一句：「惻隱是從怵惕擴充出來的。」宋儒讀書欠理會，忘卻惻隱上面，還有怵惕二字，創出的學說，就迂謬百出了。

我父的議論，是從怵惕二字發出來的，在學理上很有根據，我著《心理與力學》把此種議論載上去，張默生君來信說：「怵惕惻隱一釋，爲千古發明。」殊不知此種議論，是淵源於我父。

我父曾經說，讀過三個人的治家格言，都是主張早起，朱柏廬說：「黎明就起。」唐翼修云說：「早眠早起，勤理家務。」韓魏公說：「治家早起，百務自然舒展，縱樂夜歸，凡事恐有疏虞。」

故我父每日從雞鳴就起，我自有知識以來，見他無一日不如此，雖大雪也是這樣。但那時沒有洋火，起來用火鏈敲火石，將燈點燃，用木炭在火籠中生火烤之，用一小土罐溫酒獨酌，口含葉煙，坐到天明，將本日工人應作的活路，及自己應辦的事詳細規劃定。父親曾經說：「一年之計在於春，一日之計在寅。」蓋實行此語也。

我與父親同床睡，有時喊我醒，同我講書，談人情物理，有時喊我，我裝做睡著，也就算了。可知他獨坐時，都在研究書理。但他在燈下，從不看書。我母親引著小兄弟，在隔壁一間屋睡，有時把我父親喊醒，用廣東話，談家務及族親的事。此等情景，至今如在目前。

我父親早起，我見慣了，所以我每日起來頗早。曾國藩把早起二字，說得那麼鄭重，在我看來，毫不算事，我父說：「以身教，不以言教。」眞名言哉！

我父親起居飲食，有一定的，每天早晨，命家人在火鍋開時，用米湯沖一蛋花調糖吃。人說米鍋內煮雞蛋吃，最益於人，我父不能食白蛋，故改而食此。半少午，吃幾杯酒，睡一覺，無一日不然，不肯在親友家宿，必不得已留宿，即在韞山公家留宿，韞山公都要預備。

同學曾龍驤娶妻，我祖母姓曾，是親戚，我父往祝賀留宿，與雷鐵崖同宿一間屋，我父雞鳴起來，獨坐酌酒，把鐵崖呼醒談天。後來雷鐵崖向我說道：「你們老太爺，是個瘋子，天未明，即鬧起。」

一般人呼我為瘋子，我這瘋病，想是我父遺傳下來的，後來鐵崖留學日本，倒眞正瘋了。（事見拙著《厚黑叢話》）。

我父親曾經對我說：「凡與人交涉，必須將他如何來，我如何應，四面八方都想過，臨到交涉時，任他從哪面來，我都可以應付。」

所以，我父生平與人交涉，無一次失敗，處理家務，事事妥當。工人作工時間，無片刻浪費，這都是得力早起獨坐。我父怕工人晚起了，耽擱工作，而每晨叫他們起，又覺得討厭，他把堂屋門做得很堅實，見窗上出現白色，再開歇房小門一看，天果然亮了，就把堂屋門，砰一聲打門，工人就驚醒。

我父見我手中常拿一本書，問我道：「這章書怎麼講？子曰：『賢哉回也，一簞食，一瓢飲，在陋巷，人不堪其憂，回也不改其樂，賢哉回也。』顏回早晚讀書，不理家務，還有簞食瓢飲，如果長此下去，連簞食瓢飲都沒有，豈不餓死了？」一連問了幾回。

後來我把答案想起，他再問。我說道：「這個道理很明瞭，顏回有他父親顏路在。顏路極善理財，有什麼證據呢？《論語》記載：『顏淵、顏路請孔子之車，以爲之椁。』你想，孔子那麼窮，家中只有一個車兒，顏淵是孔子的徒弟，他都忍心要賣他的，叫孔子出門走路，可見顏路平日找錢之法，無微不至。顏回有了這種好父親，自然可以安心讀書，不然像顏回這種迂酸酸的人，叫他經理家務，不惟不能積錢，恐怕還會把家務出脫一空。」

我父聽了大笑。從此以後，再不叫我講這章書了。近日頗有人稱我爲思想家，我閉目回想，在家庭中討論這些問題，也是淵源之一。

有一聯云：「觀書當自出見解，處世要善體人情。」這二句，我常常吟誦，於我思想上很有影響。

我所引以爲憾的是，家庭中常常討論書理，及人情事理，而進入了學堂，老師初則只教背讀，繼則只講八股，講詩賦，有些甚至連詩賦都不講，只講八股。像我父所說：

「書即世事，世事即書」一類話，從未說過。「孺子入井」及「堯舜禹湯」這類問題，也從未討論過。叫我看書，只看《四書備旨》及《四書味根錄》這類庸俗不堪的書，再高級的，不過叫我讀四史，讀古文而已，其他周秦諸子及說文經解等等，提都沒提過。迄今思之，幸而未叫我研究說文經解，不然我這厚黑教主，是當不成的。

所謂「塞翁失馬，安知非福」，我當日因爲八股試帖，不能滿我的意，而其他學問，又無人指點門徑，早晚只拿些道理，東想西想。我讀書既是跑馬觀花，故任何書所說的道理，都不能約束我，而其書中要緊之點，我卻記得，馬越跑越快，觀的花越多，等於蜂之採花釀蜜，故能貫通衆說，而獨成一說，而厚黑學三字，於是出現於世。要想當厚黑教主第二者，不妨用這種方法幹去。

八股文規律極嚴密，《四書備旨》及《味根錄》等書，雖是庸俗，但卻字字推敲，細如繭絲鵝毛。我思想上是受過這種訓練的。朋輩中推我善做截搭題，凡是兩不相關的事，我都可把它們聯合起來成爲一片。故我著書談理，帶得有八股義法。因此我在《迂老隨筆》中，曾說：「道家者流，出於史官，儒家者流，出於司徒之官，厚黑學，則出於八股之官。」

我在《厚黑叢話》中曾說：「父親給我命的名，我嫌它不好。」究竟是何名，我也可說一下。

我自覺小時很醇謹，母親績麻紡線，我依之左右，母親叫我出去耍，也不去，說我很像女孩子。而父親則說我小時（大約指一二歲言）非常的橫，毫不依理，見則呼我爲「人王」，我父把人王二字，合成一全字，加上派名世世，名爲「世全」。算命先生說我命中少金，父親於是加上金旁，成爲世銓。

我在茂源井讀書，請劉建侯老師與我改號，他改爲秉衡，乙未年，清廷命山東巡撫李秉衡爲四川總督（後未到任），劉七老師對我說道：「你的號，與總督同名，可把它改了。」

七老師也會算命，他說我命中少木，並不少金，我見禮記上有「儒有今人與居，古人與稽，今世行之，後世以爲楷」之語，就自己命名世楷，字宗儒（後來才改為宗吾），七老師嫌李世楷三字，都是仄聲，改爲世權，我不願意，仍用世楷。

最値得研究的，我父親說我小時橫不依理，我自覺在行爲上，處處循規蹈矩，而作起文字來，卻是橫不依理，任何古聖先賢，我都可任意攻擊。「厚黑學」和「我對於聖人之懷疑」兩篇文字，不說了。我著考試制之商榷，提出一種辦法，政府頒行的教育法令，不合我的辦法，便把它攻擊得體無完膚。這有點像專制時代的帝王，頒出一條法令，凡遇違反法令者，都拿去斬殺一般。

父親說我小時橫不依理，難道有生之初，我就秉此天性嗎？一般人呼我爲教主，莫非教主之地位，與人王相等嗎？

釋迦一出世，就說：「天上地下，惟我獨尊。」我難道不是和他相似的嗎？所以一九一二年發表厚黑學，署名曰：「獨尊」。然則教主也，人王也，蓋一而二，二而一也。

第 2 章

我的厚黑思想系統

人心險詐，道德淪亡，

應當黃老、申韓、孔孟，三者同時並進。

以申韓之法，治貪官污吏、悍將驕兵、奸商貴族；

以黃老之道，治老百姓，而正人心，厚風俗。

一九一二年，我發表厚黑學，受的影響，眞是不小，處處遭人疑忌，以致論落不偶，一事無成，久之又久，一般人覺得黔驢無技，才與我相忘於無形，但是常常有人問我，發表此文，動機安在？目的安在？是否憤時嫉俗，有意同社會搗亂，抑或意在改良社會，特將黑幕揭穿？

我說：「我寫此文，最初目的，不過開玩笑罷了。」

滿清末年，我入四川高等學堂學習，與同班友人張列五（名培爵，一九一五年，在北平殉義，重慶浮圖關，有衣冠塚）加入同盟會，光緒三十三年畢業，列五對我說道：「將來我們起事，定要派你帶一支兵。」

我聽了很高興，就用歸納法，把歷史上的英雄（彼時尚無「偉人」的名詞）一一考察，遍尋他們成功秘訣，很久也沒有收穫。宣統二年，我當富順中學堂監督（彼時中學校長名曰監督），一夜臥在監督室，偶然想到曹操、劉備幾個人，恍然大悟，就把厚黑學發明了。每逢朋友聚會動不動就講說之，以供笑樂。

友人王簡恆說：「你說的道理很不錯，但是我要忠告你，你照著你的說法，埋頭做去，包管你幹出轟轟烈烈的事業，但切不可拿在口中講，更不可形諸筆墨，否則於你種種不利。」雷民心也說：「厚黑學，是做得說不得的。」後來我不聽良言，竟把它發表了。

辛亥年武昌起義，重慶響應，張列五被推舉爲蜀軍政府都督，成都跟著反正。成渝合併之後，列五到省裡，退居副都督，專管民政，我當時在自流井家中，列五打電報叫我同廖緒初上省裡去，那時黨人在成都童子街，辦《公論日報》。我到報社後，社中同仁叫我寫點文章，我想不出什麼文章，衆人慫恿我，把厚黑學寫出，我開始很遲疑，緒初說：「你可以寫出，我替你作一序。」

廖緒初是講程朱理學的人，循規蹈矩，簡恆民心等人都稱呼他爲「廖大聖人」。我想，「聖人」都說寫得，當然寫得，就寫出來開開玩笑，哪知所產生影響，果然不出王簡恆、雷民心所料。

我發表此文，用的筆名是「獨尊」二字，四川卻無人不知厚黑學是我做的，以爲我會如何如何，殊不知我發明了厚黑學，這個學說反成了天地鬼神，降臨在上、在旁，每想做一事，才一動念，自己便想道：「像這樣做去，旁人豈不說我實行厚黑學嗎？」因此，凡事不敢放手做，我之不能成爲偉人的原因，根源實在於此，厚黑學眞把我誤了。

後來我才悟得，厚黑二字，確實是成功的秘訣，而且是辦事上的必要技巧。用這種技巧，以圖謀一己的私利，我們名之曰厚、曰黑，用此種技巧，以圖謀衆人之公利，則厚黑就成爲「忍辱負重」的人，都是剛毅果斷的人。

假令我當日悟得這番道理，一眼注定衆人公利放手做去，舉世非之而不顧，豈不成了轟轟烈烈的偉人？無奈悟得之時，年已老矣，機會已過矣，回想生平，追悔莫及，只好著書立說，將此秘訣傳之於人。

下面分經濟、政治、國際三方面把我的主張寫出來。

一、關於經濟方面：我們改革經濟制度，首先應將世間的財物，何者應歸公有、何者應歸私有劃分清楚，公者歸之於公，私者歸之於私，如此一來社會上才能相安無事。

二、關於政治方面：我國辛亥革命以後，改爲民主共和國，意欲取法歐美，這是一種錯誤。我們要行民主共和制，辦法很簡單，只消把眞正君主專制國的辦法，統統打倒，就成爲眞正的民主共和制，是四萬萬五千萬人做皇帝，把一個皇帝權剖成四萬萬五千萬塊，每人各執一塊，我們只研究這每塊皇帝權如何行使就是了。

現在民主主義和獨裁主義，兩大潮流互相衝突，孫中山先生講「民權主義」，曾說：「美國制憲之初，主張地方分權者，認爲人性是善的，主張中央集權者，認爲人性不盡是善。」故知民主主義和獨裁主義的衝突，仍是性善性惡問題的衝突。

我們已經知道人性是渾然的，無善無惡，所以我們制定憲法，應當將地方分權和中央集權，兩者合而爲一，如果能一一辦到，則是我國四萬萬五千萬人，有四萬萬五千萬根力線，直達中央，成一個極健全的合力政府。

大總統在職權內，發出的命令，人民當絕對服從，儼然專制國的皇帝，是爲獨裁主義；大總統去留之權，操諸人民之手，國家興革事項，由人民議決，是爲民主主義，如此則兩大潮流合而爲一。

中山先生曾說：「政治裡頭，有兩個力量，一個是自由的力量，一個是維持秩序的力量，好似物理學裡頭，有離心力和向心力一般。」又說：「兄弟所講的自由、專制，這兩個力量，是主張雙方平衡，不要各走極端，像物體的離心力和向心力，互相保持平衡一樣。」

中山先生把物理學的原理，運用到政治上，是一種新發明。物理上，離心力和向心力，二者互相爲用，所以政治上，也是放任與干涉，二者互相爲用。

從前歐洲國家，對於工商業，行干涉主義，以致百業凋蔽，亞當．斯密著《原富》一書，力持放任主義，歐人實行其說，驟致富強，可惜放任太過，釀成資本家的專橫，社會上擾攘不安。

我們運用中山先生兩力平等的原理，把土地、工廠、銀行、和國際貿易，一律收歸國有，強制行之，此所謂專制也。私人生活，和勞心勞力的營業，一切放任，非有害於社會者，不加干涉，此所謂自由也。兩力平衡，自然安定。

黃帝和老子主張的是放任主義，申不害和韓非子則採行干涉主義，二者都是醫國良藥，用之得當，立可起死回生，嬴秦苛刻暴虐，民不聊生，漢代承其後，治之以黃老；

劉璋暗弱，刑政廢弛，孔明承其後，治之以申韓，因病下藥，皆生了大效。

我國今日，病情更爲複雜，嬴秦之病，是害得有的，劉璋之病是害得有的，又兼之人心險詐，道德淪亡，應當黃老、申韓、孔孟，三者同時並進。以申韓之法，治貪官污吏、悍將驕兵、奸商貴族；以黃老之道，治老百姓，而正人心、厚風俗；孔孟之書，更不可少。果眞能如此，則中國之病，自霍然而癒。

三、關於國際方面：現在五洲萬國，是我國春秋戰國的放大形，古代的春秋戰國，是今天五洲萬國的縮影。我輩欲推測將來國際上如何演變，應當先研究春秋戰國如何演變，果想解決現在國際的糾紛，當先研究春秋戰國的糾紛，是如何解決。

我們把國際趨勢看清楚了，再檢查世界上產生的各種主義，何者與這種趨勢適合，何者不適合，玆討論如下：

世界文明分三大區，一是印度，二是西洋，三是中國。印度地偏熱帶，西洋地偏寒帶，中國則介居溫帶，三方氣候不同，民族不同性，因而蘊育出的文明也不相同。溫帶折衷寒熱二帶之偏，因此，中國文化能夠折衷西洋主義和印度主義。

寒帶天然物資較少，人不刻苦耐勞，不能生活，故時時想征服自然，因而產出侵略主義；熱帶天然物產豐富，生活之需不虞不足，故放任自然，因而產生出不抵抗主義。請問：我國產出的，是何種主義？要答覆這個問題，當先研究我國對於自然，是何種態

度？

《易經》說：「裁成天地之道，輔相天地之宜」，所謂天地之道，天地之宜，皆自然也。對於自然，不征服之而輔相之，不放任之而制裁之，因而產出的主義，由孔老以至孫中山先生，蓋一貫的抵抗而不侵略也。

這是由於中國古人，生居溫帶，仰觀俯察，創出學說，適應環境，不知不覺，遂有以折衷西洋、印度之偏。

其他民族，也有生居溫帶者，而不能發生同樣的主義，則由於這些缺乏仰觀俯察的研究習性，而以他人的主義爲自己的主義也。

老子言無爲，孔子言仁義，當然不侵略，但兩家之書，都屢屢言兵。

老子說：「抗兵相加，哀者勝矣」，孔子說：「我戰則克」，所謂的克和勝，皆抵抗之謂也。

戰國時期，楊朱墨翟之言滿天下，楊子說：「智之所貴，存我爲貴。」這是抵抗的學說，又說：「力之所賤，侵物爲賤。」這是不侵略的學說。

墨子非攻，當然不侵略，同時墨子善守，公輸般九攻之，墨子九御之，公輸般之攻已窮，墨子之守有餘，則又富於抵抗辦法。

二人的主張，都是抵抗而不侵略。不過宣傳主義時，楊子爲我，偏重在抵抗，墨子兼愛，偏重在不侵略罷了。

戰國紛亂情形，與現在絕似，其時是我國學術最發達時代，一般學者研究，覺得捨了楊墨主張，別無辦法，所以「天下之言，不歸楊則歸墨」，我們處在現在這個時局，也覺得捨了楊墨主張，別無辦法。

孟子說：「善戰者服上刑」，而孔子則曰：「我戰則克」。這兩說豈不衝突嗎？只要知道中國主義，是抵抗而不侵略，自然就不衝突了。

孔子曾經說：「以不教民戰，是謂棄之。」他說「我戰則克」，是就抵抗方面言之。孟子把那些「爭城以戰，殺人盈城，爭地以戰，殺人盈野」的人，痛恨到極點，他說：「善戰者服上刑」，是就侵略方面言之。

拿現在的話來說，孟子所說「善戰者服上刑」，等於說：「日本軍閥，一律該槍斃。」孔子所說「我戰則克」，等於說：「抗戰必勝」。

中國崇奉儒教，儒教創始者爲孔子，發揮光大者爲朱熹，孔子學術原本與管仲不同，但因管仲尊周攘夷，於是讚揚：「如其仁，如其仁」，又稱讚他說：「民到於今受其賜」。

孔子對管仲推崇備至，爲什麼？因爲其能抵抗也。

南宋有金人之禍，隆興元年，朱子初見孝宗，就說：「金人與我，有不共戴天之仇，

當立即斷絕和議。」這些地方，都是儒教精神所在。

中國主義，是一貫的抵抗而不侵略，養成一種民族性，所以中國人任便發出的議論，無不合乎此種主義。例如，秦皇漢武開疆闢土，歷史家群起非之，認為是侵略行為，漢朝放棄珠崖，論者無不稱其符合王道，因為他不侵略。秦檜主張議和，成為千古罪人，因為他不抵抗；岳飛受萬人崇拜，因為他能抵抗。

唐人詩云：「年年戰骨埋荒外，空見葡萄入漢家」，直不啻為墨索里尼之遠征阿比西尼的寫照；又云：「邊庭流血成海水，武皇開邊猶未已」，更不啻為希特勒之侵奪四鄰寫照，至云：「憑君莫話封侯事，一將功成萬骨枯」，儼然是痛罵日本少壯軍人。這些都是我國文人痛恨侵略的表現，但是到了受人侵略，則又變成力主用武。

例如，南宋有金人之禍，陸放翁《遊諸葛武侯讀書台》詩云：「出師一表千載無，遠比管樂蓋有餘，世上俗儒寧辨比，高堂當日讀何書。」直斥南宋諸儒，只講理學，不謀恢復。臨死還寫下示兒詩云：「王師北定中原日，家祭無忘告乃翁」。

中國詩人，這類作品很多，我們要想考察民族性，要從哲學家、教育家的學說和文人學士的作品上，才考察得出來，至於政治舞台的人，時或發生變更，秦皇漢武的侵略，秦檜的不抵抗，都是變例。

西洋人性剛，印度人性柔，中國古人，將剛柔二字處置得恰好，《易經》一書，以內剛外柔爲美德。老子和光同塵，而曰：「天下莫柔弱於水，而攻堅強者，莫之能先。」孔子恂恂如也，而曰：「三軍可奪帥也，匹夫不可奪志也。」這都是外柔內剛的精神。

我國受此種教育數千年，養成一種民族性，故中國人態度溫和，謙讓有禮，這是外柔的表現。一旦義之所在，奮不顧身，這是內剛之表現。中國民族性，既已如此，所以五胡、遼金、蒙古、滿清，強肆其暴力，侵入中國，終而無一不被驅逐。

西人倡天演競爭的學說，只知有己不知有人，是純粹利己主義。印度教徒捨身救世，但知有人不知有己，是純粹利人主義。中國主義則不然，己欲立而立人，己欲達而達人，蓋人己兩利。

印度學者，開口就說恆河沙數世界，其目光未免太大，看出世界以外去了，而其國因以滅亡。西洋人又目光太小，講個人主義，看不見國家和社會，於是乎個人、國家、社會，成爲互不相容的三個物體，因而生出種種糾紛。中國則修身、齊家、治國、平天下，一以貫之，個人、國家、社會，成爲一個渾然之物體，六合之外，存而不論。這種主張，恰足救西洋和印度之弊。

印度實行其主義，而至於亡國，西洋實行其主義，發生第一次世界大戰、第二次世界大戰，事實昭著，既已如此，而今惟有返求於中國主義。中國主義是大同主義，我們應將這種主義，在國際上儘量宣傳，使世界各國，一齊走入中國主義，才可以樹大同的

基礎，而謀永久的和平。

第一次世界大戰、第二次世界大戰，純是「武力戰爭」，而中國則發明有一種最高等戰術，叫「心理戰爭」。

三國時期蜀將馬謖曾說：「用兵之道，攻心爲上，攻城爲下，心戰爲上，兵戰爲下。」這是「心理戰爭」學說的起點，然而其原理，遠自春秋戰國時期就已發明了。

《孟子》一書，純是講「心理戰爭」。他說：「得道者多助，失道者寡助，寡助之至親戚畔之，多助之至天下順之，以天下之所順，攻親戚之所畔，故君子有不戰，戰必勝矣。」諸如此類的話語，不一而足。

春秋時代，兵爭不已，遂產生孫子的「兵戰哲學」。戰國七雄，運用孫子學說，登峰造極，鬥力鬥智，二者俱窮，於是又產生孟子的「心戰哲學」只可惜當時無人用之！

現今的形勢，絕像戰國七雄時代，我們正該運用「心戰」之說。有人問：應當如何運用？我回答：只須把中國主義，發揚出來就是了。暴秦亡國條件，德意日三國，是具備了的，全世界人民和他們本國的人民，同在水深火熱之中，中國主義一發揚出來，一定傾心悅服，就成了「心戰」妙用。

我國業已全面抗戰，應當於「武力戰爭」之外，再發動一個「心理戰爭」。在國際上，成立一個「中國主義研究會」，請世界學者悉心研究，就算新添了一支生力軍，敵人「攻城」，我們「攻心」，全世界傾心此種主義，是對於敵人取大包圍，敵人國內的人民，傾心此種主義，是爲內部潰變，日本軍閥自然倒斃，希特勒和墨索里尼，也自然倒斃。

現在五洲萬國，紛紛大亂，一般人都說：「非世界統一，不能太平」。戰國情形，也是如此。戰國時梁襄王問孟子：「天下怎能安定？」孟子回答說：「定於一」，意思就是說：「要統一才能安定」。

但統一的方式有二。梁襄王問孟子：「誰能一之？」孟子曰：「不嗜殺人者一之」。這就是「非武力的統一」。

主張「武力統一」的人，是用一個「殺」字來統一，說道：「你不服從我，我要殺死你。」人人怕死，不得不服從，故「殺」字能統一。主張「非武力的統一」者，是用一個「生」字來統一，說道：「你信從我的主張，你就有生路。」人人貪生，自然信從，故「生」字也能統一。

人的天性，喜生而惡殺，主張「殺」字統一者，人人厭棄，主張「生」字統一者，人人歡迎，孟子學說，可惜無人用之。後來嬴秦統一，是用「殺」字統一的，然而不久即滅亡。今天的德意日三國，正循著亡秦途徑走去，我們正好運用「生」字統一之學理，乘其弱點而推陷之，兵戰心戰，同時並進，德意日三國，豈有不敗的道理？

中西主義，極端相反。西洋方面，達爾文的弱肉強食，尼采的超人主義，與及近今的法西斯主義等等，都是建築在「殺」字上面。中國方面，孔子言仁，老子言慈，楊朱爲我，墨翟兼愛等等，都是建築在「生」字上面。我們讀達爾文、尼采諸人之書，滿腔是殺機，讀孔孟老莊和宋明諸儒之書，滿腔是生趣。醫生用藥，相反才能相勝，方今西洋主義盛行，無處不是殺機，應當用中國主義救療之，以一個生字統一世界。

孟子說：「行一不義，殺一不辜，而得天下，皆不爲也。」由此可知中國主義，有兩個原則：一、人人爭生存，以不妨害他人的生存爲限。二、人人爭優勝，以不違背公理爲限。如果我們把這種主義發揚出來，全世界便會恍然覺悟，知道捨除了中國主義，別無出路，這就是「攻心」之法的一面。

中國主義沉埋已久，應當聚全國學者，儘量開掘、整理，去掉不符合現情的一面，擷其精華，成爲系統，在國際上儘量宣傳。從前中山先生革命，一般人以爲必大大的流血，只因主義完善，完全得力，遂不血刃而成功，這是心理戰勝的先例。

世界紛紛大亂，病根有三：一是經濟方面，二是政治方面，民主主義和獨裁主義，互相衝突。三是國際方面，掠奪者和被掠奪者，互相衝突。

世界紛爭之際，必有一個重心，才能穩定，這個重心輪到我國來了。我們於武力戰爭之外，應當在國際上成立一個「中國主義研究會」爲宣傳機關。並且發起「新的國際聯盟」為中國主義實行機關，喊出「人類平等」的口號，把世界上被壓迫的民族，和被壓迫的勞工與平民，一齊喚醒起來，與我們同立在一根戰線上，如此，那我國就成為世界重心了。

孟子說：「制梃可撻秦楚」，純粹是「心理戰爭」，我國今日，則「武力戰爭」與「心理戰爭」同時並進，無異於用武力推行中國主義，那麼戰勝敵人也決然無疑，救世界人類於水火，也決然無疑。

管仲九合諸侯，一匡天下，伐狄、伐山戎，是用武力解的，召陵之役，是用政治解的。我們把「新的國際聯盟」組織好，德意日三國，如能信從我們的王道主義，則用政治解的，否則師法蘇秦故智，率全人類向之攻打，暴秦亡國的條件，德意日三國，是具備了的，不敗何待？

世界禍機四伏，想起來不寒而慄，上次大戰一告結束，而戰勝國的勞工，反而暴動起來，法國首相克里蒙梭，綽號「母老虎」，是歐戰中最出力的人，巴黎和會充當主席，為法國增光不少，反而遭到法國人行刺，幾乎把七十八歲的老命送掉。

意大利戰勝歸國的將士，帶起徽章，橫行都市，專制魔王墨索里尼，乘機出現。美國人民要暴動，威爾遜調兵彈壓，方才平息。

英國的礦工和鐵路工人、船上水手，結成三角同盟，佈起陣勢，預備隨時可向政府決戰，害得英國首相路易．喬治駕著飛機，今日回倫敦彈壓，明日赴巴黎開會，一夕數驚，疲於奔命。

其原因，則由於大戰到了第三年，一般勞工都覺悟起來，一方面在戰場上兵戎相見，一方面舉出代表，在中立國交換意見，主張言和，及到戰事終了，勞工覺得白白犧牲，所以處處發生暴動。

巴黎和會，正在開會，而各國的勞工，也派出代表，在瑞士國之熊城開會。巴黎和會見此情形，才訂一個「勞工規約」列入和約，與自己國中的勞工言和。

上次大戰，情形如此，此次大戰，可想而知，上次威爾遜提出「民族自的」的主張，巴黎和會上列強食言，弱小民族的心理，則又不言可知。

此種禍根，若不徹底拔除，戰爭是永無終止的。要拔除此禍根，捨了中國主義，無他法，除了中國出來，肩此責任，也別無他人。

世界是一天一天進化的，是日向大同方面趨去的，之所以進化遲滯，大同久未出現的原因，可用比喻說明：凡鐵條皆有磁氣，只因內部分子凌亂，南極北極相消，故磁力發不出來；如用磁石在鐵條上面，引導一下，南北極排順，立即發出磁力。

現在全世界分子，凌亂極矣，我們用中國主張，引導一下，分子立即排順，就可加強進化的速度，而大同世界可早日出現。

地球爲萬寶之庫，我們需要財貨，向之擷取，它是絕不抵抗的。第一次世界大戰、第二次世界大戰，乃是一伙劫賊，在主人門外，你剝我的衣服，我搶你的器械，互相廝殺，並不入主人門內一步，地球有知，當亦大笑不止。請問是誰之罪？曰：罪在充當群盜謀主的達爾文和尼采。

揭開道統的黑幕

一部廿四史，實在有許多糊塗帳，
地方最高的，莫如聖廟，
人品最高尚的，莫如程朱，
但細加考察，就有種種黑幕，
此中黑幕，紀曉嵐早已揭穿。

韓愈創造了道統之說

宋儒最令人佩服的，是把儒釋道三教，從學理上融合為一，其最不令人佩服的，就在於門戶之見太深，以致發生許多糾葛。

其門戶之見，共有兩點：一、孔子說的就對，佛老和周秦諸子說的就不對。二、同是尊崇孔子的人，程子和朱子說的就對，別人說的就不對。這兩點合起來，就產生道統之說。

宋儒所說的道統，究竟是個什麼東西呢？

我們要討論這個問題，首先要討論唐朝的韓愈。

韓愈為人很倔強，富於反抗現實的特質。唐初文體，沿襲陳隋舊習，他就提倡三代兩漢的古文，唐時佛老之道盛行，他就提倡孔孟之學。他取的方式，與歐洲文藝復興所取的方式是相同的，二者都是反對現代學術，恢復古代學術，是一種革新運動。

所以，歐洲文藝復興，是一種驚人的事業。韓愈在唐時，負泰山北斗之地位，也是一種驚人事業。

韓愈的學問，傳到宋朝，分為兩大派：一派是歐陽修、蘇東坡、曾鞏、王安石的文

學，一派是程朱的道學。宋儒所謂道統的道字，就是從韓愈《原道》篇「斯道也，何道也」那個道字生出來的。

孟子在從前，只算儒學中的一種，與荀墨相等，直到韓愈才把他著重表彰出來。他讀荀子說：「我開始得到孟子的書，然後才知道孔子的學說重要……我以爲孔聖人的徒弟沒了，繼承聖人的是孟子罷了。後來得到揚雄的書，更加相信孟子，更加尊重孟子，那麼揚雄也是聖人的徒弟吧！孟子眞是純粹的儒者。荀子與揚雄都有小的瑕疵。」經韓愈這樣的推崇，孟子才嶄露頭角。

宋儒繼承韓愈，把孟子更加推崇，而把自己當作孟子的眞傳，程伊川（程頤）做程明道（程顥）的傳記說道：「周公沒了，聖人之道不行，孟軻死了，聖人之學不傳，道不行百世無善治，學不傳千載無眞儒……先生生乎一千四百年之後，得不傳之學於遺經……蓋自孟子之後，一人而已」。

司馬遷以孟子荀卿合傳，寥寥數十字，對於孟子的經歷沒怎麼寫，朱子綱目就大書特書。宋朝淳熙年間，朱子才將《孟子》、《論語》、《大學》、《中庸》合稱爲四子書，到元代延祐時期，才懸爲第一。我們自幼讀四子書，把孟子看作孔子化身，等到細加考察，才知是程朱諸人有了道統之見，才對他特別尊崇的。

韓愈是文學中人，立意改革文體，非三代兩漢的書不看，他讀孔子孟荀的書，初意本是研究文學，因而也略窺見大道，無奈所得不深，他為文主張辭必己出，字法句法喜歡戛戛獨造，因而論理論事，也要獨造。

他說：「這個道，是什麼呢？不是以前所說的老子和佛家的道。堯把道傳給舜，舜傳給禹，禹傳給湯，湯傳給文武周公，文武周公又傳給孔子，孔子傳給孟子，孟子死後，就失傳了。」

這個說法，不知他何所見而云然。程伊川說：「孟子死了，道也失傳。像這樣的話，不是抄襲前人，也不會是憑空杜撰，一定是韓愈有所發現。」這句話的來歷，連程伊川都尋不出，不是杜撰又是什麼？

宋儒讀了韓愈這段文字，把歷代傳授，當做傳國璽一般，堯舜禹直接傳授，文、武、周公、孔子、孟軻，則隔數百年都可傳授，心想我們生在一千幾百年之後，難道不能得著這個東西嗎？於是立志要把這傳國璽尋出。

經過許久，果然被他們尋出來了，在《論語》上尋出「堯曰咨爾舜……允執其中……舜亦以命禹」。恰好偽《古文尚書》，有「人心惟危，道心惟微，惟精惟一，允執厥中」十六字，堯傳舜，舜傳禹，有了實據，他們就認定就是歷代相傳的東西。

究竟湯文武周公，所謂授受的根據在哪裡？又中間相隔數百年，何以能夠傳授？又孔子以前，何以獨傳開國之君，平民中並無一人能得其傳？這些問題，他們都不加研究。

朱熹一肩承擔道統

宋儒因爲韓愈說孟子是孔子眞傳的，就把《孟子》一書，從諸子中提出來，和《論語》相比附。又從《禮記》中，提出《大學》、《中庸》二篇，硬說《大學》是曾子著的，又說《中庸》是子思親筆寫出，交與孟子，於是就成了孔子傳之曾子，曾子傳之子思，子思傳之孟子，一代傳一代，與傳國璽一般無二。孟子以後，忽然斷絕，隔了千幾百年後，到了宋朝，這傳國璽又突然出現，被濂洛關閩諸儒得著，又遞相傳授，這就是所謂道統了。

道統的統字，就是從「帝王創業垂統」那個統字竊取來，即含有傳國璽的意思。那時禪宗風行天下，禪宗本是衣缽相傳，一代傳一代，由釋迦牟尼傳至達摩，達摩傳入中國，達摩傳六祖，六祖以後，雖是不傳衣缽，但各派中仍有第若干代名稱，某某爲嫡派，某某爲旁支。宋儒生當其間，染有此等習氣，於是創出道統之名，與之對抗。道統二字，可說是衣缽二字的代名詞。

請問，濂洛關閩諸儒距孔孟已有一千多年，怎麼能夠傳授呢？於是，他們便創出「心傳」之說，硬說與孔孟，心心相傳。禪宗有「以心傳心」的說法，所以宋人就有「虞廷十六字心傳」的說法，這心傳二字，也是模仿禪宗來的。

本來禪宗的傳授就很可疑，所謂西天二十八祖，東土六祖，都是他們自相推定的。其學簡易，最合中國人習好，所以，禪宗風行天下。其徒自稱「教外別傳」，說是不必研究經典可以直契佛祖之心，見人常問「如何是祖師西來意」？宋儒教人「尋孔顏樂處」，其意味也相同。

周敦頤是給二程傳授學業的人，張載是二程的親戚和部屬，朱熹闡述二程，所謂濂洛關閩，本是幾個私人講學的團體，後來愈傳愈盛，於是創出道統之名，私相推定，自誇孔孟眞傳，其方式與禪宗完全相同。

朱子爭這個道統，尤爲出力，他注《孟子》，在末後一章，結句說道：「……百年以後，一定會有神會而心得的人。所以在篇中歷數各位聖人的由來，而到此結束，是爲了明白這個道由哪裡傳來，而又期待以後的聖人。這意義是很深的。」

他提出「統」字、「傳」字，又說「神會心得」，就是給宋學中所謂「心傳」和「道統」埋下伏筆。

最奇的是，他於「這意義很深」之後，突然寫出一段文字，說道：「宋元末八年，河南程顥去世，文彥博爲其墓題道：明道先生。他的弟弟程頤說，周公去世，聖人之道無人實行。孟子死了，聖人之學失傳了。道不實行，一百年也沒有好的統治，聖人之學

失傳，就一千年也沒有眞正的儒。沒有好的統治，士人還可以自語，把好的統治之道傳給後人。而沒有眞正的儒，天下就會茫然不知所往，人欲泛濫而天理滅絕。程顥先生於一四〇〇年之後，在遺經中得不傳之學，以振興斯文爲己任，駁斥異端，鏟掉邪惡，讓聖人之道煥然復興，是孟子之後的第一人。」

這段文字之後就沒有了，不再寫一個字，眞是沒頭沒尾，意思是程顥就是後來的聖人。朱子做《大學．章句序》說：「河南二程夫子出來，接上了孟子的眞傳。我雖然不聰明，也有幸成爲他們的弟子而和傳下來的道有關了。」

這樣，朱子就又把道統一肩擔上了。

揚雄成了名教罪人

宋儒苦心孤詣，創出一個道統，生怕被人分去，朱子力排陸象山，就是怕他分去道統。陸象山死了，朱子率門人往寺中哭他，哭完很久說：「可惜死了告子。」硬把陸象山說成告子，自己就變成宋學中的孟子了。

程朱未出以前，揚雄聲名很大，自比孟子。北宋的孫復號稱名儒，則尊揚雄爲模範。司馬光注《太玄經》時曾讚歎說道：「我年輕時聽說揚雄的大名，但沒見過……於是尋求了很多年，才看到他的書，一開始很玄妙，看不進去，就更精細地研究，屏棄雜事去讀，數十遍之後，才稍理解一些梗概。放下書嘆息說：『唉呀，揚雄眞是大儒啊！孔子死了，知道聖人之道的，除了揚雄還有誰呢？荀子與孟子都不可比，何況其他人呢？看揚雄的書，明白得到了人的極點，精深得到了神的盡頭，宏大得包含了宇宙，細微得如同毛髮，合天人之道爲一體，挖掘出根本給人看，養育萬物而又是萬物之母，好像大地不可窮盡，好像海水不能枯竭。天下之道雖然有好的，但沒有比得這個的』。」

司馬光這樣說法，簡直把揚雄推尊得如周易一般，儼然直接孔子之傳，道統豈不被揚雄爭去嗎？孟子尚且夠不上，何況宋儒？

宋儒正圖謀上接孟子之傳，怎能容得過揚雄？恰好班固的《漢書》，說揚雄曾給王莽做官，於是朱子修綱目時輕輕給他寫一筆：「王莽的大夫揚雄死」，從此揚雄成了名教罪人，永不翻身。孟子肩上的道統，無人敢爭，濂洛關閩，就直接孟氏之傳了。

這就像爭選舉的時候，自料比某人不過，就請查某人的檔案，說他侵吞公款、身犯刑事，剝奪他被選權一般。假使沒有司馬光這一類稱讚揚雄的文字，《朱子綱目》上何至有「王莽大夫」這種特筆呢？

揚雄給王莽做官，作《劇秦美新論》，有人說其事不確，我們也不深辯，即使其事果然有，一部《朱子綱目》中，類似於揚雄、甚於揚雄的人很多，何以沒有全用此種寫

法呢？這都是司馬光諸人把揚雄害了的。

從前揚雄曾被供入孔廟，後來因他曾爲王莽服務，就把他請出來，荀子曾入孔廟，因爲談論人性本惡，就把他請出來，公伯寧曾入孔廟，因爲他毀謗子路，也把他請出來。我所不理解的，司馬光爲什麼該入孔廟？

揚雄是逆臣，司馬光推尊揚雄，就是逆黨。公伯寧不過口頭毀謗子路罷了，司馬光著《疑孟》一書，反對孟子說的話，層層攻訐，對於性善說公然懷疑，其書流傳到今，司馬光一身，具備了公伯寧、荀卿、揚雄三人之罪，竟然得入孔廟，豈非怪事？

推原其故，司馬光是二程的好友，宋哲宗即位之，司馬光曾薦舉程明道爲宗正寺丞，推荐程伊川做崇政殿說書，司馬光爲宰相，連及二程也做官，所以二程入孔廟，連及司馬光也配享。司馬光的人品，本是很好，但安按照公伯寧、荀卿、揚雄三人之例，他就沒有得入孔廟的資格，而今公然入了孔廟，我無以名之，直名之曰「徇私」。

紀曉嵐揭穿宋儒黑幕

宋儒口口聲聲尊崇孔子，排斥異端，請問諸葛亮這個人爲什麼該入孔廟？諸葛亮自比管仲、樂毅，管樂爲曾西所不屑爲，孔門羞於稱讚五霸，孟子把管仲說得一錢不值，管仲的私淑弟子，怎麼該入孔廟？

又諸葛亮手寫申不害、韓非以教劉後主，可見他又是申不害、韓非的私淑弟子。太史公作《史記》，把申韓與老子同傳，還有人說申韓夠不上與老子並列，老子是宋儒痛詆之人，諸葛亮是申韓私淑弟子，乃竟入孔廟，大書特書曰：「先儒諸葛亮之位」，這個儒字，眞不知從何說起？

劉先主臨終，諸葛亮命後主讀商君書，又不主張實行大赦，他們君臣要研究的，都是法家的學說。我們遍讀諸葛亮本傳及他的遺集，尋不出孔子二字，尋不出四書上一句話，獨與管仲、商鞅、申韓，發生不少的關係。

本傳上說他治蜀極嚴，又說「罪惡沒有不被懲罰的」，與孔子所說「赦小過」、孟子所說「省刑罰」顯然違反，假如修個「申韓合廟」請諸葛亮去配享，寫一個「先法家諸葛亮之位」倒還名實相符。

宋儒排斥異端，申韓管商之學，難道不是異端嗎？異端的嫡派弟子，高坐孔廟中，難道不是怪事嗎？最好是把諸葛亮請出來，遺缺用《史記》上的陳餘補授。史說稱：「成安君儒者也」，自稱「義兵，不用詐謀」。這眞算是儒者，假使遇著庸儒的敵將，陳餘一戰而勝，豈不是「仁者無敵」，深合孟子的學說嗎？恐怕孔廟中早已供了「先儒陳餘之立」，無奈陳餘運氣不好，遇著韓信是千古名將，兵敗身死，儒者也就置之不理了。

諸葛亮明是霸佐之才，宋儒偏偏稱之曰王佐之才，明明是法家，卻尊之曰先儒，難道不是滑稽之至嗎？

儒家稱諸葛亮託孤寄命、鞠躬盡瘁，深合儒家之道，所以該入孔廟，須知託孤寄命、鞠躬盡瘁，並不是儒家的專有品。難道只有儒家才出這類人才，法家就不出這類人才嗎？這道理怎麼說得通？我無以名之，直名之曰「慕勢」。

只因漢代以後，儒家尋不出傑出人才，諸葛亮功蓋三分，是三代下第一人，就把他歡迎入孔廟，借以光輝門面，其實何苦乃爾？

林放問「禮之本」，只說得三個字，也入了孔廟，老子是孔子曾經問禮之人，《禮記》上屢引老子的話，孔子稱他為「猶龍」，崇拜到了極點。宋儒卻替孔子打抱不平，把老子痛加詆毀，這個道理，又講得通嗎？

我們須知，一部廿四史，實在有許多糊塗帳，地方最高的，莫如聖廟，人品最高尚的，莫如程朱，但細加考察，就有種種黑幕，其他還有什麼可說的？

宋儒有了道統二字橫塞胸中，處處都是荊棘，我不知道道統二字有何貴重，值得如許爭執，幸而他們生在莊子之後，假使莊子看見，恐怕又要發出些鴟鴞腐鼠的妙論。

我們讀書論古，當有自己的見解，切不可被古人所愚弄。

紀曉嵐所修纂的《四庫全書提要》記載：「宋代劉敞，發明正學在朱程之前，看法很正確，只是潛心學問，淡泊名譽，不與程伊川等人刻意交遊。所以講學的人視之爲異黨，壓制而不稱頌他。其實，他是那時的眞正的儒家。」

劉敞發明正學，卓然醇儒，因爲未與伊洛諸人周旋，就被視爲異黨。此中黑幕，紀曉嵐早已揭穿。司馬光讚揚揚雄、罵孟子，因與伊洛諸人周旋，死後得入孔廟，此種黑幕，還沒有人揭穿。

缺乏器量是宋儒的缺點

我平日有種見解，凡人要想成功，第一要量大，才與德尙居其次。

以楚漢而論，劉備和項羽二人，德字都說不上，項羽之才勝過劉邦，劉邦之量大於項羽。韓信、陳平、黥布等，原本都是項羽方面的人，只因爲項羽量小，容納不住這些人，他們才一齊走到劉邦方面來。劉邦豁達大度，把這些人一齊容納，漢興楚敗，勢所必至。由此可見量字的重要。

宋儒才德俱好，最缺乏的就是量字，他們在政治界是這樣，在學術界也是這樣，君子排君子，故生出洛蜀之爭；孔子信徒排斥孔子信徒，故出生朱陸之爭。邵康節臨死之前，程伊川前往拜訪，邵康節舉著兩手告訴他說：「把眼前的路放寬，窄了沒有容身之

處，如何讓人走？」這一窄字，深中程伊川之病。

《宋元學案》上記載：「二程跟著皇上到太中，在漢州時住一個寺廟，程顥進門向右，弟子跟著。而程頤進門向左，一個人走，到法堂上見面。程頤自稱『這是我趕不上家兄的地方』，因爲程顥平易，人都樂於親近，程頤嚴格，人不敢近前。」

《宋元學案》又說：「程顥還會說笑話，但程頤更嚴謹，他坐的時候，不管尊卑長幼都很嚴肅。」

卑幼不說了，尊長見他，都莫不肅然，連走路都沒有一人敢與他同行，這類人在社會上如何走得通？無怪洛蜀分黨，蘇東坡戲問他：「何時打破誠敬？」此語固然不免輕薄，但正中程伊川之病。

《宋元學案》又說：「大程德性寬宏，規模廣闊，以光風霽月爲懷。小程氣質剛方，文理密察，以峭壁孤峰爲體，道雖同而道德固自務有殊。」

於此可見程顥量大，程頤量小，可惜宋神宗死，哲宗剛立，程顥就死了，他死之後，程頤與蘇東坡，因語言細故越鬧越大，直鬧得洛蜀分黨，冤冤難解。假使程顥不死，這種黨爭必不會起。

程頤凡事都自以爲是，連邵康節的學問，他也不以爲然，邵康節告訴弟子說：「張巡許遠，都是忠義之人，兩家子弟相互攻擊，遭到韓愈的貶斥，凡是假託程頤，說我的學問是方術的，子孫不要爭辯。」

康節能這樣的預誡後人，故程邵兩家，未起爭端。

朱熹罵人看對象

朱子的器量，也是非常狹隘，他是程頤的嫡系，以道統自居，凡是信從程頤和他的學說的人，就說他是好人，不信從的就是壞人。

蘇東坡和黃山谷同是一流人物，朱子詆毀二蘇，獨不詆毀黃山谷，因爲二蘇是程伊川的敵黨，所以要罵他，黃山谷之孫黃某，字子耕，是朱子的學生，所以就不罵了。

林栗、唐仲友，立身行己，不愧是君子，但朱子與林栗言論一不合，就成仇敵。朱子的門人，甚至要燒林栗的書。

朱子的朋友陳亮，在台州嫖妓，要唐仲友爲他開脫，唐仲友斥責他，陳亮到朱子那裡說謊，朱子被出賣，誤興大獄；此事本是朱子不對，朱派中人卻視唐仲友如仇敵。張浚一敗於富平，喪師三十萬，再敗於淮西，喪師七萬，三敗於符離，喪師十七萬。他又曾經放逐李綱，引荐秦檜，殺曲端，斥岳飛，誤國之罪，昭然共見，但他的兒子張軒，是朱子講學的好友，因此朱子替張浚作傳，就備極推崇。

最奇怪的是，朱子與呂東萊，本是最相好的朋友，《近思錄》十四卷，就是他同朱子撰寫的。後來因爲爭論毛詩不合，朱子對於他的著作，就字字譏彈。如說：「東萊博學多識則有之矣，簡約就未必。」又說：「東萊的弊病在於取巧。」又說：「伯恭教人看文字也粗。」又說：「伯恭聰明，看文理卻不仔細，因他先讀史多，所以看粗著眼。」又說：「伯恭於史分外仔細，於經卻不甚理會。」又說：「伯恭要無不包羅，只是撲過，都不精。」

朱熹對於呂東萊挑小毛病，不遺餘力，朱派的人隨聲附和，所以元人修史，把東萊列入儒林傳，不入道學傳，一般人都稱《朱子近思錄》，幾乎無人知道是和呂東萊同撰的。

朱子與陸象山，同是尊崇孔教的人，因爲爭辯無極太極，幾至肆口謾罵，朱子的胸懷狹隘到這步田地，所以他對於政治界、學術界，俱釀出許多糾紛。門人承襲其說，朱陸之爭，歷宋元明，以至於今，還不能解的。

紀曉嵐著《四庫提要》，將上述黃某、林栗、唐仲友、張浚諸事，一一指出。他評論朱呂之爭，說道：「當他們投緣的時候，就一起寫《近思錄》，讓呂東萊先知道道統的由來，等到雙方有了牴觸之後就字字譏彈，體無完膚，不也是負氣相攻，情緒激烈嗎？」

別人非議朱子不算事，《四庫提要》是清朝乾隆欽定的書，清朝功令，四書文非遵朱注不可。康熙五十一年，文廟中把朱子從一般的排列中升上去，與十哲並列，尊崇朱子可算到了極點。乾隆是康熙之孫，紀曉嵐著《四庫提要》，敢於說這類話，可見是非公道，是不能磨滅的。

紀曉嵐的這些說法，直是揭穿黑幕，進呈乾隆御覽後，頒行天下，可算是清朝欽定的程朱罪案。

宋代俞文豹《吹劍外集》說：「韓愈、范仲淹、歐陽修、張載、呂東萊等人，無道學之名，而有道學之實，且沒有人說閒語，現在程頤和朱子二位先生，言論被世人仿效，行爲世人當做模範，道不能不說很大了，學問不能不說很精闢了，但動不動有人非議，這是爲什麼呢？因爲人心不同，所見各異，即使聖人也不能約束天下的人完全放棄自己的看法，聽從他的主張……但現今程、朱二位先生以道統自任，以師嚴自居，明白區分出是與非，絲毫不讓，與安定、東坡、象山等爭論，不勝不罷休。浙東學派固然有缺點，朱子致書潘、呂等人一面嚴厲駁斥，一面對人說，天下學術之弊，不過兩端：永嘉派的提倡事功和江西派的提倡頓悟。如果不極力爭辯，道怎麼才能明了呢？」

程端蒙說：「和小市民的爭論一樣，有一點不贏，也鬧到喧騰震天」。

俞氏這段議論，公平極了。程朱的學問，本是不錯，其所以處處受人攻擊，就在他以嚴師自居，強衆人以從己。

朱熹說：「若不極力爭辨，此道何由得明？」殊不知越爭辯，越生反響，此道越是不明。大凡倡一種學說的人，只應將我所見的道理，誠誠懇懇的公佈出來，別人信不信由他，只要我說得有理，別人自然肯信，無須我去爭辯，若是所說得不確，任是如何爭辯，也是無益的，可惜程朱當日，未採取此種方式。

黨同異伐造成宋朝亡國

程頤、朱子本是大賢，何至會鬧到這樣呢？要說明這個道理，就不得不採用戴東原的說法了。

戴東原以爲：「宋儒所謂理，完全是個人心中的意見。」因爲我們人的心，至虛至靈，盛不下些許物事，有了意見，就不虛不靈，惡念固壞事，善念也會壞事，猶如眼目中，不但塵沙容不得，就是金屑也容不得。

程伊川胸中，有了一個誠敬，誠敬就變成意見，於是放眼一看，就覺得蘇東坡種種不合。朱子胸中，有了一個程頤，放眼一看，就覺得陸象山、呂東萊諸人，均種種不合。就像目中著了金屑，天地易色一般。

佛家主張破我執法執，不但講出世法應當如此，就是講世間法，也應當如此，老子所說「絕聖棄智」，眞是名言。蘇東坡問程頤「何時打破誠敬」，雖屬惡謔，卻是至理。蘇東坡精研佛老之學，故筆談中，俱含妙諦，他是打破了誠敬的，看看「目中有妓女，心中無妓女」這場公案，就可知道。

程頤抱著一個誠敬，去約束蘇東坡，鬧得洛蜀分黨。朱子以道統自命，黨同伐異，激成慶元黨案，都是因爲太過執著所造成的流弊。

莊子譏孔子昭昭揭日月而行，就是這個道理。莊子並不是叫人不爲善，他只是叫人按著自然之道做去，不言善而善自在其中。

例如，勸人修橋補路，周濟貧窮，固然是善，但是按著自然之道做法，物物各得其所，自然無壞橋可修，無濫路可補，無貧窮來周濟。回想那些想當善人的，抱著金錢，朝朝出門，尋橋來修，尋路來補，尋貧窮來周濟，眞是未免多事。莊子說：「泉水乾了，魚都落在陸地上相濡以沫，還不如在江湖上相互忘記」就是這個道理。

程伊川、蘇東坡，爭著修橋鋪路，彼此爭得打架。朱子想獨博善人之名，把修橋補路的事一手攬盡，不許他人染指，後來激成黨案，嚴禁僞學，即是明令驅逐，不許他人修橋，不許他人補路。

如果他們有莊子這種見解，何至於會鬧到這樣呢？

宋朝南渡，與洛蜀分黨有關，宋朝亡國，與慶元黨案有關。小人不足以責備，程朱大賢，不能不負點責任。現在的愛國志士互相攻擊，很像洛蜀諸賢，君子攻擊君子。各種學說互相詆斥，很像朱子與陸子互相詆斥。當今政學界諸賢，一齊走入程朱途徑去了！問程朱諸賢，缺點安在？曰：「少一個量字。」

我們評論宋儒，可分兩部分：他們把儒釋道三教，融合爲一，成爲理學，爲學術上開一新紀元，這是做的由分而合的工作，這部分是成功了的，洛蜀分黨，釀成政治上的紛爭，朱陸分派，釀成學術上的紛爭，這是做的由合而分的工作，這部分是失敗了的。

我們現在所處的時代，正與宋儒所處時代相同，無論政治上、學術上，如做由分而合的工作，絕對成功，如做由合而分的工作，一定徒滋糾紛。問做由分而合的工作，從哪裡下手。曰：以量字下手。

第 4 章

老子的無為兵法

老子把盈虛消長的原理，
用到軍事上，就成了絕妙兵法。
孫子把老子所說的原理，
推演出來，成書《孫子兵法》十三篇，
就成為千古言兵之祖。

中國學術趨勢有跡可尋

我生平喜歡研究心理學，於一九二〇年，作一篇文章《心理與力學》，創出一條臆說：「心理依力學規律而變化」。有了這條臆說，覺得得經濟、政治、外交，與人世一切事變，都有一定軌道，於是陸陸續續寫了些文字，曾經先後發表。

後來我又研究諸子百家的學說，覺得學術上的演變，也有軌道可循。我們如果知道，從前的學術是如何演變，就可推測將來的學術當向何種途徑走去，因而成一文《中國學術的趨勢》。

自覺此種觀察，恐怕不確，存在篋中，久未發表。去年在重慶，曾將原稿交《濟川公報》登載，現在把他印爲單行本，讓讀者指正。

我說：「心理依力學規律而變化」，聽到的人曾經反駁我道：「我的思想、行動自由，哪裡有什麼規律」，殊不知我們受了規律的支配，自己還不覺得。譬如，書房裡有一個鳥籠，鳥在籠中跳來跳去，自以爲活動自由了，而我們在旁觀之，任牠如何跳，終不出籠子的範圍。假使把籠打破，鳥在此室中，更是活動自由了，殊不知仍有一個書房，把牠禁圍著。

漢唐以後的儒者，任他們如何說，終究不出孔子的範圍，周秦諸子和東西洋哲學家，可說是打破了孔子範圍，而他們的思想，仍有軌道可循，既有軌道可循，就是有規律。

自從開天闢地以來，人類在地球上行行走走，自以為自由極了。三百年前，出了一個牛頓，發明地心引力，人才知道，任憑自己如何走，終要受地心引力的支配。人類的思想，自以為自由極了，我們試把牛頓的學說擴大，把它應用到心理學上，我們就知道，任憑我們的思想如何自由，終有軌道可循，人世上，一切事變，無不有力學規律，運行於其間，不過一般人習而不察而已，等於牛頓以前的人，不知有地心引力一樣。

我寫文字，有一種習慣，心中有一種感想就寫一段，零零碎碎積了許多段，才把他補綴起來，成了一篇文字。這次所發表的，是把許多小段，就其意義相連貫的，放在一處，再視其內容，冠以篇名，總題之曰《中國學術的趨勢》。

寫文字是發表心中感想，心中如何想，就應當如何寫，如果立出題目，來做文字，等於入場應試，心中受了題目拘束，所有感想，不能盡情寫出，又因題義未盡，不得不勉強湊補，於是寫出來的，乃是題中之文，不是心中之文。

我發表這本書，本想出以隨筆體裁，許多朋友說不對，才標出大題目、小題目，我覺得做題目，比做文章更難，文章是我心中所有，題目是我心中所無，此書雖名《中國學術的趨勢》，而內容卻非常的簡陋，對於題義，發揮不到十分之一，這是很抱歉的。

我寫文字，只求把心中感想表達出來，就算完事。許多應當參考的書也未參考，許多議論，自知是一偏之見，仍把它們寫出來。是心中有了這種疑團，特發表出來請讀者賜教，如蒙指駁，自當敬謹受教，不敢答辯，指駁越嚴，我越是感謝。

老子才是中國學術的代表人物

我國學術最發達有兩個時期，第一是周秦諸子，第二是趙宋諸儒。這兩個時期的學術，都有創造性。漢、魏、晉、南北朝、隋唐五代，是承襲周秦時代的學術而加以研究，元明是承襲趙宋時代的學術而加以研究，清朝是承襲漢宋時代的學術而加以研究，都缺乏創造性。

周秦是中國學術獨立發達時期，趙宋是中國學術和印度學術融合時期。

周秦諸子，一般人都認孔子爲代表，殊不知孔子不足爲代表，要老子才足以代表。趙宋諸儒，一般人都認朱子爲代表，殊不知朱子不足爲代表，要程明道才足以代表。

《老子》一書，當分兩部分看，他說「致虛守靜，歸根復命」一類話，是出世法，莊子、列子、關尹子諸人，是走的這條路。

他說「以正治國，以奇用兵」一類話，是世間法，孔子以仁治國，墨子以愛治國，申韓以法治國等等，皆是以正治國。孫武、吳起、司馬穰苴，是以奇用兵，這都是走的世間法這條路。

《老子》一書，是把世間法和出世法，一以貫之，兩無偏重。所以，提出老子，可以總括周秦學術的全體。

漢明帝之時，印度佛教傳入中國，歷魏、晉、南北朝、隋、唐、五代，愈傳愈盛，與中國固有的學術成爲兩大門派，相推相盪，到了程明道出來，把二者融合爲一，是爲宋明的理學，名爲儒家，實際是中國和印度兩方學術融合而成的新學說。

程明道的學說出來後，跟著就分爲兩大派：一大派是程伊川和朱熹，一派是陸象山和王陽明。所以，研究宋學要以程明道爲代表，朱子不足以代表。

從周秦至今，可分爲三個時期。周秦諸子，爲中國學術獨立發達時期；現在已經入第三時期了。世界大通，天涯比鄰，中國、印度、西洋三方學說相推相盪，依天然的趨勢看去，這三者又該融合爲一。故第三時期，爲中西印三方學術融合時期。

學術的進化，其軌道歷歷可循，知道從前中印兩方學術融合，是以某種方式，就知將來中西印三方學術融合，當出以某種方式，我們用鳥瞰法，升在空中，如看河流入海，就可把學術上的大趨勢看出來。

老子是周秦諸子的開山始祖

宇宙眞理，是渾然天成的，最初是濛濛昧昧的，像一個絕大的荒山，無人開採，後來偶然有人在山上拾得點珍寶歸來，人人驚異，大家都去開採，有得金的，有得銀的，有得銅鐵錫的。雖然所得不同，總是各有所得。周秦諸子，都是上山開採的人，在這伙人當中，所得的東西，要以老子爲最多。

老子是道家，道家出於史官，我國有史以來，零零碎碎的留下許多學說，直到老子出來，才把它整理成一系統。

他生於春秋時代，事變紛繁，他年紀又高，眼見的事又多，身爲周朝的柱下史，是國立圖書館館長，讀的書又多。他自隱無名，不問外事，經過了長時間的研究，所以能把宇宙眞理發現出來。

老子把古今事變融匯貫通，尋出了它變化的規律，定名曰道。道者路也，也就是說，宇宙萬事萬物，非走這條路不可，把這種規律筆之於書，即名之曰《道德經》。道者有得於心也，根據以往的事變，就可以推測將來的事變，所以說：「掌握了以往的規律，能駕馭今天的現實」。

他見到了眞理的全體，講出來的道理顚撲不破，後人要研究，只好按著他的道理，分頭去研究。他在周秦諸子中，眞是開山之祖。諸子取他學說中的一部分，引而申之，擴而大之，就獨成一派。

在老子之前的，如黃帝、如鬻子、管子……等，《漢書．藝文志》都把他們列入道家，算是老子的前驅。周秦諸子最末的一人是韓非，韓非之書有《解老》、《喻老》兩篇，把老子的話一句一句的解釋，稱呼老子爲聖人，可見韓非之學也出於老子。

到了呂不韋的門客所輯的《呂氏春秋》，也是推尊黃老。所以，周秦時代的學說，徹始徹終，可用老子貫通之。

老子的學說是總綱，諸子是細目，是從總綱中提出一部分，詳詳細細的研究，只能說研究得精細，卻不能出老子的範圍。

至於老子年代問題，有人說孔子問禮的那個老子，是春秋時人，著《道德經》的老子是戰國時人，是兩個不同的人，而不是同一人。這層爭議其實不必深問，我們只說，《道德經》一書，可以總括周秦學術之全體。其書若是出現於周秦諸子之前，是諸子淵源於老子；若是出現於周秦諸子中間，或在其後，我們可說，《道德經》可以貫通諸子，而集周秦學術之大成。無論他生在春秋時，生在戰國時，甚或生在秦時，周秦學術之總代表是一樣的。

關於老子姓名問題，有種種說法，甚至有說老子姓老的。我想不必這樣講，古人的名字，有點像字學中的反切法，用兩個字，切出一個字，舉出其人的兩個特點，即知其為某人。名字之上，不必一定冠以姓，如祝鮀是名之上冠以官名；行人子羽，是字之上冠以官名；東里子產，是字之上冠以地名；叔梁紇，是名之上冠以字；司馬遷是史官，故稱史遷，曾受腐刑，又稱腐遷。其他如髯參軍、短主簿，是官職之上冠以形貌，只要舉出兩個特點，即可確定其為某人。

大約老子耳朵有異狀，故姓李名耳，他是自隱無名的人，埋頭研究學問，世人得見他時，年已老矣，驚其學問高深，因其鬚髮皓然，又是一個大耳朵，因此稱之為老聃。聃是生前的綽號，不是死後的謚號，他不是生來就白頭髮，乃是世人得見他時，業已是白髮了。

一般學者，聞老子之名，都來請教，孔子也去問禮。各人取其學說之一部分，發揮光大之，就成為一家之言，發表出來，盡是新奇之說，人人都去研究。老子自隱無名，其出處存亡，世人也就不怎麼注意了。

這種情況猶如四川廖平和康有為說一席話，康有為按照他的說法，跟著寫出《孔子改制考》、《新學偽經考》，震驚一世，而廖平的書尚未出來，其人也不怎麼為世人注意。

老子年齡，大約比孔子大二、三十歲，孔子是七十幾歲死的，老子修神養身，享年最高，或許活到二百多歲，著《道德經》時，已入了戰國時代，這也是可能的事。

無為思想的實際意義

老子的「無爲」，許多人都誤解。《老子》一書是有爲，不是無爲。他以爲，要想有爲，當從無爲下手，所以說「無爲則無不爲」。

他的書，大概每句中，上半句是無爲，下半句是有爲。例如，「慈故能勇，儉故能廣，不敢爲天下先，故能成器長」，意思是說，要想勇，當從慈做起；要想廣，當從儉做起。要想成大器，當從不敢爲天下先做起。慈與儉、不敢爲天下先，是無爲；能勇、能廣、能成大器，就是有爲。

老子洞明盈虛消長之理，陰陽動靜，互相爲用，凡事當從相反方面下手，如作文欲抑先揚，欲揚先抑，寫字欲左先右，欲右先左一般。

老子說：「我無爲而民自化，我好靜而民自正，我無事而民自富，我無欲而民自樸」。我無爲、我好靜、我無事、我無欲，能使民化民正，能使民富民樸，是有爲。「弱勝強，柔勝剛」，弱柔是無爲，勝強勝剛是有爲。老子書中，這類話很多，都是「無爲則無不爲」的實證。

老子所說的無爲，是順其自然，不加主觀願望的意思。當爲的就爲，當不爲的就不爲，如果當爲的不爲，這是有心和自然反抗，這叫做有爲，算不得無爲。

王弼注《老子》，就是這種見解。他注《老子》二十七章說道：「須自然而行，不造不始」。注二十九章說道：「萬物以自然爲性，故可固而不可爲也，可通而不可執也，物有常性而造爲之，故必敗也，物有往來而執之，故必失矣」，可算得了老子的眞諦。

老子說：「輔萬物之自然而不敢爲」，就是《陰符經》所說：「聖人知自然之不可違，因而制之」，也就是《易經》所說：「裁成天地之體，輔相天地之宜」。

曹參做宰相，每天喝酒，什麼事也不幹，只可稱之爲「不輔萬物之自然」，「不裁成天地之道，不輔相天地之宜」，「知自然之不可違，因而制之」。黃老之道，難道眞是這樣嗎？

老子說：「合抱之木，生於毫末，九層之台，起於累土，千里之行，始於足下」。老子把宇宙事事物物的來龍去脈，看得清清楚楚的，事未發動，或才發動，就把他理清了。猶如船上掌舵的人，把水路看得十分清楚，只須輕輕的把舵一搖，那船便平平穩穩的前去了，這叫做無爲。就是所謂「善用兵者無赫赫之功」，怎麼是曹參那種辦法呢？

漢朝文景兩帝行黃老之術，只是得點皮毛，在「爲之於未有，治之於未亂」等工作方面，未免缺乏，所以不無流弊，但是政治的修明，已成爲三代下第一，黃老之道的偉大，也因此可以想見了。

無為，是治亂的妙法

老子說：「失道而後德，失德而後仁，失仁而後義，失義而後禮。」失字作流字解。道流而爲德，德流而爲仁，仁流而爲義，義流而爲禮，道德仁義禮五者，是聯貫而下的。

天地化生萬物，有一定規律，如同道路一般，是之謂道。我們懂得這個規律，而有得於心，就是德，本著天地生物之道，施之於人就是仁。

仁是渾然的，必須制裁它，使它合宜，歸結爲義。但所謂合宜，只是空空洞洞的幾句話，把合宜之事制爲法式，就是飾文，就是禮。

萬一遇著不守禮的人，怎麼辦呢？於是威之以刑。萬一有悖禮之人，刑罰也不怕，又將奈何？於是動用武力。我們可續兩句曰：「失禮而後刑，失刑而後兵」。禮流而爲刑，刑流而爲兵。由道德以至於兵，原是一貫罷了。

老子洞明萬事萬物變化的軌道，有得於心，故老子談論道德。孔子見老子後，明白此理，就用以研究人，故孔子談論仁。孟子繼孔子之後，故談論仁必帶一義字。荀子繼孟子之後，注重禮學。韓非學於荀卿，知禮字不足以範圍人，故專講刑名。這都是時會所趨，不得不然。

世人見道德流爲刑名，就歸咎於老子，說申不害、韓非之刻薄寡恩，來源於老子。殊不知中間還有道德流爲仁義一層，由仁義才流爲刑名的。談論仁義的無罪，談論道德的有罪，我眞要爲老子叫屈。

孔子說：「志於道，據於德，依於仁，遊於藝」，都是順著次序說的；韓昌黎說：「博愛之謂仁，行而宜之之謂義，由是而之焉之謂道，存乎己無待於外之謂德」，把道德放在仁義之下，就算弄顚倒了。

老子說：「夫禮者，忠信之薄而亂之首也。」這句話很受世人痛罵，這也是誤解老子。

道流而爲德，德流而爲仁，仁流而爲義，義流而爲禮，禮流而爲刑，刑流而爲兵。這是天然的趨勢，等於人由小孩而少年、而壯、而老、而死一般。老子說：「失道而後德，失德而後仁，失仁而後義，失義而後禮」，等於說：「失孩而後少，失少而後壯，失壯而後老」。

他看見由道德流而爲禮，知道繼續下去，就是爲刑爲兵，所以警告人說：「夫禮者，忠信之薄而亂之首也」，等於說：「夫老者少壯之終而死之始也」。

這本是自然的現象，說這些話的人，有何罪過。

要救死，只有「復歸於嬰兒」，要救亂，只有「復歸於無爲」。

我們身體發育最快，要算嬰兒時代。嬰兒無知無欲，隨時都是半睡眠狀態，現在的修養家叫人靜坐，卻用種種方法，無非叫人達到無知無欲，成一種半睡眠狀態罷了。嬰兒的半睡眠狀態是天然的，修養家的半睡眠狀態，是人工做成的，只要此心常如嬰兒之未孩，也就可以長生久存了。我們知道「復歸於嬰兒」可以救死，就知道「復歸於無爲」可以救亂。

國家到了非用禮不可的時候，跟著就有不講禮的人，非用刑不可，跟著就有刑罰也不畏懼的人，非用兵不可。所以到了用禮的時候，混亂的苗頭已經出現了，所以說禮是「亂之首」。但怎麼辦呢？

老子說：「化而欲作，吾將鎮之以無名之樸」。亂機雖動，用無爲二字，就可把他鎮壓下去。老子用的方法，是：「我無爲而民自化，我好靜而民自正，我無事而民自富，我無欲而民自樸。」

他這個話不是空談，是有事實可以證明的。

春秋戰國，天下大亂，到了秦朝，人心險詐，盜賊縱橫，和現在的時局是一樣的。始皇二世，用嚴刑峻罰，亂得更厲害。到了漢初，劉邦的謀臣張良、陳平，是講黃老的人，曹參輔佐惠帝用黃老，文帝景帝也用黃老，而民風忽然渾樸，儼然三代遺風，這就是實行「鎮之以無名之樸」，人民就居然自化自正，自富自樸了。足以說明老子所說「復古於無爲」，是治亂的妙法。「復歸於嬰兒」，可以常壯不老；「復歸於無爲」，可以常治不亂。

由道流而爲德、爲仁、爲義、爲禮、爲刑、爲兵，道是本源，兵是末流。老子多次談兵，他連兵都不廢，何至於會廢禮？

他說：「以道佐人主者，可以兵強天下」，又說：「夫慈以戰則勝」。慈就是仁，用兵之際，顧及道字仁字，就是顧及本源之意。用兵顧及仁字，才不至窮兵黷武，用刑顧及仁字，才能哀矜勿喜，行禮顧及仁字，才有深情行乎其間，不至徒事虛文，行仁義顧及道德，才能達到熙熙攘攘的盛世，不是相呴以濕，相濡以沫。我們讀《老子》一書，當作如是解。老子用兵際，都顧及本源，即知他無處不顧及本源。

老子說：「兵者不祥之器，非君子之器，不得已而用之，恬淡爲主。」他對於兵是這種主張；即知他對於禮的主張，是說：「禮者，忠信之薄而亂之首，不得已而用之，道德爲主。」

老子明知「兵之後必有凶年」，到了不得已之時，還是要用禮。所以我說，老子不廢禮。只是因爲他不廢禮，才知道用禮來守護。禮知名於世，所以孔子才去問禮。老子知道兵之弊，故善言兵，知道禮之弊，故善言禮。

用刑用兵，只要以道佐之，以慈行之，民風也可復歸於樸。莊子說：「假道於仁，託宿於義，以遊於逍遙之虛……逍遙無爲也」。由此知用刑用兵，也是假道於刑，託宿於兵，以達到無爲的境界。

我們知道這個意思，就知老子說「失義而後禮」，說「禮者忠信之薄」，與孔子所說「禮云禮云，玉帛云乎哉」同是一意。

酷吏以法殺人，宋儒以理殺人

老子說：「絕聖棄智，民利百倍，絕仁棄義，民復孝慈，絕巧棄利，盜賊無有。」又說：「天地不仁，以萬物爲芻狗，聖人不仁，以百姓爲芻狗。」又說：「大道廢，有仁義，智慧出，有大僞。」

這些話語很受世人的非議，這也未免誤解。

老子是叫人把自己的意思除去，到了無知無欲的境界，才能窺見宇宙自然之理。一切事，當順自然之理而行之，如果不絕聖棄智，本著個人的意見做去，得出來的結果，往往違反自然之理。

宋儒就害了此病，並且害得很深。例如，「歸人餓死事小，失節事大」一類話，就是害了這個病。洛蜀分黨也是害了這個病，他們的所謂理，完全是他們個人的意見。

戴東原說：「宋以來儒者，以己之見，硬做爲聖賢立言之意……其於天下之事也，也即所謂理，強斷行之。」又說：「其所謂理者，同於酷吏所謂法，酷吏以法殺人，後儒以理殺人。」戴東原此語，可謂一針見血，假使宋儒能像老子絕聖棄智，必不會有這種弊病。

凡人只要能夠洞明自然之理，一切事順天而動，如四時的運行，百物的誕生，不言仁義而仁義自在其中。《莊子》一書，全是發揮此理。

蘇子由解《老子》說道：「大道之隆也，仁義行於其中，而民不知，大道廢而後仁義見矣。世不知道之足以贍足萬物也，而以智慧加之，於是民始以僞報之矣。六親方和，孰非教慈，國家方治，孰非忠臣，堯非不孝而獨稱舜，無瞽瞍也。伊尹周公非不忠也，而獨稱龍逢比干，無桀紂也。涸澤之魚，相呴以沫，相濡以濕，不如相忘於江湖」。

子由這種解釋，深得老子本旨。韓昌黎說老子看小了仁義，讀了子由這段文字，仁義怎能說小？暴秦時代，李斯、趙高挾智術以統治天下，叛者四起，就是「智慧出有大

僞」的實證。漢初行黃老之術，民風渾樸，幾於三代，就是「絕巧棄利，盜賊無有」的實證。

老子絕聖棄智，此心渾渾穆穆，與造化相通，此等造詣極高。孔子心知之，也曾身體力行之，但只能在心裡理解，而不能說出來，只可自己去做，而不能要求於人。孔子不談天性與天道，不是不想說，實在是不能說，就是談了別人也未必了解。

孔子說：「天何言哉，四時行焉，百物生焉，天何言哉。」此等處可見孔、老學術，原是一貫。兩次說「天何言哉」，反覆讚嘆，與老子所說：「吾不知其誰之子，像帝之先」、「恍兮惚兮，其中有物」等言絕對像。

蘇子由說：「夫道不可言，可言皆其似者也，達者因似以識眞，而昧者執似以陷於僞」。子由懂得這個道理，所以明朝李卓吾稱讚地說：「解老子者衆矣，而子由最高。」

要窺見造化流行的奧妙，非此心與宇宙融合不可，正常人自然做不到。

我們既然做不到，而做出的事，如果違反了造化流行之理，又是要不得的，這該怎樣辦呢？於是，孔門傳下一個最簡單最適用的法子，這個法子，就是孔子所說的良知良能。

孔門教人，每發一念，就用自己的良心裁判一下，良心以爲對的就是善，認爲不對就是惡。惡的念頭立即除去，善的念頭就把它存留下，這就是大學上的誠意工夫。

這種念頭，與宇宙自然之理是相合的，爲什麼呢？人是宇宙一分子，我們最初發出之念，並未參有我的私意私見，可說是直接從宇宙本體發出來的。我把這個念頭加以考察，就與親自見到宇宙本體沒什麼兩樣。把這種念頭推行出來的，就可修身、齊家、治國、平天下。

這個法子，豈不簡單極了嗎？有了這個法子，我們所做的事，求與自然之理相合，就不困難了。困難的是，什麼是善念，什麼是惡念，不容易分別。

於是，孔門又傳下了一個最簡單的法子，叫人閑居無事的時候，把目前所見的事，仔細研究一下，什麼是善，什麼是惡，把它分別清楚，隨著我心每動一念，我自己才能分別善惡，這就是格物致知了。

孔門正心誠意、格物致知，本是非常簡單，愚夫愚婦都做得到，不料宋明諸儒，把它解釋得玄之又玄。

朱子無端補入格致一章，並且說：「至於用力之久，而一旦豁然貫通焉，則衆物之表裡精粗無不到，而吾心之全體大用無不明矣。」這種說法儼若是禪門的頓悟，豈不與中庸所說「愚夫愚婦，與知與能」相悖嗎？

其實，我們只要把正心誠意，改做良心裁判四字，或改做問心無愧四字，就任何人都可做到了。

盈虛消長循環的軌道

老子的學說，是本著盈虛消長立論的，什麼是盈虛消長呢？由虛而長、而盈、而消，循環不已，宇宙萬事萬物，都不出這個軌道。

從天道來說，春夏秋冬，是按著這個軌道走的，從人事來說，國家之興衰成敗，和通常所謂「貧賤生勤儉，勤儉生富貴，富貴生驕奢，驕奢生淫佚，淫佚又生貧賤」，都是按著這個軌道走的。

老子之學，純是自處於虛，以盈爲大戒，虛是收縮到了極點，盈是發展到了極點。人能以虛字爲立足點，不動則已，一動則只有發展的，這就是長了。如果到了盈字地位，那麼消字即隨之而來，這是一定不移之理。

他書中所謂：「弱勝強，柔勝剛」、「高以不爲基」、「功成身退天之道」、「強梁者不得其死」、「飄風不終朝，驟雨不終日」、「多藏必厚亡」、「高者抑之，下者舉之」、「將欲歙之，必固張之，將欲弱之，必固強之，將欲廢之，必固興之，將欲奪之，必固與之」種種說法，都是本著這個原則立論。這個原則，人世上一切事都適用，等於瓦特發明蒸汽，各種工業都適用。

老子的無為兵法

老子把盈虛消長的原理，用到軍事上，就成了絕妙兵法。試把他言兵的話，匯齊來研究，就知它的妙用了。

他說：「以道佐人主者，不以兵強天下，其事好還……善者果而已」，又說：「夫兵者不祥之器，不得已而用之」，又說：「以奇用兵」，又說：「慈故能勇，……夫慈以戰則勝，以守則固，天將與之，以慈衛之」，又說：「善為士者不武，善戰者不怒，善勝敵者不爭」，又說：「用兵有言，不敢爲主而爲客，不敢進寸而退尺，禍莫大於輕敵，輕敵幾喪吾寶，故抗兵相加，哀者勝矣」，又說：「勇於敢則殺，勇於不敢則話」，又說：「堅強者死之徒，柔弱者生之徒，是以兵強則不勝。」

可知老子用兵，是出於自衛，出於不得已，以慈爲主。慈有兩種含義：一是恐怕我的人民被敵人所殺，二是恐怕敵人的人民被我所殺，所以我不敢爲造事之主。

如果敵人實在要來攻我，我才起而戰之，即所謂「不敢爲主而爲客」，雖是起而應之，卻不敢輕於開戰，「輕敵幾喪吾寶」。

這個寶字，就是「我有三寶」的寶字，慈爲三寶之一，輕於開戰，即是不慈，就算失去一寶了。

我雖然不開戰，而敵人必來攻，我怎麼辦？

老子的法子就是守，所以說：「以守則固」。

萬一敵人猛攻，實在守不住了，又怎麼辦？

老子就向後退，寧可退一尺，不可進一寸，萬一退到無可退的地方，敵人還要進攻，如再不開戰，坐視我的軍士束手待斃，這可謂不慈之極了。到了此刻，是不得已了，也就不得不戰了。

從前步步退讓，極力收斂，收斂到了極點，爆發出來，等於炸彈爆裂。

這個時候，我的軍士處處是死路，只有向敵人衝殺才是生路，人人悲憤，其鋒不可當，所以說「哀者勝矣」。

敵人的軍士，遇著這種拚命死戰的人，向前衝是必死的的路，向後轉是生路，有了這種情形，我軍當然勝，所以說「以戰則勝」。

敵人的兵，恃強已極，「堅強者死之徒」，當然必敗。這眞是極妙兵法，所以說：「以奇用兵」。韓信背水佈陣，即是應用這個原理。

孫子把老子所說的原理推演出來，成《孫子兵法》十三篇，就成爲千古言兵之祖。

孫子說：「卑而驕之」，又說：「少則逃之，不若則避之」，又說：「不可勝者守也」，又說：「善守者藏於九地之下」，又說：「投之無所往，死且不北」，又說：「兵士甚陷則不懼，無所往則固，深入則拘，不得已則鬥」，又說：「投之無所往，劌之勇也」，又說：「帥與之期，如登高而去其梯，帥與之深入諸侯之地，而發其機，若驅群羊，驅而往驅而來，莫知所之，聚三軍之衆，投之於險，此軍之事也」，又說：「死地吾將示之以不活。」又說：「投之亡地然後存，陷之死地然後生」，又說：「始如處女，敵人開戶，後如脫兔，敵不放拒」。

凡此種種，我們拿來與老子所說的對照參觀，其方法完全是相同的，都是初時收斂，後來爆發。孫子說：「將軍之事靜以幽」。靜字是老子書所常用，幽字是老子書上玄字、杳字、冥字，合併而成的，足知孫子之學，淵源於老子。所不同的是，老子用兵，以慈爲主，出於自衛，出於不得已，被敵人逼迫，不得不戰，戰則必勝；孫子則出於權謀，故意把兵士陷之死地，以激戰勝之功，把老子「以奇用兵」的奇字，發揮盡致。

凡是一種學說，發生出來的支派，都有這種現象，即是把最初之說，引而申之，擴而大之，惟其如此，所以獨成一派。

老子的清靜無爲，連兵事上都用得著，世間何事用不著？因爲老子窺見了宇宙的眞理，所以他的學說，無施不可。

韓非《主道》篇說：「虛靜以待令」，又說：「明君無爲於上」。這虛靜無爲四字，是老子根本學說，韓非明明白白提出，足見他淵源所自。

其書說：「若水之流，若船之浮，守自然之道，行無窮之令」，又說：「不逆天理，不傷情性，不吹毛而求小疵，不洗垢而察難知，不引繩之外，不推繩之內，不急法之外，不緩法之內，守成理，因自然，禍福生於道德，而不出於愛惡」。可見他制定的法律，總是本於自然之理，從天理人情中斟酌而出，並不強人以所難。

他說：「明主設立可以得到的獎勵，只要能夠努力，人人都可獲得，所定的刑罰，只要能夠注意，人人都可避免」，又說：「明君之行賞也，暖乎如時雨，百姓利其澤。其行罰也，畏乎若雷霆，神聖不能解也，誠有功則雖疏賤必賞，誠有過則雖孌而必誅」，事事順法律而行，無一毫私見。

他用法的結果是：「因道全法，君子樂而大奸止，淡然閑靜，因天命，持大體，上下交順，以道爲舍」，還是歸於無爲而止。

老子講虛靜，講無爲；韓非也是講虛靜，講無爲。黃老之術發展出來，就是申韓，中韓之術收斂起來，就是黃老。二者原是一貫。

司馬遷把老莊申韓同列一傳，就是這個道理。後人不知此理，反罵司馬遷，以為韓非與李耳同傳不倫不類。

試想司馬遷父子，都是深通黃老的人，他論大道則先談黃老，難道對於老氏學派，還會談外行話嗎？

不過，韓非之學，雖是淵源於老子，也是引而申之，擴而大之，獨成一派。

老子說：「我無為而民自化」，韓非則說：「明君無為於上，群臣竦懼乎下」，同是無為二字，在老子口中何等平淡，一出韓非之口，卻變得凜然可畏，惟其如此，所以才獨立成派。

莊子與韓非，同是崇奉老子，一出世，一入世，途徑絕對相反，而都是根據於無為。有人會質疑，莊子事事放任，還可以說是無為，韓非事事干涉，怎麼可說是無為呢？

莊子是順應自然做去，毫不參加自己的意見，所以說是無為。韓非是順應自然，制出一個法律，我即依著法律實行，絲毫不出入，也是不參加自己的意見，故韓非之學說歸於無為。因為他執行法律，沒有絲毫通融，不像儒家有議親、議貴這類辦法，所以得了刻薄寡恩之名了。

韓非說：「故設柙非所以備鼠也，所以使怯弱能服虎也。」可見他立法是從大局著眼，並不苛細。

漢高祖用講黃老的張良爲謀臣，入關之初，「除秦苛法，約法三章，殺人者死，傷人及盜抵罪」。「苛法」是捕鼠之物，把它除去，自是黃老舉動；「殺人者死，傷人及盜抵罪」，是設柙服虎，用的是申韓手段。我們從此等地方考察，黃老與申韓，又有何衝突？

老子的三項法寶

道流而爲德，德流而爲仁，仁流而爲義，義流而爲禮，禮流而爲刑，刑流而爲兵。道德居首，兵刑居末。孫子言兵，韓非言刑，而其源者出於老子。我們如果知道兵、刑與道德相通，就可以知道諸子之學說無不與老子相通了。

老子三寶，一曰慈，二曰儉，三曰不敢爲天下先。孔子強調溫良恭儉讓，儉字與老子同，讓即是老子的不敢爲天下先，孔子曾經言仁就是老子之慈，足見儒家與老子相通。

墨子的兼愛就是老子的慈，墨子的節用就是老子的儉。老子說：「用兵有言，不敢爲主而爲客，不敢進寸而退尺」，又說：「以守則固」。墨子非攻而善守，足見他與老子相通。

戰國的縱橫家，首推蘇秦，他讀的書是《陰符》，揣摩數年，然後才出而遊說，古陰符不傳，它是道家之書，大約是與老子相似。

老子說：「天下之道其猶張弓乎，高者抑之，下者舉之」。老子此語，是以一個平字立論。蘇秦遊說六國，每用「寧爲雞口，無爲牛後」一類話，激動人不平之氣，暗中藏得有天道張弓的原理，與自然之理相合。所以蘇秦的說法，能夠披靡一世。

老子所說：「欲取姑予」等語，爲後世陰謀家所效法。其他如楊、朱、莊、列、關尹諸人，直接承繼老子之學，更不用說。周秦諸子之學，即使不盡出於老子，也可說老子之學與諸子不相牴觸，既不牴觸，也就可以相通。後世講神仙、講符錄……等等，都託始於老子，更足見老子與百家相通。

漢朝的汲黯性情剛直，其統治人民似乎應該用嚴刑峻法了，但他卻用黃老之術，專尚清靜。諸葛武侯淡泊寧靜，極像道家，但治蜀卻用申韓之法。這都是由於黃老與申韓，根本上共通的原故。

孔孟主張仁義治國，申韓主張法律治國，看是截然不同的兩種，其實是一貫的。諸葛武侯說：「法行則知恩」，這句話眞是好極了，足以補四書五經所未及。要施恩先必從行法做起，行法即是施恩，法律就是仁義。

子產治理鄭國很嚴酷，鄭國人想要殺他，說道：「誰殺了子產，我就讚揚他」。後來感念他的恩德，又生怕他死了，說道：「子產死了，誰來繼承他呢？」難道子產改變了政策嗎？他臨死前還說爲政要用猛，可見猛的宗旨至死不變，而所收的效果，卻是惠字。

《論衡》說：「子謂子產……其養民也惠」，又講：「或問子產，子曰，『惠人也』。」猛的效果是惠，此中關鍵，只有諸葛武侯懂得，所以他治蜀崇尚嚴格，與子產收同一之效果。

一般人說申韓刻薄寡恩，其實最慈惠的人，沒有比得上申韓。申不害所著之書雖然失傳了，但試取韓非子與諸葛武侯本傳，對照讀之，當知鄙人說的不謬。

韓非的學說出於荀子，是主張性惡的。荀子以爲人性惡，當用禮去裁制他。韓非以爲禮的裁制力量薄弱，法律的裁制力較強，故變而論刑名。由此可知，黃、老、申、韓、孟、荀，原是一貫。

害何種病，就要服何種藥。害了暴秦那種病，故漢初用黃老之術醫治，害了劉璋那種病，故孔明用申韓醫治。儒者見秦尙刑名，至於亡國，以爲申韓之學萬不可行，此乃不知通變之論。

商鞅變法，秦於是盛強，到了秦始皇，終於統一中國，可見刑名之學生了大效。繼續用下去，猶如病到垂危，有良醫開一劑芒硝大黃，服用之後立即痊癒，病已好了，病人卻把芒硝大黃作爲常服之藥，怎能不病？怎能不死？

這和芒硝大黃有什麼關係？這和醫生有什麼關係？

孔子不談天性與天道的原因

《禮記》上，孔子多次說：「我從老子那裡聽說……」，可見他的學問，淵源於老子，最大限度只能與老子對抗，斷不能凌駕老子之上。

《史記》記載：「孔子適周，問禮於老子，去，謂弟子曰：『鳥吾知其能飛，魚吾知其能游，獸吾知其能走，走者可以爲網，游者可以爲綸，飛者可以爲矰，至於龍，吾不能知其乘風雲而上天，吾今日見老子，其猶龍耶。」

這種驚訝佩服的情形，很像虬髯客見了李世民，默然心死一樣。《虬髯客傳》記載，道士對虬髯客說：「這個世界不是你的世界，到別的地方去吧。」虬髯客也就離開中國，到海外扶餘，另覓生活。孔子一見老子，正是這種情形。

老子說：「失道而後德，失德而後仁，失仁而後義，失義而後禮」。道德已被老子講得透透徹徹，沒有孔子論說的餘地，孔子只好從仁字講起了。

老子學說，雖包含有治世方法，但是略而不詳，他專言道德，於仁義禮三者，不加

深論。孔子窺破這個意圖，就終身致力於仁義禮，把治國平天下的方法，條分縷析的列出來。於是，老子談道德，孔子談仁義禮，結果孔子與老子，成了對等地位。

孔子是北方人，帶得有點強橫的性質，雖然佩服老子，卻不願居他之下。這就像清朝惲壽平善於畫山水，見了王岩谷的山水，自認爲不能超出其上，畫得再好，也是第二手，就轉而改習花卉，後來竟得齊名。孔子對於老子，也是抱持這樣的態度。他二人一個談道德，一個談仁義禮，可以說是分工的工作。

《論語》記載，子貢曾對孔子說：「先生的文章能夠見到，但聽不到先生談天性和天道的話。」

孔子爲什麼不談天性與天道呢？因爲天性與天道，老子已經說盡，沒有孔子闡說之處了。什麼緣故呢？

言天性言天道，離不得自然二字，老子提出自然二字，業已探驪得珠，孔子再說，也不能別有新理，所以就乾脆不說了。

老子說：「致虛極，守靜篤」，請問致的是什麼？守的是什麼？這明明是言心言性；一部宋元明學案，虛字靜字滿紙都是，說來說去，終究不出「致虛守靜」的範圍，不過說得比較詳細罷了。

老子書中談天道的地方很多，譬如說：

——「天長地久，天地所以長且久者，以其不自生，故能長生」。

——「飄風不終朝，驟雨不終日。孰為此者天地，天地尚不能長久，而況於人乎」。

——「天網恢恢，疏而不失」。

——「天之道其猶張弓乎，高者抑之，下者舉之，有餘者損之，不足者補之。」

老子這一類話，就把天地化生萬物、天人感應、天道福善禍淫……種種道理，都包括在內，從天長地久，說到天地不能長久。

孔子再談天道，也不能超出這個範圍，所以只好不說了。

老子所說：「有物混成，先天地生」。孔子也是見識到了的，他稱讚周易，稱這個東西叫太極，曾極力發揮，只是道理太玄虛，對門人則渾而不言，所以《大學》教人，才從正心誠意做起。

天性與天道，一旦離了自然二字，都是不能講的，爲什麼呢？

一般人說宋儒是得了孔子眞傳的，朱子是集宋學大成的。朱子畢生精力，用在《四書集注》上，試拿集注來研究，在「性與天道，不可得而聞也」這一章，朱子注解說：「性者人所受之天理，天道者天理自然之本體，其實一理也」。這不是明明白白的提出自然二字嗎？

中庸說：「天命之謂性，率性之謂道」，朱子注解說：「率循也，道猶路也，人物

各循其性之自然，則其日用事物之間，莫不各有當行之路，是則所謂道也。」難道不是又提出自然二字嗎？

孟子說：「天下人談論人性，只要找到根本原因就可以了。那根本原因在可以順應自然爲本。我們厭惡賣弄智慧，因爲它容易穿鑿附會。如果聰明人像大禹治水那樣疏導洪水，那就不必討厭智慧了。禹的治水，是順應自然。如果聰明人也按自然規律辦事，就是最大的智慧。天那麼高，星辰也很遠，但如果找到運行的規律，就是一千年以後的冬至日，也可以坐著算出來。」

朱子注解說：「利用就是順應自然，根本原因也是自然，把水弄到山上就不是自然的原因了……大禹治水是按自然之勢疏導的……程子說，孟子的這一章專門談論智慧。我認爲事物的道理無非是自然，順應而遵循自然，就是大智慧。」

朱子的注解五次提到自然二字，可見天性與天道，離開了自然二字是講不清楚的。老子既然已經把這個道理說盡了，孔子就不再說了。

第 5 章

拆穿宋儒學說的真面目

宋儒學說，之所以不能磨滅掉，
在於完成三教合一的工作；
其所以為人詬病的原因，在於裡子是三教合一，
面子務必說是孔門嫡派，成了表裡不一致。

儒、釋、道三教異同之處

春秋戰國時，列國並爭，同時學術界也有百家爭鳴，自秦以後，天下統一，於是學說按照君主的旨意，也歸於統一。

秦時崇奉法家的學說，此外的學說都被排斥。漢初改而信奉黃老，到了漢武帝表彰六經、罷黜百家，從此以後，專尊奉孔子的學說。然而老子的學說，勢力也很龐大，孔老二教，在中國成爲兩大主流。隨後，佛教傳入中國，越傳越盛，成了三大主流，同在一個區域內相推相盪，經過了很長的時間，自然而然形成了合併的趨勢，於是宋儒的學說應運而生。

我們要談宋儒的學說，必須先把三教異同研究一下。三教異同，古人說得很多，不用我們再說，但我們可補充一下：三教均以返回本源爲要旨。孟子說：「天下的本源在國，國的本源在家，家的本源在身。」但返回到身體，還不能終止。孟子又說，小孩子沒有不愛父母親的，長大了，沒有不知道尊敬哥哥的。可知儒家返回本源，以返到孩提爲止。

《老子》一書，多次談到嬰兒，請問，孟子談的孩提，與老子談的嬰兒相同還是不同？

答案是：不同。爲什麼呢？孟子所說的孩提能愛親敬兄，大約是二三歲或一歲半歲。老子曰：「如嬰兒之未孩。」孩，小兒笑也。嬰兒還未能笑，當然是指才生下地的而言。老子又說：「骨弱筋柔而握固。」初生小孩，手是握得很緊的。可見老子所說的嬰兒，確指才生下地的而言。

孟子所說的孩提知愛知敬，是已經有了智識的。老子說：「常使民無知無欲」，是沒有智識的。可知老子返回根本更進一步，以返至才下地的嬰兒爲止。

但老子所說的雖是無知無欲，還是有心，所以說：「聖人當無心，以百姓心爲心」。釋迦牟尼則連心都沒，以證入涅槃、無人無我爲止，禪宗常教人「看父母未生前面目」，竟是透過娘胎，較老子的嬰兒，更進一步。他們三家都是立在同一條線上，所以三教同與不同都說得過去，總看如何看法。

《大學》說：「欲修其身者先正其心，欲正其心者先誠其意」，從身字追進兩層，直至意字，從誠意做起。

但是有意就有我，老子以爲有了我即有人，人我對立，就生出許多紛紛擾擾的事，鬧個不休。有我就是有身體，所以他說：「我所以有大禍患，是因爲有身體。」倘若沒有身體，則人與我渾而爲一，就成了與人無爭，與世無爭再不會有紛紛擾擾的事。所以他說：「等到沒有身體了，還有什麼禍患呢？」

《莊子》書上種種譏誚孔子的話，以及老子對孔子說的：「去子之驕氣與多欲，態色與淫志」……等語，都是根據這個原理。試問如老子所說，是個什麼境界呢？這就是所說：「恍恍惚惚，深遠莫測」了，也就是「嬰兒沒變成小孩」的狀態，自佛學言之，此等境界是爲第八識。

釋迦牟尼更進一步，打破此識，而爲大圓鏡智，再進而連大圓鏡智也打破，即是心經所說「無智亦無礙」了。

據上面所說，似乎佛家的境界，非老子所能到，老子的境界，非孔子所能到。但又不然，佛家說妙說常，老子說：「恢復本性叫常」，又說：「玄之又玄，衆妙之門。」佛氏的妙常境界，老子何嘗不能到呢？

孔子強調毋意毋必，又說：「無可無不可」，佛氏所謂法執我執，孔子何嘗沒有破呢？

但是，三教雖然同在一根線上，終究是個個獨立，他們立教的宗旨，各有不同。佛氏想要出世，故須追尋到父母未生前，連心字都打破，方能出世。既然要出世，所以世間的禮、樂、刑、政……等等，也就不詳加研究了。

孔門要想治世，是在人事上工作，人事的發生，以意念爲起點，而意念最純粹的，莫如孩提之童，所以從孩提之童研究起，以誠意為下手工夫，由此而正心、修身，以至齊家、治國、平天下。他的宗旨，既是想治世，所以關於涅槃滅度的學理，也就不加深究了。

老子重在窺探自然造化的本源，所以絕聖棄智，無知無欲，於至虛至靜之中，領會那寂然不動、虛而逍遙之妙，故而像初生的嬰兒，向後走是出世法，向前走是世間法。他說道：「多說只會窮困，不如保持中庸。」所謂中庸，即是介於入世出世之中。

佛家三藏十二部，孔子詩書易禮春秋，可算說得很多了。老子卻不願意多說，只簡簡單單五千多字，扼著立論，含有「引而不發，躍躍欲試」的意思。他的意思，只重在把入世出世，打通為一，揭出原理，等世人自行去研究，不願多說，所以講出世法沒有釋家那麼專精，講世間法沒有孔子那麼詳盡。

綜而言之，釋家專言出世法，孔子專言世間法，老子則把出世法和世間法打通為一，這就是他們三人立教不同的地方。

老子說：「讓心靈達到空寂的狀態，守住這份安靜。萬物一齊生長，我由此觀察到了循環往復的規律。萬物茂盛，最終都回歸到起點。回到起點叫『靜』，『靜』就是復歸本性。」

他是用致虛守靜的功夫，步步向內收斂，到了歸根復命，跟著又步步向外發展，所以他說：「修德於自身，道德就純眞。修德於家，道德就光大。修德於鄉，道德就伸長。修德於國，道德就廣大。修德於天下，道德就會普遍。」

孔子之學，得之於老子，步驟是一樣的。《大學》說：「古之欲明明德於天下者，先治其國。欲治其國者，先齊其家，欲齊其家者，先修其身，欲修其身者，先正其心，欲正其心者，先誠其意。」這是步步向內收斂。「意誠而後心正，心正而後身修，身修而後家齊，家齊而後國治，國治而後天下平。」又是步步向外發展。

老子歸根復命的工作，與佛家相同，從「修之於身」，以至「修之於天下」，與孔子相同，所以老子之學，可貫通儒釋兩家。

北方人喜吃麵，南方人喜吃飯，孔子開店賣麵，釋迦牟尼開店賣飯，老子店中，麵和飯都有。我們喜歡吃某種，進某家店子就是了。不能叫人一律吃麵，把賣飯的店子封了；也不能叫人一律吃飯，把賣麵的店子封了。賣麵的未嘗不能做飯，賣飯的也未嘗不能做麵，不過開店的目的，各有不同罷了。儒釋道立教，各有各的宗旨，三教之徒互相攻擊，眞算是既無知又多事。

宋學是融合儒釋道三家學說而成

最初孔老二教幾經盛衰，互相排斥，所以，太史公說：「世人學老子的貶低儒學，儒學也看不起老子」。

到了曹魏時，王弼把孔老溝通爲一。王弼曾注《易經》和《老子》，《易經》是儒家的書，《老子》是道家的書，他注這兩部書，就是做融合孔老的工作，這是學術上一種大著作，算是一種新學說，大受一般人的歡迎，所以開晉朝清談一派。

人情是喜新厭舊的，清談太久，一般人都有點厭煩了。恰好這時佛教陸續傳入中國，越傳越盛，在學術上另開一新世界，朝野上下群起歡迎。

到了唐朝時，佛經遍天下，寺廟遍天下，天台、華嚴、淨土各宗大行，禪宗有南能北秀，更有新興的唯識宗，可算是佛學極盛時代。

唐朝李氏自稱是老子之後，追尊老子爲玄元皇帝，道教因此很興盛。孔子是歷代崇奉之教，當然也最盛行。三教相盪，儼然有合併的趨勢。那個時候的儒者，多半研究佛老之學，可說他們都在做三教合一的工作，卻不曾把此融合爲一，直到宋儒，才把這種工作完成了。

戴東原說：「宋朝以前，孔孟是孔孟，老子是老子，談老子的自認爲很高明，不依附孔孟。宋朝以後，孔孟的書不好解釋了，儒家就用老子和佛家來解釋。」這本是詆斥宋儒的話，但從這個地方，反可看出宋儒的眞本事來，最當注意的是：「宋以前，孔孟是孔孟，老子是老子」二語，老子、佛家和孔孟，大家認爲是截然不同的三派，宋朝之時把三者融合爲一，創作力何等偉大。

宋儒儘管自稱是孔門嫡派，與佛老無關，實際是融合三教而成，他們學說俱在，何能掩飾。其實，能把三家融合爲一，這是學術上最大的成功，他們有了這樣的建樹，盡可自豪，反而放棄了不肯承認，自認孔門嫡派。這其實是爲門戶二字所誤。

雖然是這樣，我們反把進化的趨勢看出來了。儒釋道三教，到了宋朝天然該合併，宋儒順著這個趨勢做去，自家還不覺得，猶如在河內撐船一般，宋儒極力欲逆流而上，自以爲撐到上流了，殊不知反被捲入大海。

假如程朱諸人，立意要做三教合一的工作，還看不出天然的趨勢。恰恰因爲極力反對三教合一，實際上反而完成了三教合一的工作，這才見天然趨勢的偉大。宋儒學說，之所以不能磨滅掉，在於完成三教合一的工作；其所以爲人詬病的原因，在於裡子是三教合一，面子務必說是孔門嫡派，成了表裡不一致。我們對於宋儒，只要他的裡子，不問他的面子，他們既建樹了這樣的大功，就應替他們表彰。

宋儒融合三教合一，在實質上，不在字面上。若以字面而論，宋儒口口聲聲詆斥佛老，所用的名詞，都是出自四書五經上，然而實質上卻是三教合一。現在說三教合一的人，滿紙是儒釋道書上的名詞，我們卻能承認他把三教融合了。這是什麼緣故呢？

這就好像飲食，宋儒把雞魚羊肉、米飯菜蔬吃下肚去，變爲血氣，看不出雞魚羊肉、米飯菜蔬的形狀；他人是把這些東西吃下去，吐在地上，滿地是雞魚羊肉米飯菜蔬的細顆，並未融化。我們把融合三教的功勞，歸之於宋儒，就是這個道理。世間的道理，根本上是共通的，宋儒好學深思，凡事要研究徹底，本無意搜求共通點，自然把共通點尋出，所以能夠把三教融合。

由晉朝歷經南北朝、隋唐、五代，而至於宋朝，都是三教並行。名公巨卿大都研究佛老之學，其中以禪宗最興盛。

我們試翻《五燈會元》一看，就知道禪宗自達摩東來，源遠流長，其發達的情形，較之宋元學案所載的道學，還要興盛些。

王安石曾問張文定（方平）：「孔子去世百年，生孟軻亞聖，以後就後繼無人了，爲什麼呢？」

文定說：「難道沒有嗎？只有超過孟子以上的人。」

王安石問是誰？文定說：「江南馬大師，汾陽無業禪師，雷峰、岩頭、丹霞、雲門都是。儒門淡泊，收拾不住，都歸到釋迦牟尼罷了。」

王安石聽了欣然嘆服。

佛教越傳越盛，幾把孔子地盤完全奪去，宋儒生在這個時候，受儒道的薰陶孕育，所以能夠創出一種新學說。

周敦頤的學問，得力於佛家的壽涯和尚和道家陳摶的太極圖，這是大家知道的。程伊川說：「程明道出入於老釋者幾十年。」《宋史》說，范仲淹命張橫渠讀中庸，讀了猶以未足，又求之於老釋。

這都是「儒門淡泊收拾不住」的原故。

程明道和張橫渠，都是「回到六經然後才得到眞傳」，試問，他二人初讀孔子書，爲什麼得不到眞傳，必研究老釋多年，然後返回到六經，才把它尋出來？爲什麼二人都會如此？這明明是初讀儒書，接著讀佛老書，浸潤已久，融會貫通，心中恍若有得，然後才向六經搜求。見所說的話，有與自己心中相合者，就把他提出來組織成一個系統，這就是所謂宋學了。因爲天下的眞理是一樣的，所以二人得著的結果相同。

作者往年著《心理與力學》一文，創一條臆說：「心理依力學規律而變化。」曾說：「地心有引力，把泥土沙石，有形有狀之物，吸引來成爲一個地球，人心也有引力，把耳濡目染，無形無體之物，吸引來，成爲一個心。」

宋儒研究儒釋道三教多年，他們的心早就已經成了儒釋道的化合物，自己還不覺得，所以宋學表面上是孔學，裡子是儒釋道融合而成的東西。從此以後，儒門就不淡泊了，就把人收拾得住，於是宋學風靡天下，歷宋元明清以至於今，傳誦不衰。

他們有了這種偉大工作，盡可獨立成派，不必依附孔子，但他們以爲只有依附孔子，其道理才尊貴，殊不知依附孔子，反而讓人把宋儒的價值看小了。

宋儒名為復古，實為創新

宋學是融合三教而成，所以處處含有佛老意味。其含有佛學的地方，前人指出很多，不必再加討論，我們所要討論的，就是宋學所含老氏成分，特別濃厚。宋儒所做的工夫，不外「人欲淨盡，天理流行」八字。天理就天是天然之理，也就是自然之理。人欲就是個人的私欲。宋儒教人把自己的私欲除掉，順著自然的道理做去，這種說法，與老子學說有何區別？所不同的，以天理代替自然二字，不過字面不同罷了。

但是他們後來注重理學，忽略了天理，就是忽略了自然二字，而理學就成一管之見，這就是戴東原所以說宋儒以理殺人的原因。

周敦頤著《太極圖說》，強調「無極就是太極」，這無極二字，就是引自《道德經》。張橫渠的《易說》，開卷詮乾四德，就引老子「迎之不見其首」二語，中間又引老子「谷神，芻狗，三十輻共一轂，高以下爲基」等語，更是太明顯不過了。

程伊川門人尹焞說：「先生（指伊川）平生用意，只在《易傳》，探求先生之學，看這個足夠了，語錄之類，都是學者所記，所見有深淺，所記有工拙，不能沒有缺失」。可見易學是程伊川的根本學問，程伊川常令學者看王弼注《四庫提要》說：「從漢以來，用老莊解釋易經，始於魏王弼。」程伊川教人看這本書，足見伊川之學根本上參有老學。

朱子號稱是集宋學大成的人。《論語》開卷說：「學而時習之」，朱子注曰：「後覺者必效先覺者之所爲，乃可以明善而復其初。」

戴東原說：「復其初，出自莊子。」明善復初，是宋儒根本學說，莊子是老氏之徒，這也是參有老學的證明。

《大學》開卷說：「大學之道，在明明德」，朱子注說：「明德者，人之所得乎天，而虛靈不昧，以其衆理而應萬事者也」。這個說法，即是老子的說法。我們可把這幾句話，移注老子。

老子說：「谷神不死」，谷者虛也，神者靈也，不死者不昧也，「谷神不死」，就是「虛靈不昧」也。「具衆理而應萬事」，就是老子「虛而不屈，動而愈出」之意。「虛」則衝漠無朕，「不屈」則萬象森然，所以說「具衆理」。「動」則感而遂通，「愈出」則順應不窮，所以說「應萬事」。這難道不是老子的絕妙注腳？

《中庸》開卷說：「天命之謂性，率性之謂道」，朱注提出自然二字。《論語》：「夫子之言性與天道，不可得而聞也」，朱注又提出自然二字。《孟子》：「天下之言性

也」一章，朱注五提自然二字，這是前面已經說了的。

又老子有「致虛極，守靜篤」二語，宋儒言心性，滿紙是虛靜二字，靜字還可說《大學》中就有，這虛字明明是從老子得來。

宋學發源於孫明復、胡安定、石守道三人，極盛於周、程、張、朱諸人。程氏弟兄幼年曾受業於周敦頤，其學是從周敦頤傳下來的，但程伊川作程明道行狀時說：「先生生於一四〇〇年之後，從遺留下來的經書上得到不傳之學。」又說：「先生爲學，從十五、六歲時聽汝南周敦頤論道，於是厭惡科舉，慨然樹立求道之志。但不得要領，學習各派的學問，出入於老、釋幾十年，又返回到六經，然後才得到眞正的學問。」

可見宋學是程明道的獨創，在這以前，只算宋學的萌芽，到了程明道，才組織成一個系統，成爲宋學。周敦頤不過是啓發了他求道的志向罷了。所以我們研究宋學，應當從程明道開始。

程明道是宋學之祖，等於老子是周秦諸子之祖，而程明道的學說，就很像老子。老子說：「聖人沒有常心，以百姓之心爲自己的心」。程明道說：「自然的規律是眞心普照萬物而無心，聖人的常理，是以眞情順應萬物而無情。所以君子之學，不如大公而無私，順應事物的規律。」這些說法，與老子的學說有什麼區別？

二程《遺書》記載，程明道說：「天地萬物的原理，沒有單獨，都是對立的，都是自然而然，不是有意安排的。」

程明道體悟到的，就是老子說的：「有無相生，難易相成，長短相形，高下相傾，聲音相和，前後相隨」的道理。

老子書中常用雌雄、榮辱、禍福、靜躁、輕重、歙張、枉直、生死、多少、剛柔、強弱等字，兩兩相對，都說明「無獨必有對」的現象。程明道提出自然二字，儼然老子的學說。

其他談自然者不一而足，如《遺書》中，程明道說：「天的自然叫做天道」，又說「一陰一陽叫做道，是自然之道」，所以，近人章太炎說：「明道離佛家遠，而離老子更近。」

宋學是程明道開創的，明道之學，既近於老子，所以趙宋諸儒，均含老氏意味。宋儒之學，何以會含老氏意味呢？

因爲，釋迦牟尼是出世法，孔子是世間法，老子是出世法世間法一以貫之。宋儒用釋氏之法研究心，用孔子之學研究社會，二者都是順其自然之理而行，把治心治世，打成一片，恰是走入老子的途徑。

宋儒本沒有居心要走入老氏途徑，只因宇宙眞理，確實是這樣，不知不覺就走入這個途徑，由此可知，老子之學，不獨可以貫通周秦諸子，而且可以貫通宋明諸儒。換言

之，就是老子之學可以貫通中國全部學說。

程伊川說：「回到六經然後得之」，究竟他們在六經中得著些什麼呢？他們在《禮記》中搜出《大學》、《中庸》兩篇，提出來與《論語》、《孟子》合併研究。在《尚書》中搜出「人心惟危，道心惟微，惟精惟一，允執厥中」十六字。又在《樂記》中搜出「人生而靜，天之性也，感於物而動，性之欲也」數語，創出天理人欲等名詞，彼此互相研究，這就是所謂「得不傳之學於遺經」了。宋儒搜出這些東西，從學理上說，固然是對的，但一定說這些東西是孔門「不傳之學」，就未免靠不住。

「人生而靜」數語，據後人考證，是《文子》引老子之語，河間獻王把它採入《樂記》的。而《文子》一書，又有人說是僞書，觀其全書，自是道家之書，確非孔門之書。閻百詩的《尚書古文疏證》說：「虞廷十六字，純粹是襲用荀子，而世人不知道罷了。」

根據以上所述，宋儒在遺經中，搜出來的東西，根本上就發生疑問。所以，宋儒的學問，絕不是孔孟的眞傳，乃是孔老孟荀混合而成的；宋儒此種工作，不能說是他們的過失，反是他們的最大功績，他們極力尊崇孔孟，反對老子和荀子，實質上反替老荀宣傳。

由此可知，老荀所說的是合理的，宋儒所說的也是合理的。我們重在考求眞相，經過他們這種工作，就可證明孔老孟荀可以融合爲一，宋儒在學術上的功績，眞是不小。

我們這樣的研究，就可把學術上的趨勢看出來了。趨勢是什麼？就是各種學說，根本上是共通的，越是互相攻擊，越是日趨融合。爲什麼呢？因爲越攻擊，越要研究，不知不覺，就把共通之點發現出來了。

宋儒的學說，原是一種革命手段。他們把漢儒的說法全行推倒，另創一說，是具備了破壞和建設兩種手段。他們不敢說自己特創的新說，仍復託於孔子，名爲復古，實是創新。馬丁路德的新教，歐洲的文藝復興，都是走的這種途徑。宋儒學說，帶有創造性，所以信從者固然多，反對者也不少，凡是新學說出來，都有這種類現象。

程明道死後的宋學派別

程明道把三教融合的工作，剛剛做成功，跟著就死了。死後，他的學術，分爲兩大派。一派是程伊川和朱子，一派是陸象山和王陽明。

程明道死時，年五十四歲，死了二十多年，程伊川才死。程伊川傳述明道的學問，就走入一偏，再傳至朱子，就更加偏執了。

後人說朱子集宋學之大成，其實他未能窺見程明程道全體。

宋元學者說：「朱子說程明道說話含糊，又太高深，難以理解。所以，朱子之學更得力於程伊川，而對程明道的學問，未必完全接受下來。」據此可知，朱子只得到程明道的一個方面。

陸象山起而闡述程明道學說，與朱子對抗，不但對於朱子不滿，且對於程伊川也不滿。

陸象山幼年聽人朗誦程伊川的話，就說道：「程伊川的話，爲什麼不像孔孟呢？」又說：「二程見周敦頤後，吟風弄月而歸，有心心相通的意思。後來明道保存了這些意思，而伊川就沒有了。」

陸象山自以爲承繼程明道的學說，程伊川也自以爲承繼程明道的學說，其實程伊川與陸象山，都只得明道之一偏，不足以窮盡明道之學。伊川之學，得朱子發揮光大，象山之學，得陽明發揮光大，成爲對抗的兩派。

朱子的格物致知，是偏重在外，陽明的格物致知，是偏重在內。

程明道說：「與其否定外而肯定內，不如內外兩忘」。程明道內外兩忘，即是包括朱陸兩派。

朱陸之爭，乃是於整個道理之中各說半面，我們會通來看，就知道兩說可以並行不悖。

一、孔子說：「學而不思則罔，思而不學則殆」。朱子重在學，陸子重在思，二者原是不可偏廢。

二、孟子說：「博學而詳說之，將以反說約也」，朱子承繼的是這個說法。孟子又說：「心之官則思，思則得之，不思則不得也，此天所與我者，先立乎其大者，則其小者不能奪也」，陸子承繼的是這個方法。二說同出於孟子，原是不衝突的。

三、陸子尊重德性，朱子注重學問，《中庸》說：「尊德性而道問學」。中間著一而字，二者原可聯為一貫。

四、從論理學上說，朱子用的歸納法，陸子用的演繹法，二法俱是研究學問所不可少。

五、以自然現象說，朱子萬殊歸於一本，是向心力現象，陸子一本散之萬殊，是離心力現象，二者原是互相為用的。

我們這樣的觀察，把他二人的學說，合而用之就對了。

程明道學術，分程朱和陸王兩派，陸象山相當於程伊川，王陽明相當於朱子。有了朱子「萬殊歸於一本」的格物致知，跟著就有王陽明「一本散之萬殊」的格物致知，猶如有培根的歸納法，跟著就有笛卡兒的演繹法；培根的思想類似程伊川和朱子，笛卡兒的思想，類似陸象山和王陽明。宇宙眞理，古今中外是一樣的，所以學術上的分派和研究學問的方法，古今中外也是一樣的。

學術的分分合合

孔子是述而不作的人，祖述堯舜，表彰文武，融合衆說，獨成一派。

老子書上有「谷神不死」及「將欲取之」等語，經後人考證，都是引用古書。他書中所說「用兵有言」及「建言有之」等語，更是明白援引古說，可見老子也是述而不作的人，他的學說也是融合衆說，獨成一派。

印度有九十六外道，釋迦一一研究過，然後另立一說，這也是融合衆說，獨成一派。宋儒之學，是融合儒釋道而成，也是融合衆說，獨成一派。

這種現象，是學術上由分而合的現象。

大凡一種說，獨立成派之後，本派中跟著就要分派。

韓非說：「儒分爲八，墨分爲三」，就是循著這個軌道走的。

孔學分爲八派，秦朝之後，孔學滅絕，漢儒研究遺經，成立漢學，跟著又分許多派。老氏之學，也分許多派，佛學在印度也分許多派，傳入中國又分若干派。宋儒所謂的佛學是禪宗。禪宗自達摩傳至五祖，分南北兩派，北方神秀，南方慧能，慧能爲六祖，他門下又分五派。

程明道創出理學一派，跟著就分程朱和陸王兩派。而程伊川門下分許多派，朱子門下分許多派，陸王門下也分許多派。這種現象，正是由合而分的現象。

宇宙眞理，是一個渾然的東西，人類的知識很短淺，不能立即看到宇宙的全貌，必定要這樣分而又合，合而又分的研究，才能把眞理研究得清楚。

其方式是每當衆說紛云的時候，就有人融會貫通，使它們匯歸於一的，這作的是由分而合的工作。既經匯歸於一之後，衆人又分頭研究，這作的是由合而分的工作。

我們現在所處的時代，是西洋學說傳入中國，與固有的學說，發生衝突，正是衆說紛云的時代。我們應該把中西兩方學說融會貫通，努力做出分而合的工作。必定要這樣才符合學術上的趨勢，等到融會貫通過後，再分頭研究，做由合而分的工作。

第6章

人性與磁電

人有七情六慾，最大的區別，只有好惡兩種，
心裡喜好的東西，就會加以吸引，
心中厭惡的東西，就斥而遠之，
這種現象，豈不與磁電相似嗎？

我們把物體加以分析，就得到原子，把原子加以分析，就得電子。電子是一種力，這是科學家業已證明了的。人是萬物中之一，我們的身體，是電子集合而成，身與心原本是一物，所以我們的心理，不能逃脫磁電學的規律，不能逃脫力學的規律。

心的現象，與磁電的現象，是很相似的。人有七情六慾，最大的區別，只有好惡兩種，心裡喜好的東西，就會加以吸引，心中厭惡的東西，就斥而遠之，這種現象，豈不與磁電相似嗎？

人的心，分知、情、意三種，意是知與情合併而成，其元素只有知、情二者。磁電同性相斥，異性相吸，其相斥相吸，有似我們的情感，它能夠判別同性異性，更是顯而易見，足見磁電這個東西，與人的心理作用相同。

陽電所需要的是陰電，忽然來了一個陽電，要分它的陰電，它當然要把它推開；陰電所需要的陽電，忽然來了一個陰電，要分它的陽電，它當然也要把它推開。這就像小孩吃乳吃糕餅的時候，見哥哥來了，用手推他打他一般，所以成了同性相推的現象。

至於磁電異性相引，猶如人類男女相愛，更是不用說了。由此知磁電現象，與心理現象，完全相同。

佛家說：「眞佛法身，映物現形」，宛如磁電感應現象。又說：「性靈本融，周遍法界」，好像磁電中和現象。又說：「不生不滅，不增不減」，簡直是物理學所說「能量不滅」，因此，我們用力學規律去考察人生，想來不會錯。

物質不滅，能量不滅，是科學上的定律。

我們身體的物質，是從地球的物質轉變而來，身死埋到地裡，物質退還地球。物質不滅的說法，算是講得通。但是，人的性靈是一種能力，請問此種能力，生從何處來？死往何處去？

我們要答覆這個問題，可以創一臆說，曰：「人的性靈從地球的磁電轉變而來。」我們一死，身體化爲地球的泥土，同時性靈化爲地球的磁電，如此則性靈生有自來，死有所去，能量不滅之說，就講得通了。

世言成仙成佛者，或許是用一種修養力，能將磁電凝聚不散耳。俗話說：「冤魂不散」，當是一種嗔恨心，將磁電凝住，等到冤仇已報，嗔恨心消失，磁電無從凝聚，其鬼即歸消滅。

有了「性靈由磁電轉變而來」這條臆說，那麼靈魂存滅的問題，就可以答覆了。我們一死，身上的物質，退還地球，性靈化爲磁電，那靈魂就算消滅。然而身體雖死，物質尚存，磁電尚存，也可稱之靈魂尚存。這是莊子所說的「天地與我並生，萬物與我爲一」。

禪家最重「了了常知」四字，我們在平靜的處遇中，心裡明明白白，等到世務紛乘，這明明白白的心，消歸烏有。

學力深的人，儘管事務紛乘，內心仍明明白白，叫做「動靜如一」，然而白晝雖明明白白，晚間夢寐中，就又昏迷。

學力更深的人，連夢寐中也明明白白，叫做「寤寐如一」。

學力極深的，死了也明明白白，叫做「死生如一」。到了死後明明白白，則謂之靈魂永存可也。

《華嚴經》說：「如來從胸，湧出寶光，其光昱昱，有千百色，十方微塵，普佛世界，一時周遍。」

這寶光，大概就是電光。

阿難對佛說：「我見如來，三十二相，勝妙殊艷，形體映徹，猶如琉璃。嘗自思惟，此相非是欲愛所生，何以故？欲氣粗濁，腥臊交遘，膿血雜亂，不能發生勝淨妙明，紫金光聚。」

釋迦牟尼修養功夫深，已將血肉之軀變而為磁電凝聚體，故能發出寶光，遍達十方世界。佛家有天眼通、天耳通之說，今天無線發明，已可證明其說不謬。釋迦牟尼本身就是一無線電台，將來電學進步，必能證明釋迦所說，一一不虛，而「性靈由磁電轉變

而來」的臆說，或者也可證明並不虛。

老子論道，經常以水作比喻，釋迦牟尼弘佛說法，也常以水作比喻，我們不妨以空氣作比喻。所謂不生不滅、不垢不淨、不增不減，無古今、無邊際、無內外……種種現象，空氣是具備了的。

倘若再進一步，以中和磁電爲譬喻，更爲確切。若更進一步，假定：「人的性靈，由磁電轉變而來」，用來讀老子、佛家的書，就會覺得處處迎刃而解。

我們自以爲高出萬物，這不過是人類自己誇大的話，實際上人與萬物，同是從地球生出來的，身體的原素，無一不是地球物質。自地球的角度看，人與物並無區別，彷佛父母生二子，長子叫做人，次子叫物，不過長子聰明，次子患癱病而又啞聾罷了。

我們試驗理化，溫度變更，或摻入一種物品，形狀和性質都要改變。我們遇到天氣大變，心中變煩躁，這是溫度的關係；飲了酒，性情也會改變，這是摻入一種藥品，起了化學作用。

從這些地方考察，人與物有什麼區別？

人身的物質，和地球的物質，都是電子構成的，我們有靈魂，地球也有靈魂；磁電是地球的靈魂，通常所說的地心吸力就是磁電吸力的表現。

地球的物質化爲植物，同時地球的磁電就變爲植物的生機。我們吃植物，物質變爲身體的毛髮骨肉，同時磁電就變為我們的性靈。由泥土沙石變而為植物，變而為毛髮骨肉，愈變愈高等。

同時由地球的磁電變而為植物的生機，變而為我們的性靈，也是愈變愈高等。雖經屢變，而本來的性質仍在，所以身體的原素，與地球的原素相同，心理的感應，與磁場的感應相同。

身體的毛髮骨肉，與地球的泥土沙石不同，我們的性靈，也與地球的磁電不同，為什麼呢？在地球為死物，在身體則為活物。所以用力學規律以考察人事，我們當活用之，而不能死用之。

老子說：「有物混成，先天地生，寂兮寥兮，獨立而不改，周行而不殆，可以為天下母。吾不知其名，字之曰道，強為之名曰大。」

老子所謂道，就是釋氏所謂「眞如」。釋迦牟尼說：「山河大地，日月星辰，內身外器，都是由眞如不守自性，變現出來的。」其說和老子相同，眞如是空無所有的意思。忽然眞如不守自性，而變現為中和磁電，由是而變現為氣體，迴旋太空中，幾經轉變，而地球產生了。由此而生植物，生動物，生人類。

佛氏所謂「阿賴耶識」的狀態，與中和磁電的狀態絕對相像。二者都是沖漠無朕，萬象森然，也即是寂然不動，感而遂通。我們可以說，眞如變現出來，在物是中和磁電，在人是阿賴耶識，猶如同一物質，在地球是泥土沙石，在人則是毛髮骨肉。

今人常說人的性靈，與磁電迴不相同，猶如無科學知識的人，見我髮骨肉，即認泥土沙石，迴不相同也。

中和磁電，是眞如最初變現出來的東西，眞如見不到，我們讀佛老的書，姑且以中和磁電，作爲道和眞如的形態，覺得處處可通。

老子寫書，開端就說：「道可道，非常道。」釋迦說法四十九年，結果自認未說一字，歸之於不可道，不可說而已。

蘇子由說：「夫道不可言，可言皆其似者也，達者因似以識眞，而昧者執似以陷於僞。」道和眞如，都是不可思議的，阿賴耶識，與中和磁電，是可思議的。借可思議的，以說明不可思議的，就是所謂言其似。

老子說：「道生一，一生二，二生三，三生萬物。」我們可解釋爲：道是空無所有，一是中和磁電，中和磁電發動出來，就有相推相引兩作用，所謂二。由這兩種作用，生出第三種作用，由是而輾轉相生，千千萬萬之事物出現了。

老子說：「抱一以爲天下式。」又說：「天下有始，以爲天下母，既得其母，以知其子，既知其子，復守其母。」所謂母，都是指中和磁電，在人就是阿賴耶識。所以說：「恍兮惚兮，竊兮冥兮。」又說：「淵兮似萬物之宗。」

老子專守阿賴耶識，故寫出的書，可以貫通周秦諸子，可以貫通趙宋諸儒，可以貫通易經，貫通佛學，又爲後世神仙方士所依托。據嚴復評論，又可以貫通西洋學說。《道德經》一書無所不包的原因，正因阿賴耶識的無所不有。

佛氏則打破此說，而爲大圓鏡智，以「空無所有」爲立足點。這是由於佛氏立教，重在出世，故以「空無所有」爲立足點。老子立教，重在將入世出世打成一片，所以以阿賴耶識爲立足點。由阿賴耶識而向內追尋，則可到大圓鏡智，而空諸所有。由阿賴耶識而向外工作，則可誠意、正心、修身、齊家、治國，平天下。這是二氏立足點所以不同的原因。

我們假定「人的性靈，由磁電轉變而來」，那麼，佛氏告訴波斯匿王及阿難等人的話，與宋儒所謂「如魚在水，外面水便是肚裡水，鱖魚肚裡水，與鯉魚肚裡水，只是一樣」，明儒所謂「蓋天地皆心也」等等說法，都可以理解。

《中庸》說：「喜怒哀樂皆不發，謂之中。」六祖說：「不思善，不思惡，正與麼時，那個是明上座本來面目。」廣成子說：「至道之精，竊竊冥冥，至道之極，昏昏默默。」莊子說：「心不憂樂，德之至也，一而不變，靜之至也。」這些都是阿賴耶識現象，也就是磁電中和現象，中和磁電，發動出來，出現相吸相反的作用，而紛紛紜紜的事物發生了。

所以我們要研究人世事變，當首先創造一臆說曰：「性靈由磁電轉變而來。」研究磁電，離不得力學，我們再造一臆說曰：「心理依力學規律而變化。」有這兩個臆說，紛紛紜紜的事物，就有軌道可循，而世界紛歧的學說，可匯歸爲一，中、西、印三方學說，也可匯歸爲一。

佛氏說，山河大地及人世一切事物，都是幻相。牛頓造出三例，所以研究物理的幻相；我們造出兩個臆說，所以研究人事的幻相。佛說本身，我們議論現象，鴻溝爲界。作爲對於佛學及科學，根本是外行，所有種種說法，都是想當然耳，心中有了這種想法就把它寫出來，自知純出臆斷，以佛學科學律之，當然很多不合，我不過姑妄言之，讀者也不妨姑妄聽之。

第 7 章

中西文化的融合

從實施方面言之，印度行佛教而亡國，
中國行孔老之教而衰弱，
西方人行斯密、達爾文諸人之說而盛強，
這就是越粗淺越適用的明證。

中西文化的衝突點

西方人對社會，對國家，以我字爲起點，就是以身字爲起點。中國儒家講治國平天下，從正心誠意做起來，就是以心字爲起點。雙方都注重把起點培養好。所以，西方人一見人閒居無事，就叫他從事運動，把身體培養好。中國儒者見人閒居無事，就叫他讀書窮理，把心地培養好。

西方人培養身，中國人培養心，西洋教人重在「於身有益」四字，中國教人重在「問心無愧」四字，這就是根本上差異的地方。

亞當．斯密倡導自由競爭，達爾文倡導強權競爭，西洋人群起信從，因爲這些學說，是「於身有益」的。中國聖賢絕無類似的學說，因爲倡導這些學說，它的弊端流於損人利己，是「問心有愧」的。

我們遍尋四書五經，諸子百家，尋不出亞當．斯密和達爾文一類學說，只有《莊子》上的盜跖，所持議論，可稱神似。

然而這種主張，是中國人深惡痛絕的。《孟子》曰：「雞一叫就起床，孜孜於圖自己的小利，是盜跖一類人。」自由競爭，強權競爭，正所謂孜孜爲利，這就是中西文化

有差異的地方。

孔門的學說，「欲修其身，先正其心，欲正其心，先誠其意。」從身字向內，追進兩層，把意字尋出，以誠意爲起點，再向外發展。猶如修房子，把地上浮泥除去，尋著石底，才從事建築。由此而修身，而齊家，而治國平天下，造成的社會，是「以天下爲一家，以中國爲一人」。

人我之間，無所謂衝突，這是中國學說最精粹的地方。

西方人自由競爭等說，以利己爲主，以身字爲起點，不尋石底，直接從地面建築起，基礎還不穩固，所以在國際上，釀成世界大戰，死人數千萬。大戰過後，還不能解決，跟著就是第二次世界大戰，在經濟上也造成資本主義。

孔門的正心誠意，我們不必把它太看高深了，把它改爲「良心裁判」四字就是了。每作一事，於動念之初，即加以省察，「己所不欲，勿施於人」。孔門的精義，不過如此而已，然而照這樣做去，就可達到「以天下爲一家」的社會。如果講「自由競爭」等說法，勢必至「己所不欲，也可施之於人」。

中國人把盜跖罵得一文不值，西洋人把類似盜跖的學說，奉爲天經地義。中西文化，焉得不衝突？

中西文化衝突，其病根在西洋，不在中國，是西洋人把路走錯，中國人的路，並沒有走錯，我們講「三教異同」，曾繪有一根「返本線」，我們再把此線一看，就可把中西文化衝突之點看出來。

凡人都是可以爲善，可以爲惡的。善心長則惡心消，惡心長則善心消，因此儒家主張，從小孩時，就把愛親敬兄這份良知良能搜尋出來，在家庭中培養好。小孩朝夕相處的，是父親母親、哥哥弟弟，就叫他愛親敬兄，把此種心理培養好了，擴充出去，就是「親親而仁民，仁民而愛物」，就造成一個仁愛的世界了。所以說：「孝弟也者，其爲仁之本歟」。所以中國的家庭，可說是一個「仁愛培養場」。

西洋人從我字，直接到國字，中間缺少了個家字，就是沒有「仁愛培養場」。就是少了「良心裁判」。故西洋學說發揮出來，就成爲殘酷世界，所以說，中西文化衝突，其病根在西洋，不在中國。

所謂中西文化衝突就是西洋文化自相衝突，並非中國文化之衝突。何以故呢？第一次世界大戰、第二次世界大戰，打得九死一生，是自由競爭一類學說釀成的，並非中國學說釀成的。這就是西洋文化自我衝突的明證。西人一面提倡自由競爭等學說，一面又痛恨戰禍，豈不是自相矛盾嗎？所以要想世界太平，非把中國學說，發揮光大之不可。

中西學說可以融合為一

西洋人，看見世界上滿地是金銀，總是千方百計想把它拿在手中，造成一個殘酷無情的世界。

印度人認爲這個世界是濁到極點，自己的身子，也是污濁到極點，總是千方百計，想把這個世界捨去，把這個身子捨去。

只有老子有一個見解，他說：「金玉滿堂，也沒人守得住」，又說：「搶奪得多，滅亡得也快」。世界上的金銀，他是看不起的，當然不做搶奪的事。

他說：「我所以有禍患，因爲有身體，到了沒有身體的時候，有什麼禍患？」也是像印度人，想把身子捨，但是他去捨去身子，並不是脫離世界，乃是把自己的身子，與衆人融合爲一。所以他說：「聖人無常心，以百姓之心爲心」，因此也就與人無爭，與世無爭了。所以他說「在陸地上走不躲避猛虎，到軍隊中不躲避甲兵」。

老子造成的世界，不是殘酷無情的世界，也不是污濁可厭的世界，乃是「如參加宴會，又像春天登高遠那麼興高采烈」的世界。

老子所說：「回到根源，恢復人性」一類話，與印度學說相通。「用平常的方法治國，用出奇的計謀用兵」一類話，與西洋學說相通。雖說他講出世法，沒有印度那樣精，講治世法，沒有西人那樣詳，但由他的學說，就可把西洋學說和印度學說，打通爲一。

孔子的態度，與老子相同。印度佛學厭棄這個世界，想要離開它，孔子則說：「本來富貴，就按富貴的方式生活；本來貧賤，就按貧賤的方式生活；本來很艱難，就按艱難的方式生活；本來是夷狄，就按夷狄的方式生活。」

這個世界並不覺得可厭。老子把天地萬物融合爲一，孔子也把天地萬物融合爲一，宇宙是怎麼一回事，還它怎麼一回事。所謂「老年人讓他安樂，青年人讓他懷念我，天與地各有自己的位置，萬物寧靜」，就是這個道理。

曾點說：「暮春三月，春天的衣服已穿上了，五六個成人，六七個小孩，在沂水沐浴，在高台上迎著風舞蹈，歌詠著歸來。」這幾句話，與治國渺不相關，而獨深得孔子的嘉許，這是什麼原故呢？

因爲這幾句話，是描寫人與宇宙融合的狀態，有了這種襟懷，措施出來，當然衆人與我融合爲一。子路可以帶領勇敢的軍隊，冉有可以使人民富足，公西華願做個小官，只做到人與我相安，未做到人與我相融，所以孔子不甚許可。

宋儒對於孔門這種旨趣，都是識得的，他們的作品，如「綠滿窗前草不除」之類，處處可以見得，王陽明「致良知」，即是此與宇宙融合，心中之理，就是事物上之理，遇有事來，只消返回我心，推行出來，自無不合。

所以我們讀孔孟老莊及宋明諸儒之書，滿腔是生趣，讀亞當·斯密、達爾文、尼采諸人的書，滿腔是殺機。

印度人向後走，在精神上求安慰，西洋人向前走，在物質上求安慰。印度人向後走，而越走越遠，與人世脫離關係，他的國家就被人奪去了。西洋人向前走，路上遇有障礙物，即直衝過去，鬧得非大戰不可。

印度和西洋，兩種途徑，流弊都很大，只有中國則不然。孟子說：「對生和死都不感到遺憾，是王道的開始」，又說：「做到老百姓不饑不寒，沒有不能稱王的」，對於物質，只求以維持生活而止，並不在物質上求安慰，因為世界上物質有限，要求過度，人與人就生衝突，故轉而在精神求安慰。

精神在我身中，人與人是不相衝突的，但是印度人求精神之安慰，要到彼岸，脫離這個世界，中國人求精神上之安慰，不脫離這個世界。

我國學說，折衷於印度西洋之間，將來印度和西洋，不一齊走入我國這條路，世界就不能太平。

孔子說：「學習而不斷地溫習，不感到高興嗎？有朋友從遠方來，不是很快樂嗎？人家不理我，我也不生氣，那不是修養好的君子嗎？」

孟子說，君子有三件高興事。天下沒有了，而父母都在，兄弟俱存，這是第一件。向上不愧對天，向下不愧對人，這是第二件。得到天下的英才而教育他，這是第三件。

中國人尋樂，在精神上，父兄師友間。西洋人尋樂，大概是在物質上，如遊公園、進戲場之類。中西文化，本是各走一條路，然而兩者可以調和，精神與物質，是不生衝突的，何以言之呢？我們把父兄師友，約去遊公園，進戲場，精神上的娛樂和物質上的娛樂就融合爲一了。

中西文化可以調合，等於父兄師友遊公園、進戲場一般。但是不進公園戲場，父兄師友之樂仍在，就是物質不足供我們要求，而精神上的安慰仍在。我們這樣設想，足見中西文化，可以調和。其調和的方式，可括爲二語：「精神爲主，物質爲輔」。今天採用西洋文化的人，偏重物質，就是專講遊公園，進戲場，置父兄師友於不顧，所以中西文化就衝突了。

中西文化，許多地方極端相反，然而可以調和，現舉一例爲證。中國的養生家主張靜坐，靜坐時絲毫不許動，西洋的養生家主張運動，越運動越好，二者極端相反，此可謂中西學說衝突。假如，我們靜坐一會，又起來運動，中西兩說就融合了。

我認爲中西文化，可以融合爲一，其方式就是這樣。

有人說：「孔門講仁愛，西人講強權，我們行孔子之道，他橫不依理，以兵臨我，我將奈何？」

我說：這是不擔心的，孔子講仁，並不廢兵，他主張「足食足兵」，又說：「我戰則克」，又說「仁者必有勇」，哪裡是有了仁就廢兵？

孔子的仁，就是老子的慈，老子三寶，慈居第一，他說：「夫慈以戰則勝，以守則固。」假使有了仁慈，就把兵廢了，西方人來，把我的人民殺死，這豈不是不仁不慈之極嗎？

西洋人之兵，是拿來攻擊人，專作掠奪他人的工具，孔老之兵是拿來防禦自己，是維持仁慈的工具，以達到你不傷害我，我不傷害你而止，這也是中西差異的地方。

孔老講仁慈，與佛氏相類，而又不廢兵，足以抵禦強暴。戰爭本是殘忍的事，孔老能把戰爭與仁慈融合為一，這種學說，眞是精粹極了。所以中國學說，具備有融合西洋學說和印度學說的能力。

西洋的學問，重在分析；中國的學問，重在會通。西人無論何事，都是分科研究，中國古人，一開口即是天地萬物，總括全體而言之。西洋講個人主義的，只看見我，其餘均未看見。講國家主義的，只看見國，其餘也未看見，所以各種主義互相衝突。

孔門的學說，是修身齊家治國平天下，一以貫之。老子說：「修之於身，其德乃眞，修之於家，其德乃餘，修之於鄉，其德乃長，修之於邦，其德乃豐，修之於天下，其德乃普。」孔老都是把這些看通了，倡出「以天下為一家，以中國為一人」的說法，所謂個人、國家、社會也，不覺得衝突。

中國人能見其會通，但嫌其渾圇疏闊，西人研究得很精細，而彼此不能貫通，應該就西人所研究者，以中國之方法貫通之，各種主義就無所謂衝突，中西文化也就融合了。

印度講出世法，西洋講世間法，老子學說把出世法世間法打通為一，宋明諸儒，都是做的老子工作，算是研究了二三千年，開闢了康莊大道，我們把這種學說發揮光大之，就可把中西印三方文化融合為一。

世界種種衝突，是由思想衝突來的，而思想的衝突，又源於學說的衝突，所謂衝突，都是末流的學說，若就最初言之，則釋迦、孔老和希臘三哲，本來無所謂衝突。將來一定有人出來，把儒釋道三教、希臘三哲，和宋明諸儒學說、西方近代學說，合併研究，融會貫通，創出一種新學說，其工作與程明道融合儒釋道三教，成為理學一樣。假使這種工作完成，則世界之思想一致，而世界大同就有希望了。

西洋、印度、中國，是世界三大文化區域，印度文化，首先與中國接觸，經宋儒的工作，已經融合了，現在與西洋文化接觸，我們應該把宋儒理學加以整理，去掉迂腐的地方，取其圓通的地方，拿來與西洋學說融會貫通，世界文化就融合為一了。

中國思家的精神特色

有人問道：「西洋自由競爭諸說，雖有流弊，但施行起來，也有相當效果，難道我

們一概不採用嗎？」

我說：「我國學術界，有一種很好的精神，只要能夠應用此種精神，西洋的學說，就可採用了。」現說明如下。

魯國有個男子獨處，鄰居有個寡婦也是獨處。有天夜裡下雨，寡婦的房子壞了，來求男子幫忙，男子卻關著門不讓她進。婦人說：「先生爲何不學柳下惠大夫？」男子說：「柳大夫可以做到坐懷不亂，我做不到。我將用我的不能讓妳進來的方式，去學習柳下惠大夫的能讓妳進來。」孔子聽說這件事後說：「善於學習柳下惠的，沒有趕得上魯國這個男子的。」

這種精神，要算我國學術界特色。

孔子學於老子，老子提倡陰柔，有合乎「坤」。孔子稱讚周易以陽剛爲貴，深取於「乾」，我們可說：「善學老子者，莫如孔子。」

孟子終身學習孔子，孔子說「性相近」，孟子說「性善」。孔子說：「我戰則克」，孟子則說：「善戰者服上刑」，孔子說：「齊桓公正而不譎」，又說：「桓公九合諸侯，不以兵車，管仲之力也，如其仁，如其仁」，又說：「微管仲，吾其披髮左衽矣」。孟子則大唱反調說：「仲尼之徒，無道桓文之事者」，又說：「管仲曾西之所不爲也，而子爲我願之乎」，諸如此類，與孔子之言顯然相互牴觸，但這並不妨害孟子是孔門嫡系。

我們可說：「善學孔子者，莫如孟子。」

韓非學於荀子，荀子講禮，韓非變而為刑名，我們可說：「善學荀子者，莫如韓非。」韓非的著作，有《解老》《喻老》兩篇，書中言虛靜，言「無為」，而所有的措施，都與老子全然相像，我們可說：「善學老子者，莫如韓非。」

其他類此者，不勝枚舉。

九方皋相馬的高明之處在於看到了雌雄與顏色的美麗之外。我國古哲師法古人，全在雌雄與顏色的美麗之外。

遺貌取神，為我國學術界最大特色，書家畫家無不如此，我們本此精神，去採用西歐文化，就有利無害了。

孟子說：「規矩，方圓之至也；聖人，人倫之至也。」

規矩是匠師造房屋的器具，人倫是匠師造出的房屋，古人當時測度地勢、計算人口，造出一座房屋，原是適合當時需要的。他並未說：「傳之秋萬世，子子孫孫，都要住在這個屋子內。」也未說：「這個房子，永遠不許改造修補。」匠師臨去之時，把造屋的器具交給我們，將造屋的方法傳給我們。後來人口多了，房屋不夠住，而且經過日曬雨淋，房子朽壞了，既不改造，又不修補，只是朝朝日日，把數千年以前造屋的匠師痛罵，這個道理講得通嗎？

中國一切制度，大概是依著孔子的主義制定的，此種制度原來沒有禁止人修改。孔子主張尊重國君，孟子說：「君之視臣如草芥，則臣視君如寇仇」，又說：「民爲貴，社稷次之，君爲輕」，又說：「聞誅一夫紂矣，未聞弒君也。」孔子說：「入公門，鞠躬如也」，孟子說：「說大人則藐之，勿視其巍巍然，堂高數仞，榱題數尺，我得志弗爲也。」

孔子尊重國君的主張，到了孟子，幾乎沒有了。

孔子作春秋，尊崇周天子，稱之曰天王。孟子以王道遊說各國之君，卻說：「地方百里，而可以王。」那個時候，周天子還在，但孟子視同無物，豈不明顯違背孔子的主張嗎？

他是終身願學孔子的人，說：「自生民以來，未有聖於孔子。」算是崇拜到了極點的。他離孔子不到百年，就把孔子的主張修改得這樣厲害，孔子至今二三千年，如果後人也像孟子的做法，繼續修改，恐怕歐人的德謨克拉西，早已見之於中國了。

孟子懂德修屋的法子，手執規矩，把孔子所建的房屋大加修改，還要自稱是孔子的信徒，今人現放著規矩，不知使用，只把孔子痛罵，未免不會情理。

從前印度的佛學，傳入我國，我國儘量採用、修改它、發揮它，所有「天台宗」，「華嚴宗」、「淨土宗」……等，一一中國化非復印度之舊，故深得一般人歡迎。其中最盛者，首推「禪宗」，而此宗在印度，幾乎等於無。惟有「唯識」一宗，帶印度彩色最濃，此宗自唐朝以來，幾至失傳，近始有人出而提倡之。

我們可以得一結論：「印度學說，傳至中國，越中國化者越盛行，帶印度色彩越濃者越不行，或至絕跡。」

我們今後採用西洋文化，仍然採用印度文化方法，使斯密、達爾文諸人，一一中國化，如用藥之有炮炙法，把他有毒那一部分除去，單留有益這一部分。達爾文講進化不錯，錯在因競爭而妨害他人，斯密發達個性不錯，錯在因發達個性而妨害社會，我們去其害存其利就對了。

第一步用老子的法子，合乎自然趨勢的就採用，不合的就不採用。第二步用孔子的法子，凡事先經過良心裁判，自己的心安了，然後才推行出去。如果能夠這樣的採用，中西文化自然融合。今之採用兩法者，有許多事項，按照老子之道，則爲違反自然之趨勢，按照孔子之道，則自己的心都不得安寧，及至行之不通，處處荊棘，才大叫大嚷：「中西文化衝突，此老子之過也，此孔子之過也。」天何冤哉！

王弼把老、孔融合爲一，晉人清談，則趨入老莊，尤其偏重莊子，這是由於老子的談理，比孔子更精深，莊子談理，比老子更精深的原故。

程明道把儒釋道三教，融合爲一，開出「理學」一派，而宋明諸儒，多流入佛氏。這是由於佛氏談理，比孔老更精深的緣故。

從實施方面言之，印度行佛教而亡國，中國行孔老之教而衰弱，西方人行斯密、達爾文諸人之說而盛強，這就是越粗淺越適用的明證。我們研究學理，當力求其深，深則洞見本源，任他事變紛乘，我都可以對付，不致錯誤。至於實踐方面，當力求其淺，淺則愚夫愚婦能知能行，才實行得起來。

西人崇奉斯密而國富，崇奉達爾文的學說而國強，但世界大戰之機，即伏於其中。德皇威廉第二崇奉尼采的學說，所以大戰之前德國最爲昌盛，但失敗也很快。希特勒、墨索里尼和日本軍閥，沿著威廉第二的覆轍走去，終必收同一之結果，所以知斯密等三人的學說，收效極大，其弊害也極大。

墨子學說，雖不完備，但確是救時良藥，其學說可以要求自己，而不可以要求別人，只有少數聖賢才做得到。當今之世，滔滔者皆是損人利己之流，果有少數聖賢，反其道而行之，抱定損己利人的的心，就可以救百姓於水火。

墨子之說偏激，惟其偏才能醫好大病，現在斯密、達爾文、尼采諸人的學說滿天下，墨子之學說，恰是對症良藥。

墨子之損己，是出乎自願，若要強迫他受損，這是不行的。墨子善守，雖然以公輸般之善攻，尚且莫可奈何！如果實行墨子之道，絕不會重蹈印度亡國覆轍。我國學說理論的不完備，莫如墨子，然而施行起來，也可救印度學說和西洋學說兩方之偏。

所以，要想世界太平，非西洋和印度學說一齊走入中國這條路不可。

楊朱的學說，也是對症之藥，現在的弊病，是少數人爭權奪利，大多數人把自己的權利，聽憑別人奪去，以致天下大亂，楊朱說：「智之所貴，存我為貴，力之所賤，侵物為賤」，守著自己的權利，一絲一毫，不許人侵犯，自己也不侵犯人一絲一毫。人人不利天下，也不損天下，天下自然太平。

孟子說：「楊氏為我，是無君也。」君主是從每人身上掠取少許權利，積而成為最大的權利，才有所謂君主。人人守著自己的權利，絲毫不放，即無所謂君王。猶之人人守住包裹東西，自然就沒有強盜。

實行楊揚朱學說，則那些假借愛國名義結黨營私的人，當然無從立起。各人立在地上，如生鐵鑄成一般，無侵奪者，也無被侵奪者，天下怎能不太平？不過由於楊朱的學說，失去人我的關連，按照天然之理，並不符合人性。

孟子說：「楊朱墨翟之言盈天下，天下之言，不歸楊，則歸墨。」這個話很值得研究。因爲孟子那個時代，人民所受痛苦，與現在一樣，所以以楊墨的學說，才應運而生。春秋戰國，是我國學術最發達時代，楊墨的學說，自學理上言之，本是一偏，無論害了重病，這類辦法，確是良藥，所以一般學者，都起來研究，而楊墨之言就滿天下了。

孔子的學說最爲圓滿，但對於當時，沒有抓住要害。所以身死數十年後，他在學術上的地盤，會被楊墨奪去。

孟子說：「天下之言，不歸楊，則歸墨。」可見孔子三千弟子的門徒，全都變爲楊墨之徒，大約孟子的師伯師叔，和一切長輩，都是楊墨之徒了，因此孟子才出來，高呼：「打倒楊墨，恢復孔教。」

孟子的學說，本來較楊墨更爲圓滿，但對於我們現在這個時代，不免稍微的帶了唱高調的性質，應該先服點楊墨之藥，才是對症。現在須有人抱定墨子犧牲自己的精神，出來提倡楊墨的學說，叫人人守著自己的權利，絲毫不放，天下才得太平，並且還要先吃點韓非之藥，才能吃孔孟之藥，何以故呢？

諸葛武侯說：「法行則知恩。」現在這些驕兵悍將、貪官污吏、劣紳土豪、奸商貴族，非痛痛的用韓非的法子，懲治一下，難免不養癰遺患。

我國學說，當以老子爲總代表，他的學說與佛氏相通，這是不用說的，而其學說又與西洋學說相通。茲舉嚴復評老子爲證。

嚴又陵在老子第三章說道：「試讀布魯達奇英雄傳中，來刻谷士一首，考其所以治斯巴達者，則知道它的作用，與老子相同。此戰所以說：「黃老爲民主治道也。」

於第十章批曰：「夫黃老之道，民主之國所用也……君主之國，未有能用黃老者也，漢之黃老，貌襲而取之耳。」

於三十七章批曰：「文明之進，民物熙熙，而文物聲名皆大盛，此欲作之且宜防也。老子之意，以爲亦鎮之以樸而已。此旨與盧梭正同。」

又曰：「老子言作用，則稱侯王，故知道德經是言治之書，然孟德斯鳩《法意》篇中言：『民主乃用道德，君主則用禮，至於專制乃用刑。』中國沒有過民主之制，即使老子也不能爲沒有見過的東西而思想。於是道德之治，於君主中求之不得，乃遊心於黃農以上，意以爲太古有之。因爲太古時代國君不甚尊崇，人民不甚卑賤，事實上與民主相近也，所以下篇有小國寡民之說。夫甘食美服，安居樂俗，鄰國相望，這樣的世界，正孟德斯鳩法意篇中，所指爲民主中之眞相也。世有善讀二書者，必將以我爲知矣，嗚呼，老子者，民主之治之所用也。」

於第四十六章批曰：「老子純是民主主義，讀法儒孟德斯鳩法意一書，有以證吾言之不侫也。」

據嚴氏這種批評，可見老子學說，又可貫通西洋最優秀的民主思想。

現在西洋經濟上所實行的，以斯密學說爲原則，政治上所採用的，以盧梭學說爲原則。斯密在經濟上主張自由，盧梭在政治上主張自由。

我國的老子，正是主張自由的人，我們提出老子來，就可貫通斯盧二氏之學說。斯密的自由競爭，一變而爲達爾文的強權競爭，再變而爲尼釆的超人主義，與中國所謂「道德流爲刑名」是一樣的。

西洋有了自由主義，跟著就有法西斯主義，與中國有黃老之放任，跟著就有申韓之專制，也是一樣的。我們知道黃老的道德，與申韓的刑名，原是一貫，即可把各種學說的貫通性和蛻變的痕跡看出來。我不是說中國有了老子，就可不研究西洋的學問，我只是提出老子，見得各種學說，可以互相貫通，只要明白這個道理，就可把西洋的學問，盡量的研究。

學道應走的途徑

西人用仰觀俯察的法子，窺見了宇宙自然之理，因而生出理化各科。中國古人，用仰觀俯察的法子，窺了宇宙自然之理，因而則定各種制度。同是窺見自然之理，一則用於物理上，一則用於人事上，雙方文化實有溝通的必要。

中國古人定的制度，許多地方極無條理，卻極有道理。如所謂父慈子孝、兄友弟恭、在上者仁民愛物、在下者親上事長之類，儼然磁電感應的道理，不說權利義務，而權利義務自在其中，人與人之間，生趣盎然。西人則在人之間，劃出許多界線，所以西洋的倫理，應當灌注以磁電，才可把冷酷的態度改變。中國則未免太渾圇了，應當參酌西洋組織，果能如此，中西文化即融合了。

研究學問，猶如開礦一般，中國人、印度人、西洋人，各開一個洞子，向前開採。印度人的洞子和中國人的洞子，首先打通。現在又與西洋的洞子接觸了。宇宙眞理是渾然的一個東西，中國人，印度人，西洋人，分途研究，或從人事上研究，或從物理上研究，分出若干派，各派都分了又合，合了又分，照現在的趨勢看去，中西印三方學說，應該融會貫通，人事上的學說，與物理上的學說，也應該融合貫通。

我輩生當此時，即當順應潮流，做這種融合工作，融合過後，再分頭研究。像這樣的分了又合，合了又分，經過若干次，才能把那個渾然的東西，研究得毫髮無遺，依舊還它一個渾然的。

宇宙眞理只有一個，只要研究得徹底，彼此是不會衝突的，如有互相衝突之說，必

有一說不徹底，或二說都不徹底。衝突愈甚，研究愈深，自然就把本源尋出，而二者就融合爲一。

所以，衝突是融合的預兆。

譬如數個泥丸放至盤中，不相接觸，則永久不生衝突，永久是個個獨立，取之擠之捏之，即可合爲一個大泥丸。

中國、印度、西洋，三方學術，從前是個個獨立，不相接觸。自佛法西來，與中國固有學術發生衝突，此所謂擠之捏之也，而程明道之學說，遂應運而生。歐化東漸，與中國固有學術又發生衝突，這也是所謂擠之捏之也。就天然趨勢觀之，又必有一種新學說，應運而生，將中西印三方學術融合爲一。

但融合中西印三方學術，應當以何種方式呢？我們看從前融合印度學術的方式，就可的定應走的途徑了。

佛教是出世法，儒教是入世法，二者是相反的。程明道出來，以釋氏之法治人心，孔氏之法治人世，入世出世打成一片，是走的老子途徑。

蘇子由著一部《老子解》，融合儒釋道三教，也是走的老子途徑，王陽明在龍場驛大徹大悟，獨推陸象山，陸象山推崇程明道，也是走入老子途徑。思想自由如李宗吾，唯獨同意蘇子由，仍然走入老子途徑。

又明朝陳白沙，學於吳康齊，找不到門徑，乃放棄耳目，離棄心智，久之然後有得，而白沙之學，論者謂其近於老莊。可見凡是掃除陳言、冥心探索的人，得出的結果，無不走入老子途徑。因爲老子之學，深得宇宙眞理故也。

據嚴復評老子所說，老子之學，又可貫通西洋學說，我們循著老子途徑做法，必可將中西印三方學術，融合爲一。

老子之學，內聖外王，其修之於內也，則曰：「致虛靜，萬物並用，吾以觀其復」，其推之於外也，則曰：「修之於身，其德乃眞，修之於家，其德乃餘，修之於鄉，其德乃長，修之於邦，其德乃豐，修之於天下，其德乃普」，孔門誠意、正心、修身、齊家、治國、平天下，一以貫之，與老子之旨正同，這是中國學說之特色。

佛學傳入中國，與固有的學術發生衝突，程明道就用孔門的正心誠意，與佛學的明心見性，打通爲一。現在西洋的個人主義、國家主義傳入中國，與固有學術又生衝突，我們當用孔門的修齊治平，打通爲一。

西人把個人、國家、社會，看爲互不相容的三個物體，而三種主義，遂互相衝突。孔門則身、家、國、天下，一以貫之，於三者之中，添一個家字，老子更添一鄉字，毫不衝突，這是中國主義之所以爲大同主義也。

中印學術，早已融合，現在只做融合中西學術之工作就是了。這種工作，一經完成，則世界學說，匯歸於一，學術一致，行爲即一致，人世的紛爭可免，大同的政治可期。

這種責任，應由中國人出來擔任，西洋人和印度人，是不能擔負的，爲什麼呢？西印兩方人士，對於中國學術，素乏深切的研究，而中國人對於本國學術研究了數千年，對於印度學術，研究了二千年，甲午庚子之役後，中國人大量的研究西洋學術，已四十五年，所以融合中西印三方學術思想，以創造世界新的學術思想文化的偉大而神聖的工作，應該由中華民族最優秀的學者、思想家來從事！果能如此，那麼請看今後的世界，將是誰族的天下！

附錄

揭穿臉皮，洞照心跡

他既然是像烏鴉一樣的叫來叫去，
又像貓頭鷹的邊叫邊笑，
哪能不令人生厭，令人痛恨，
深怕他的學說傳開來，毒害社會。

我大清早起
站在人家屋角上啞啞的啼，
人家討厭我，
說我不吉利，
我不能呢呢喃喃的討人家歡喜。

——胡適《烏鴉》

這首詩，是幾乎三十年前作者自己編入《嘗試集》的。在當時，胡博士顯然是借這不討人喜歡的「烏鴉」來自喻，時至今日，作這首詩的人與其留以自喻，例不如拿來移贈給市井小人，他能毫不容情的去揭穿他們的臉皮，洞照他們的心跡，使人世間的魑魅魍魎，一齊現形。

他如此這般地啞啞而啼，真把人叫得冒火，叫得心焦。所以說，他才是真正的一隻烏鴉！我現還想送他這樣的一首詩：

咕咕喵，
咕咕喵，

哈哈哈哈……
哈哈哈哈……

要問這又是什麼詩？這就是「貓頭鷹詩」。「咕咕喵」，是貓頭鷹在叫，「哈哈哈……」是貓頭鷹在笑。

我們故鄉人說：「不怕貓頭鷹叫，就怕貓頭鷹笑！」

據傳說，貓頭鷹叫，固然是不吉利，卻還沒什麼，貓頭鷹笑，就非死人不可，或者是預示著極大的凶兆。厚黑教主一生的冷笑，每每使人毛骨悚然，恐懼不安，好像聽見貓頭鷹的叫與笑一樣，所以說，他不僅是一隻烏鴉，更是一隻貓頭鷹！

再就他是「一顆思想界的慧星」來說，他也是應該受到天怒人怨的。

慧星俗名掃帚星，它的出現就預示著天災人禍。不但愚夫愚婦怕它，王公大人怕它，就是精研科學的天文學家們，也都警覺起來注視它的行動。假使其他星球上也有人類的話，他們惶恐驚怪的程度，想來也不亞於我們這個世界。

因爲慧星在自然界，不肯遵循自然規律的軌道，拖著一條長尾巴，橫衝直撞，所以人事界對它也無從作合理的猜測，因此覺得可怕。

思想界的慧星，在舊思想界所起的作用上也是這樣。黑主的思想不遵守傳統，不安於以前的常規，也不信從中外人士的意見，無論對天道人事，他只是一意孤行，提出自己的看法和解釋，他這樣的反叛思想，不是一顆慧星是什麼？當然就招惹得天怒人怨，被社會認爲是不祥之物了。

他既然是像烏鴉一樣的叫來叫去，又像貓頭鷹的邊叫邊笑，哪能不令人生厭，令人痛恨所以關心世道的人士，深怕他的學說傳開來，毒害社會，寫文章批判他的也有，在大庭廣衆之中痛罵他的也有。

李宗吾大談他的厚黑方法，自稱教主，自然是驚世駭俗，令人感到怪異。於是友人就善意地勸他說：「你的廢話少說些吧！外面許多人指責你，你也該愛惜名譽。」

他說：「我愛名譽，我更愛眞理。話說得說不得，我在內心會做出判斷，在沒有下筆之前，我一定審愼考慮。已經說出了，就聽任別人攻擊，我並不答辯。但攻擊者說的話，我仍細細體會，如果能令我心服我還是加以修正的。」

有時，友人不客氣的責備他說：「你何必天天說這些鬼話呢？」

他說：「我是逢人說人話，逢鬼說鬼話」。請問，當今之世，不說鬼話，說什麼？但我發表的許多文字，又可說：「人見到了就是人話，鬼見到了就是鬼話。這樣說也沒有什麼不可以。」

如有人對他說：「某人對你不起，他如何如何。」他便說：「我這個朋友，他當然這樣做，如果他不這樣做，我『厚黑學』還講得通嗎？我所發明的是人類的大原則，我這個朋友，當然不能逃脫出這個原則。」

他這樣的嬉笑怒罵，毫不顧忌，自然得罪了社會，尤其得罪了以術道自命的大人先生。據說有一位關心世道的官人，首先出來對他聲討罪行，並著作一本《薄白學》，在成都某報紙連續發表，滿口道德話，對於「厚黑學」大肆攻擊，並且說：「李宗吾呀！趕快把你的厚黑學收回去吧！」

但是他讀了之後置之不理，許多人勸他著文辯駁，他便說：「這又何必呢？世間的學問，各人講各人的，信不信，聽憑衆人。就好比糧食果木的種子，我說我的好，你說你的好，彼此不須爭執，只管把它種在土裡，將來看它的收穫就是了。」

他們說：「你不答辯，可見你的理屈，是你的學說被打倒了。我們如今不再奉你爲師，要去給他拜門，學『薄白學』去。」

他說：「你們去向他拜門，是很可以的，但是我要忠告你們幾句話，《厚黑經》說：『臉厚心黑的人可以得到一個大國的統治權，如果臉不厚、心不黑，連一碗大米飯、一匙湯都得不到。』將來你們討飯吃，不要怪我。」

後來，那位「薄白學」的發明家，因爲有貪污橫暴的事實，他的腦殼被人砍下來，掛在成都公園的紀念碑上示衆若干天，人人反而大爲稱快，這眞是一件怪事了。

如今我們再反觀厚黑教主的品行怎樣呢？他認爲「薄白學」是可以藏在心裡去實行的，不必拿在口頭上說；厚黑學也是可以藏在心裡去實行的，決不許拿在口頭上說。

當年王簡恆學習厚黑學時說過「做得說不得」的話，宗吾承認是至理名言。但後來宗吾既然把《厚黑學》不僅公然發表了，而且還逢人對人強說不休，於是就又變出了一條公理，那便是，厚黑是「說得做不得」的。

所以，他自從發表《厚黑學》以來，反而成了天地鬼神，在天空注視，在身旁監察，每想做一件事，剛一動念頭，自己就想：「像這樣去做，別人豈不會說我實行厚黑學嗎？」因此凡事不放手去做。

你想，重慶海關的監督，是何等天字第一號的肥缺啊！但他不肯幹，即使有人勸，勸也不幹。

官產競賣處和官產清理處的經理處長，也不能不說是發財的機會吧！但前者他要求減薪，後者裁撤時，落得沒有歸家的路費。於是他自己解嘲地說：「我之所以不能成爲偉人，根源就在於此。厚黑學呀，厚黑學呀，你眞是把我誤了！」

全新白話編修版

Thick Black Theory is a philosophical treatise written by Li Zongwu, a disgruntled politician and scholar born at the end of Qing dynasty. It was published in China in 1911, the year of the Xinhai revolution, when the Qing dynasty was overthrown.

Thick Black Theory

Thick Black Theory

Thick Black Theory is a philosophical treatise written by Li Zongwu, a disgruntled politician and scholar born at the end of Qing dynasty. It was published in China in 1911, the year of the Xinhai revolution, when the Qing dynasty was overthrown.

厚黑學

借用別人的能力，快速達成自己的目的

完全使用手冊

莎士比亞曾經寫道:

雖然我不想有意詐騙世人，可是為了防止自己被人出賣，我必須學習並且活用這套手段。

這句話提醒我們，想在競爭激烈的現實社會存活，
每個人都必須學點生存厚黑法則，無論是面對你的仇人或是友人，
都不能傻愣愣地將自己的一切暴露無遺。

因為，活在這個爾虞我詐的世界，
「人前手牽手，背後下黑手」的雙面人實在太多了，他們在你面前，
或許會稱讚你老實、坦誠，誰知道他們會不會一轉過身，就利用你的坦白來陷害你……

現實很殘酷，你必須學點厚黑心術，才能借用別人的能力，快速達成自己的目的。

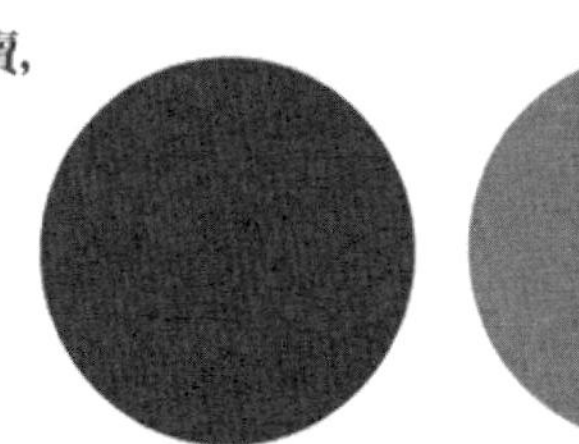

Thick Black Theory is a philosophical treatise written by Li Zongwu, a disgruntled politician and scholar born at the end of Qing dynasty. It was published in China in 1911, the year of the Xinhai revolution, when the Qing dynasty was overthrown.

王照 編著

白話厚黑學大全集

作　　者　李宗吾
編　　修　公孫龍策
社　　長　陳維都
藝術總監　黃聖文
編輯總監　王　凌
出 版 者　普天出版社
新北市汐止區忠二街 6 巷 15 號
TEL / (02) 26435033 (代表號)
FAX / (02) 26486465
E-mail：asia.books@msa.hinet.net
http://www.popu.com.tw/
郵政劃撥 19091443 陳維都帳戶
總 經 銷　旭昇圖書有限公司
新北市中和區中山路二段 352 號 2F
TEL / (02) 22451480 (代表號)
FAX / (02) 22451479
E-mail：s1686688@ms31.hinet.net
法律顧問　西華律師事務所・黃憲男律師
電腦排版　巨新電腦排版有限公司
印製裝訂　久裕印刷事業有限公司
出 版 日　2018 年 08 月第一版
2023 年 01 月第一版第 10 刷
ISBN◉978-986-389-529-9　　條碼 9789863895299

國家圖書館出版品預行編目資料

白話厚黑學大全集／
李宗吾著 公孫龍策編修.—第 1 版.—：新北市,普天
2018.08 面；公分. -（智謀經典；01）
ISBN◉978-986-389-529-9（平裝）

權謀經典
01